浙江省教育厅第一批省级课程思政教学研究项目：
服饰文化自信视阈下"服装立体裁剪"课程思政教学改革与实践

新时代高职院校课程思政教学改革研究

龙 艳 著

中国纺织出版社有限公司

图书在版编目（CIP）数据

新时代高职院校课程思政教学改革研究／龙艳著. --北京：中国纺织出版社有限公司，2023.10
ISBN 978-7-5229-1203-5

Ⅰ.①新… Ⅱ.①龙… Ⅲ.①高等职业教育-思想政治教育-教学改革-研究-中国 Ⅳ.①G711

中国国家版本馆 CIP 数据核字（2023）第 205363 号

责任编辑：王 慧　　责任校对：高 涵　　责任印制：储志伟

中国纺织出版社有限公司出版发行
地址：北京市朝阳区百子湾东里 A407 号楼　邮政编码：100124
销售电话：010—67004422　传真：010—87155801
http://www.c-textilep.com
中国纺织出版社天猫旗舰店
官方微博 http://weibo.com/2119887771
三河市宏盛印务有限公司印刷　各地新华书店经销
2023 年 10 月第 1 版第 1 次印刷
开本：710×1000　1/16　印张：12.25
字数：204 千字　定价：98.00 元

凡购本书，如有缺页、倒页、脱页，由本社图书营销中心调换

前 言
PREFACE

全国高校思想政治工作会议上指出,要坚持把立德树人作为中心环节,把思想政治工作贯穿教育教学全过程,实现全程育人、全方位育人,努力开创我国高等教育事业发展新局面。高职院校要将立德树人作为立身之本,着力构建"三全育人"工作体系,不断提升人才培养的针对性和实效性,切实肩负起培养德智体美劳全面发展的社会主义建设者和接班人的神圣使命。

《高等学校课程思政建设指导纲要》提出,课程思政建设要在所有高职院校、所有学科专业中全面推进,围绕全面提高人才培养能力这一核心点,围绕政治认同、家国情怀、文化素养、宪法法治意识、道德修养等重点优化课程思政内容供给,提升教师开展课程思政建设的意识和能力,系统进行中国特色社会主义和中国梦教育、社会主义核心价值观教育、法治教育、劳动教育、心理健康教育、中华优秀传统文化教育,坚定学生理想信念,切实提升立德树人的成效。由此可见,高职院校加强学生思想政治教育课程思政工作是"育人"的本质要求,而实施"课程思政"是有效发挥课堂育人主渠道作用、建立"三全育人"长效机制的必然选择,也是落实立德树人根本任务的重要举措。高职院校要以久久为功的精神,坚决践行课程思政的理念,坚持把立德树人作为课程思政的中心环节,把课程思政工作贯穿教育教学全过程,实现全程育人、全方位育课程思政人;同时也要厘清课程思政教育教学改革的规律,进一步加强教学方式方法的创新研究,不断提升课堂教学质量与实效,要用新时代中国特色社会主义思想铸魂育人,引导学生增强"四个自信",实现中华民族伟大复兴;要让课程思政如阳光和空气般充满每间教室,滋养每位大学生的心田,培养能够担当民族复兴大任的时代新人。

全书共六章,第一章绪论,是对中国传统育人思想的简要论述;第二章是新时代高职院校课程思政育人体系构建,对高职院校课程思政内涵与特征、内容供给、价值体现进行介绍；第三章是高职院校课程思政实施与落实推进方案设计，对课程思政的组织领导与工作原则、育人目标与三位一体课程体系的建立、课程思政师资建设与教学实施进行论述；第四章是高职院校课程思政与红色教育资源挖掘探索，对课程思政融入红色教育资源的育人机制、教学路径进行论述；第五章是新时代高职院校课程思政教学方式的创新，对灌输教育与渗透教育、刚性教育与柔性教育、隐性教育与显性教育、PBL 教学法与 CBL 教学法的思政融合进行分析论述；第六章是国家课程思政教学案例，对《服装立体裁剪》课程思政建设情况、《服装立体裁剪》课程标准、《服装立体裁剪》教学设计样例、课程思政课堂教学案例进行探析。

  本书在撰写时内容全面、结构清晰，涵盖了新时代高职院校课程思政教学改革的各个方面的介绍说明。笔者多年来一直对新时代高职院校课程思政教学改革等方面有所研究，不断探索课程思政教学改革研究方向。书中有笔者多年来的教学经验，运用了相当多的文献资料，力求内容翔实。

  本书在撰写过程中，笔者参考了大量的资料文献，同时得到了许多专家学者的帮助和指导，在此表示真诚的感谢。因笔者水平有限，书中仍难免存在疏漏之处，希望同行学者和广大读者予以批评指正，以求进一步完善。

龙艳

2023 年 2 月

目 录
CONTENTS

第一章 绪论 ·· 1
 第一节 中国传统育人思想的发展 ···································· 1
 第二节 新时代高职院校的课程思政特征趋势 ······················ 8

第二章 新时代高职院校课程思政育人体系构建 ············· 23
 第一节 新时代高职院校课程思政内涵与特征 ······················ 23
 第二节 新时代高职院校课程思政的内容供给 ······················ 31
 第三节 新时代高职院校课程思政的价值体现 ······················ 39

第三章 高职院校课程思政实施与落实推进方案设计 ········ 49
 第一节 强化与把握课程思政的组织领导与工作原则 ············· 49
 第二节 明确育人目标与三位一体课程体系的建立 ················ 53
 第三节 持续推进课程思政师资建设与教学实施 ··················· 62

第四章 高职院校课程思政与红色教育资源挖掘探索 ········ 69
 第一节 高职院校课程思政融入红色教育资源的育人机制探索 ··· 69
 第二节 高职院校课程思政融入红色教育资源的教学路径研究 ··· 89

第五章 新时代高职院校课程思政教学方式的创新 ··········· 113
 第一节 灌输教育与渗透教育的思政融合创新教学 ················ 113
 第二节 刚性教育与柔性教育的思政融合创新教学 ················ 122
 第三节 隐性教育与显性教育的思政融合创新教学 ················ 129
 第四节 PBL教学法与CBL教学法的思政融合创新 ··············· 137

第六章 国家课程思政教学案例 ··································· 147
 第一节 《服装立体裁剪》课程思政建设情况 ······················ 147

第二节 《服装立体裁剪》课程标准 …………………………… 153
第三节 《服装立体裁剪》教学设计样例 ………………………… 164
第四节 课程思政课堂教学案例 …………………………………… 177

参考文献 ………………………………………………………………… 185

第一章 绪论

本章首先对中国传统育人思想的发展进行了论述,包括从诸子百家思想的绽放到"五育并举",到强化道德训育的发展历程;其次对高职院校的课程思政特征趋势等内容进行进一步的详细论述。

第一节 中国传统育人思想的发展

立德树人、教书育人,是中国特色社会主义教育事业的主旋律。要正确认识教书与育人、知识传授与价值引领之间的关系,就必须首先从教育思想的高度来辨析和解答这个问题。课程思政理念的提出与践行,首先体现和内生解决的恰恰就是教育思想的问题。为此,就让我们一起从中国的教育史出发,来寻找有益的启示和关联。

一、春秋战国时期——诸子百家思想的绽放

春秋战国时期私学的发展,在中国古代教育发展史上占有很重要的地位。私学冲破了"学在官府"的旧传统,"教育下移"的局面逐渐形成,教育对象由贵族扩大到平民,教师可以随处讲学,学生可以自由择师,教学内容与社会现实生活有了较广泛的联系。各家各派相互抗衡,又相互补充,形成了百家争鸣的盛况。❶ 这既促进了先秦时期学术思想的发展,同时又培养出了大批的人才,各家各派大师辈出。孔子、墨子、孟子、荀子、韩非等是其中的佼佼者。春秋战国时期的私学在中国古代教育史上的重大贡献,还在于教育理论上的成就,尤其是儒家在教育理论上的贡献。儒家后学通过《中庸》等传世书籍,总结了这一时代的教育思想和教育经验,阐述了教育的作用、道德教育体系、德育教学原则和方法、教

---

❶ 宋冬梅. 简论春秋战国时期私学教育理念的先进性 [J]. 高教学刊, 2017 (18): 190-196.

师的地位等方面的理论，奠定了中国古代德育教育的理论基础。[1]

以孔子为代表的儒家思想肯定了道德教育的意义，并提出了教育的目标是培养"德"与"才"，更进一步提出教育的终极目标是为政治、国家服务。孔子极其重视道德教育的社会功能和促进个体发展的作用，认为治理国家不能只靠政令、法律，而要通过教育引导实现德政。他通过"道之以政，齐之以刑，民免而无耻；道之以德，齐之以礼，有耻且格"表明：教育可以感化人，既使百姓守规矩，又使百姓有"羞耻之心"，形成道德信念的力量，起到德治的效果。而其"有教无类"的思想又同时保证了这种道德教育是全民性、普遍性的。孔子主张的教育目的是培养"士"，而"士"的标准就是"君子"或"君子儒"，是具有一定道德标准的精神贵族的理想人格，即把"君子"当作教育的培养目标。他明确提出作为一个"君子"，一要能"修养自己，保持恭敬谦逊的态度"，即要有"德"；二要有"使亲族朋友以及老百姓都得到安乐"的治国安民之术，即要有"才"。君子德才兼备，以德为主。

以庄子为代表的道家思想强调宁静淡泊、物我两忘的人生观和道法自然的价值观。道家提出的顺应规律、顺应时势的思想，有助于我们从思想上更自觉地顺应时势，认识教育改革的必要性，从而根据社会的需要和教育发展的规律，改变传统的教育方式。庄子的教育理念是尊重个体本性的教育，不是培养出一群学习的机器，而是要挖掘受教育者的长处，倡导拓展个性的教育；同时，庄子思想强调人的本真，启示教育应该培养完整的人性，而不是对人性进行束缚、扭曲、摧残。

法家思想家商鞅提倡"耕战"，非议"诗书"，排斥"礼乐"，主张"燔诗书而明法令"，以官吏"为天下师""学读法令"，也就是焚毁文化教育载体、排斥道德思想教育、以严刑峻法管理国家。韩非发展了这些思想，提出了"明主之国无书简之文，以法为教；无先王之语，以吏为师"（《韩非子·五蠹》），即教育完全由法律执行者进行，而教育的唯一内容是法制教育；法家认为人性趋利避害，应当通过"信赏必罚""厚赏重罚"来树立学子价值观，使其走向统治阶级预定的轨道。法家思想剔除了学生的自我意识并否认利益教化对人的影响作用，具有一定的历史局限性，我们在借鉴其正面价值的同时应认识到其应用的独特时代背景。

---

[1] 靳浩辉，苏蓓蓓.《中庸》德育思想的逻辑体系与当代价值［J］. 教育探索，2018（4）：68-72.

二、汉代——孝德教育是德育的核心内容

汉朝以孝治国,以孝廉选官制度及儒家经典五经重点培养学子的孝悌意识。大一统国家的建立使得传统封建纲常思想代替诸子百家,开始了对人们思想上的控制。汉王朝是中国历史上第一个推行"以孝治天下"的封建帝国,至此,孝德教育被纳入君主的治国方略之中,从刘邦起就"重孝",后来"孝"成为汉初的辅助治国思想。独尊儒术后,汉武帝把"孝治天下"正式确立为汉王朝的治国方针和准则,后继统治者们基本承袭了这项国策。孝德教育自然成为汉代德育的核心内容,主要表现在褒奖孝悌、《孝经》教育、敬老养老教育等方面。除此之外,汉代首创将对"孝"的评价作为选拔官员和奖赏臣子的主要参考因素,如士人举孝廉做官、孝子免除赋税等。

经学教育是汉代德育的主体内容。经学教育具有价值观教育的属性,尽管古代还没有价值观的概念,但教育内容的价值观属性不容置疑。汉代选用《诗》《书》《礼》《易》《春秋》儒家经典的五经来教化臣民,确定五经为汉代各类学校及社会德育的主体内容。同时,汉代把儒家思想作为治理国家的精神手段,就是要用儒家的思想理念和行为模式规范人们的思想和行为。

三、魏晋南北朝时期——传统儒家礼教的败落与再起

魏晋南北朝时期,连年战乱使得中央政府的权威性大幅下降,地方士家大族影响力剧增,在自两汉已降的官方话语体系中,儒表法里的思想教育主旨也逐渐式微。随着儒家学说的独尊地位被打破,玄学、道教兴盛,佛教传入并迅速发展,中国的教育思想进入儒、玄、道、佛争鸣的时代。

于是从魏晋时代开始,出现了一系列有违传统教育思想的德育思潮,诸如向秀、郭象的"独化"论,主张"外不资于道,内不由于己,决然自得而独也",全盘反对名教乃至教育本身;而阮籍则主张"以明堂为病舍,以讽诵为鬼语,以六经为芜秽,以仁义为臭腐",主张摒弃任何教育的固定模式,"越名教而任自然"。当然,在此过程中,也有儒家名士以传统教育思想卫道者的姿态批评当时社会中"无"的主张,如《崇有论》中批评称"深患时俗放荡,不尊儒术,何晏、阮籍素有高名于世,口谈浮虚,不遵礼法,尸禄耽宠,仕不事事;至王衍之徒,声誉太盛,位高势重,不以物务自婴,遂相放效,风教陵迟"。这种争辩持续到了南朝时期。

随着大量少数民族涌入中原及其迅速的汉化进程，北朝统治者"初定中原，虽日不暇给，始建都邑，便以经术为先"，孔子再次成为中华各民族的文化代表，如前秦苻坚，不但"考学生经义"，还建立官学，亲自赴之"问难五经博士"；而北魏孝文帝则以身做表，"才藻富赡，好为文章。诗赋铭颂，任性而作"，同时培养大量有文化教养的少数民族学者，推进其汉化过程。

由于各民族文化、思想流派的大碰撞、大讨论以及统治者服务于重塑大一统王朝的需要，教育理念上的思想合流逐渐到来。梁武帝提出"三教同源"，建立官学、私学，使得统一融合的思想再次成为教育的主旋律，为随后隋唐时代的崇儒兴儒打下了基础。

四、唐代——开创科举制度，兼容多元思想

经历了前朝关于教育思想的争论与交融，唐代教育的特点是以儒家思想为核心，各类思想兼容并包，并延续汉代以来的道德熏陶思想，同时利用科举制度确保国家和社会的教育需求得到贯彻。唐代思想教育重视宗教融合，唐代虽是儒、释、道三教并存，但儒家思想占统治地位。唐代统治者通过推动不同思想、不同流派的辩论来发挥宗教和儒家思想的利益教化作用。在个人层面，隋唐首开科举，应试内容既有儒家经文，也有针砭时弊的策论。模式化的考试制度让儒家思想中"修身、齐家、治国、平天下"的思想深入学子心中，唐代统治者很好地将学子的个人价值与社会价值统一，从而使得教育既能满足个人利益教化，又能满足国家的要求和社会的发展。

唐代教育以科举为纽带，将教书育人与仕途通达联系在了一起，通过明经、明法、算学等考试科目，促进学子综合发展、全面发展。❶ 唐代早期便开始重视中国传统儒家道家思想与当时国际上其他思想流派的交融，基督教、伊斯兰教、拜火教等宗教信仰与其思潮在中国都有相当规模的受众，各种思想流派在首都长安定期举行辩论，思想的开放促进了文化的绽放，使得当时的长安成为国际性的文化中心。武则天时期对佛教的推崇使得教育系统和科举系统都遭受了不同程度的破坏，这一趋势在唐玄宗时期得到了缓解，唐玄宗二度亲临国学视察，颁布《求儒学诏》，鼓励人们读经习礼，涵养德性。

唐代教育的另一特点是推崇道家文化，唐朝执政者自称为老子的后

---

❶ 宋雅倩. 唐代科举制下的学校教育研究及其反思 [D]. 西安：陕西师范大学，2018.

裔，唐太宗以"德主刑辅"思想为指导，兼采道家的"简静""无为"，极力讲求"明德慎罚"，以德化胜法禁，以求达到"安民立政"的目的。唐玄宗亲自为老子五千言作注，颁令士庶均须家藏一本。唐代利用《道德经》实行全民教育，使老子五千言家喻户晓、老吟幼颂、士庶皆尊，奠定了坚实的民族精神文明基础，实现了国家长治久安、百业兴旺发达的目标。

五、宋元时期——民间书院兴起，强化伦理道德教育

宋代教育体系最大的突破在于民间书院的大规模兴起，宋代书院不同于官学，多以民间筹集资金兴建，教学目标也不同于官学以科举为目标，更突出对人格完善的追求以及学术自由、师生相为砥砺的学术风气，这使得教学方法、教材、培养目标的设置能够围绕修身、养德的儒家伦理道德，贯穿人的成长过程；书院严格的考核制度使得学生以儒家道德观为准绳，严格约束自己的德行，对后世产生深远影响。正如任宝海、任宝玲在《借鉴宋代道德教育得失，提高德育教育的实效性》一文所言，"'学为圣人'使学生自觉地把书院作为不断完善自我、实现个人终极理想的重要环境和平台，学生都能够充分表达自己的文化心态，学生有较强的归属感和继承性。'知行合一'要求学生时时省察自己的行动，择善从之。'将发之际'和'已发之后'进行反省和检察，使行动严格符合道德准则的要求，不断提高、完善，塑造'圣人'的人格。"

民间书院的招生条件相比官学更为宽松，但入学后的考核和管理却极为严格。书院常以考核来锻炼学生的德行，德行考核的方式一般由簿书登记制度来实施。宋代书院一般设有德业簿、劝善归过簿等，"各斋之长纠察众友之善过而登记之，以每月朔望会讲之期呈之院长，面加劝警焉"。各地书院对于德行考核非常重视，例如江西白鹭洲书院曾要求"诸生各立日课簿，每日将用过工夫登簿内，诸生各随意力量，但要日有日功，月不忘之"。书院通过"无时抽鉴稽查"的方式，要求学生时时刻刻约束自身，不仅对学生起到了监督作用，也使书院对于学生的德行有了实际了解。

当然，宋元两代无论是官学还是私学都十分重视德育教育，对人才的培养更体现出先立人、后成才的理念。蒙学、私学、官学，乃至专科职业教育中，德育都是非常重要的教育内容。将德育的内容渗透于宋代教育体制的各个方面、各个阶段的教学计划和培养目标之中，使得当时的德育教育呈现出立体化的模式。无论学校规制、校园设计，还是管理方法、教学

规范、教育手段，都体现了伦理道德教育的人才培养目标，甚至教材的编写、教学方法和管理的设置都具有较强的针对性和衔接性。

随着元代官府对书院加强管理和控制，书院的教学内容和书院教授、学正、学录等职务的任命都需要官府批准；同时，私人所建的书院斋舍若捐赠官府，常可为主人谋取一官半职，即所谓"以学舍入官"。这种现象与少数民族入主中原、大一统政府的重现一道，逐渐冲击着书院，尤其是私人书院的运转，为明清时期主张经世致用的朝廷主导科举教育模式埋下了伏笔。

六、明清时期——倡导知行合一，崇尚经世致用

明清时期的德育思想在知行观上强调知行合一，二者不可偏废，诚如王夫之所说："知行相资以为用。惟其各有致功，故相资以互用；则与其相互，益知其必分矣。同者不相为用，资于异者同而起功，此定理也。"他认为在生活实践、教育实践当中，知和行是一个相互包含、相互渗透的动态过程，不但将知纳入现实生活当中，而且肯定了行的重要作用。王夫之主张道德教育必须在生活实践中进行，"君子之学，力行而已"。明清教育思想家反对那种"平日袖手谈心性，临危一死报君王"的做法，而倡导务实、和现实生活联系紧密的实学，认为万事万物、日用伦常、应事接物都可以成为德育中学者所学、教者所教的内容，从而在生活实践中体悟本心、体悟天理，反过来，再用"心"用"理"去指导生活实践。

随着"知行合一"理念与传统的儒家忠君爱国道德精神的结合，明清教育致力于经世致用人才的培养，既立足于现实生活又有所超越，反映在人才培养上，即应试性质的八股文与实用的数学、地理知识并举，已不只限于四书、五经等儒家经典的学习。"天下兴亡，匹夫有责"，这是对当时教育思想家反思历史与现实，探求天下存亡得失之理的写照，强调培养经世致用的人才是他们共同的、鲜明的特点。黄宗羲特别强调仁义与事功的结合，重视对理想中人才的事功要求，即要求学者积极参与世事、建立实际功业，更为重要的是要有所超越，要培养人强烈的社会责任感，有"先天下之忧而忧，后天下之乐而乐"的胸怀，并不仅限于日常伦理。但这种超越并不是盲目无视内在思想的陶冶，也并不同道德生活化相违背，而是基于现实生活背景下的、对刻板知识内容的超越，将书本内容的教化最终服务现实生活。

在这种"经世致用"思想所反映的社会风气的影响下，即使是在科举成功的人士中，也有许多人努力学习各种实用知识，使得明清时期的科技

人才辈出。这种教育虽然是一种以儒家经典为主要教材、以八股文写作训练为重要特色、以科举考试为目的的应试教育,但在科技人才培养上也有其积极的一面。而在针对下层群众(不参加科举考试)的蒙学教育中,《三字经》《九九算数表》等教育文本使得一般民众获得了独立地从事一般经济活动所需的读、写、算的基本能力。明清时期占据主导地位的"心学",认定"吾心"便是宇宙,"吾心之良知"是天地万物的立法者,极高地弘扬了道德主体精神。王守仁、湛若水等人认为"三纲五常"的道德法则皆源于人的"本心",并提出"心即理"的命题,确立道德主体性即是一切道德价值的本原和道德规范的立法者。

七、民国时期——提出"五育并举",强化道德训育

1912年初,时任中华民国临时政府教育总长的蔡元培发表了《对于教育方针之意见》一文,倡导"公民道德教育、军国民教育、实利主义教育",后又增添了"世界观教育"和"美育教育",提出"五育并举"的教育方针,奠定了民国时期教育方针的理论基础,"五育并举"的教育方针是对中国传统哲学的传承与发扬。民国教育方针其实包括了德、智、体、美要素,体现了民国政府对受教育者全面发展的思想理念,以道德教育为核心,把受教育者培养成具有健全人格的国民作为首要任务,以实利教育和军国民教育来引导智育和体育,使教育能在振兴民族经济、抑制军阀政治、捍卫国家主权方面发挥重要的作用。这一时期,大学文科课程中注重对中国传统学科文、史、哲的传授、研究与发扬,从中挖掘其德育的要素,同时还提高了音乐、美术、手工、农业等课程的地位,关注对学生的美感和情感教育,注重课程的应用性、平民化和实践理论协同发展的特色,可见这一时期民国大学德育教育初见端倪,德育环境初步构建完成。期间,近代西方较为流行的"民主"和"科学"理念,开始在中国得到广泛传播,催生了新文化运动和五四运动。特别是五四运动对传统道德的批判推动了思想的解放,但与此同时也削弱和动摇了道德本身的权威性,学校教育面临着严峻的纪律松懈和秩序紊乱等问题。

南京国民政府成立后不久,即宣布"军政时期"结束,"训政时期"开始,并对各级各类学校实行严格控制和管理。训育制度是国民政府的核心教育政策,也是最为持久、执行最为严格的教育管理制度,深刻影响了民国时期的教育面貌。训育的目的之一是从生活上改造学生。这一理论来自美国的教育学家杜威,其代表性教育理论是"教育即生活""学校即社会""从做中学",体现了实用主义思想重实验、重实用、重行动的特征。

导师制是训育制度中非常重要的一项措施,起源于14世纪的英国牛津大学。在中国最早施行导师制的是美国主办的教会大学、金陵女子大学。导师制受限于国民政府的政治意图,无法得到各个追求学术自由的高职院校的认同,在实施过程中缺乏各高职院校的有效配合,其政策自身也欠缺精密的考虑,不符合当时的实际状况,成效有限。1946年7月,教育部决定废除大学导师制,代之以训育委员会,施行了将近十年的高职院校导师制自此废止。

第二节　新时代高职院校的课程思政特征趋势

认识和把握高职院校课程思政教育教学理念,首先要认清它产生的时代背景和特征。概括来讲,高职院校课程思政产生的时代特征体现为百年变局中的世界形势,即中华民族复兴艰难前行,高职院校价值引领日益凸显,课程思政导向日趋强劲。

一、中华民族复兴艰难前行

(一) 中华民族近代以来最伟大的梦想

在世界文明发展史中,中华民族以自己的勤劳和智慧创造了灿烂悠久的中华文明,在古代,曾长期在经济、文化、科技等领域处于世界领先地位,为人类文明的发展做出了重大的贡献。然而近代以后,清政府的闭关锁国政策,导致中国看不到世界形势的发展变化,逐步落后于世界的发展潮流,落后就要挨打。鸦片战争后,西方列强用坚船利炮击碎了清政府天朝上国的美梦,打开了古老中国的大门,中国逐渐陷入半殖民地半封建社会的黑暗深渊,山河破碎、生灵涂炭、民不聊生,中国人民遭受了前所未有的深重苦难。一副晚清《时局图》生动形象地描绘了19世纪末帝国主义列强瓜分中国的狂潮。但是,勇敢的中国人民没有被困难压倒,而是挺起脊梁、英勇抗击,无数仁人志士为了民族的独立和人民的解放、国家的富强和人民的幸福,抛头颅、洒热血,进行了一场场气壮山河的斗争,谱写了一曲曲可歌可泣的史诗。中国社会各阶层、各团体和各种政治力量陆续登上历史舞台,提出各自的救国方案。无论是轰轰烈烈的太平天国运动、戊戌变法,还是义和团运动,结果都以失败而告终。以孙中山为代表的资产阶级革命派虽然推翻了清朝的腐朽统治,结束了中国长达两千多年的封建君主专制制度,但依然没能改变旧中国被列强欺侮的悲惨命运,更不可能承担起时代赋予的实现民族复兴的使命。一次次抗争，结果却是一次次失败，不禁使当时的人们陷入苦闷和彷徨之中。"很奇怪，为什么先生老是侵略学生呢？中国人向西方学得很不少，但是行不通，理想总是不能实现"，先进的中国知识分子把目光从西方投向东方。十月革命的一声炮响，给中国送来了马克思列宁主义。这场革命给正在苦闷中摸索、在黑暗里彷徨的中国先进分子提供了一条新的出路。1921年7月，中国共产党成立后，便义无反顾地承担起实现中华民族伟大复兴的历史使命，中华民族才终于迎来凤凰涅槃、浴火重生的曙光，中国革命的面貌便焕然一新。

（二）中国特色社会主义进入新时代

一个国家，一个民族，要想在历史前进中始终站在时代的前沿，就必须找准自己的定位，把握住时代的潮流。我国在党的十九大报告中提出：经过长期努力，中国特色社会主义进入了新时代，这是我国发展新的历史方位。这一重大的政治论断，是我们党在科学把握时代变化趋势和国际局势重大变化，科学把握世情、国情、党情深刻变化的基础上做出的，有着充分的时代依据、理论依据和实践依据。新时代是承前启后、继往开来、在新的历史条件下继续夺取中国特色社会主义伟大胜利的时代；是决胜全面建成小康社会、进而全面建设社会主义现代化强国的时代；是全国各族人民团结奋斗、不断创造美好生活、逐步实现全体人民共同富裕的时代；是全体中华儿女勠力同心、奋力实现中华民族伟大复兴中国梦的时代；是我国日益走近世界舞台中央、不断为人类作出更大贡献的时代。

中国特色社会主义进入新时代，我国社会主要矛盾发生了重大变化，已经由人民日益增长的物质文化需要同落后的社会生产之间的矛盾，转化为人民日益增长的美好生活需要和不平衡不充分的发展之间的矛盾。同时，我国社会主要矛盾的变化，并没有改变我们对我国社会主义所处历史阶段的判断，我国仍处于并将长期处于社会主义初级阶段的基本国情没有变，我国是世界最大发展中国家的国际地位没有变。要牢牢把握社会主义初级阶段这个基本国情，牢牢立足社会主义初级阶段这个最大实际，牢牢坚持党的基本路线，既不落后于时代，也不能脱离实际、超越阶段。应该说这一重大判断，反映了我国社会发展的客观实际，指明了解决当代中国发展主要问题的根本着力点，对党和国家的工作提出了许多新要求。我国社会主要矛盾的变化要求我们在继续推动发展的基础上，着力解决好发展不平衡不充分问题，更好满足人民在经济、政治、文化、社会、生态等方面日益增长的需要，更好推动人的全面发展、社会全面进步。

我国社会主要矛盾的变化，反映到教育层面，相应地表现为人民群众日益增长的美好教育需要与教育发展不平衡不充分之间的矛盾。人民对美好生活的向往，就是我们的奋斗目标。中国共产党以全心全意为人民服务为根本宗旨，在带领全国各族人民实现共同富裕的实践中始终坚持以人民为中心的发展思想，关注人民群众的所急、所需、所想。经过几十年的发展，我国已基本解决广大人民的温饱问题，2020年已全面建成小康社会。在物质生活获得极大提高的基础上，人民对美好生活的追求层次更加丰富和多样化。新时代，人民追求更加公平、更加优质的教育。

毫无疑问，中华人民共和国成立70多年来，我国的教育事业取得了长足的进步。从教育规模上看，我国建成了当今世界上规模最大的教育体系，拥有2.76亿名在校生和1670多万名专任教师，教育规模位居世界首位。从教育质量上看，经过70多年的发展，我国教育的整体水平处于世界中上层行列，为我国现代化建设事业提供了源源不断的高质量人才。70年来，国家培养了2.7亿名接受过高等教育和职业教育的各类人才。1949年，我国人口的80%是文盲；2018年，我国九年义务教育巩固率高达94.2%，全民族的知识文化素养得到飞速提升。从教育影响来看，新时期以来，我国教育对外开放的水平不断提高，影响力日益增强，已经成为世界最大的留学生生源国，亚洲第一留学目的国，是名副其实的国际教育交流合作的主力军之一。总体来说，我国教育改革发展取得历史性成就，发生了历史性变革，教育现代化加速推进，人民群众教育获得感明显增强，教育的国际影响力加快提升，14亿多中国人民的思想道德素质和科学文化素质全面提升。

但是，实事求是地讲，我国的教育事业离人民对美好教育的期待还有差距。当前，我国教育在教育质量、教育效果、服务社会能力等方面还存在诸多不足，比如教育发展不均衡，城乡教育水平差距较大；基础教育质量有待提高；高职院校思想政治教育亲和力不够、实效性不强，思想政治教育合力尚未形成；部分高职院校重智育轻德育、重科研轻教学，师资配备和教师综合素养需进一步增强等。因此，新时代高职院校教育要有新气象、新作为，主动适应时代形势的变化，锐意改革创新，承担起时代赋予的责任。我国在全国教育大会上明确指出，要"坚持把服务中华民族伟大复兴作为教育的重要使命"，并作为前进的原则而遵循，以人民群众利益为根本，以人民对教育的需求为宗旨，以人民对教育的要求为指向，更好地抓住主要矛盾，主动回应人民群众对教育的新期待，落实好党的十九大和全国教育大会精神，办好人民需要和满意的教育。

(三) 中华民族伟大复兴勇敢前行

中华民族自古以来就是一个拥有伟大梦想的民族。"天下为公""协和万邦""小康治世"是历代中国人孜孜以求的美好追求。今天，我们比历史上任何时期都更接近、更有信心和能力实现中华民族伟大复兴的目标。但船到中流浪更急、人到半山路更陡，越是接近目标，越是要打起精神、一鼓作气，否则就有前功尽弃的潜在危险。我国反复强调："中华民族伟大复兴，绝不是轻轻松松、敲锣打鼓就能实现的。全党必须准备付出更为艰巨、更为艰苦的努力。"面对宏伟的目标，我们既要有"乘风破浪会有时"的自信和豪气，也应该有"行百里者半九十"的谨慎和认真。

实现伟大梦想必须进行伟大斗争、建设伟大工程、推进伟大事业。伟大梦想、伟大斗争、伟大工程、伟大事业相互贯通、相互作用，是一个环环相扣的统一整体，体现了奋斗目标、实现路径和前进动力的高度统一。伟大梦想的实现必须进行伟大斗争，辩证唯物主义告诉我们，矛盾是普遍存在的，贯穿于一切事物发展的始终。有矛盾就会有斗争，新时代要继续发扬斗争精神，进行许多新的历史特点的伟大斗争。伟大梦想的实现必须建设伟大工程，中国共产党之所以能一直是中国人民的主心骨，就是因为中国共产党保持自我革命的勇气，敢于刀刃向内，刮骨疗毒，勇于坚持真理，勇于修正错误，从而能始终保持党的先进性和纯洁性。伟大梦想的实现必须推进伟大事业，中国特色社会主义是新时期以来党的全部理论和实践的主题，是党和人民付出巨大的代价取得的成果，全党必须不断增强"四个自信"，坚持和发展中国特色社会主义。

二、我国高职院校价值引领日益凸显

(一) 社会主义核心价值观的科学内涵

人类社会发展的历史表明，对一个民族、一个国家来说，最持久、最深层的力量是全社会共同认可的核心价值观。核心价值观，是一定社会形态、社会性质的集中体现，在一个社会的思想观念体系中处于主导地位，体现着社会制度、社会运行的基本原则和社会发展的基本方向，不但承载着全体人民的精神追求，而且体现了一个社会评判是非曲直的价值标准。构建具有强大感召力的核心价值观，对社会和谐稳定、国家长治久安有重要意义。党的十八大以来我国再强调，要积极培育和践行社会主义核心价值观，把弘扬社会主义核心价值观作为凝心聚气、强基固本的基础工程，不断筑牢中国特色社会主义的思想道德基础。

社会主义核心价值观是在社会主义核心价值体系的基础上提出来的，是对社会主义核心价值体系的内核凝练。社会主义核心价值体系是建设和谐文化的根本。必须坚持马克思主义在意识形态领域的指导地位，牢牢把握社会主义先进文化的前进方向，弘扬民族优秀文化传统，借鉴人类有益文明成果，倡导和谐理念，培育和谐精神，进一步形成全社会共同的理想信念和道德规范。深刻揭示了社会主义核心价值体系的内涵，明确提出了社会主义核心价值体系的内容。

理解社会主义核心价值观的科学内涵，还要把握好社会主义核心价值观和社会主义核心价值体系的关系。其一，二者密切联系、互为依存、相辅相成。社会主义核心价值体系主要包括马克思主义指导思想、中国特色社会主义共同理想、以爱国主义为核心的民族精神和以改革创新为核心的时代精神、社会主义荣辱观。社会主义核心价值观是社会主义核心价值体系的内核，体现社会主义核心价值体系的根本性质和基本特征，反映社会主义核心价值体系的丰富内涵和实践要求，是社会主义核心价值体系的高度凝练和集中表达。同时，社会主义核心价值观与社会主义核心价值体系又具有内在一致性，二者都体现了社会主义意识形态的本质要求和社会主义制度在思想和精神层面质的规定性，是实现中华民族伟大复兴的价值引领；其二，二者各有侧重。相对于社会主义核心价值体系，社会主义核心价值观更加突出核心要素、更加注重凝练表达、更加强化实践导向。

（二）社会主义核心价值观的价值意蕴

"国无德不兴，人无德不立。"世界上没有两片完全相同的树叶。一个民族、一个国家，必须知道自己是谁，是从哪里来的，要到哪里去，想明白了、想对了，就要坚定不移朝着目标前进。社会主义核心价值观，不仅是个人的德，同样是国家和社会的大德。高职院校积极培育和践行社会主义核心价值观，对于引导青年大学生扣好人生的第一粒扣子、践行立德树人的根本任务、筑牢意识形态工作的坚实堡垒，具有重要且深远的意义。

第一，引导青年大学生扣好人生的第一粒扣子。"青年兴则国家兴，青年强则国家强"，青年的健康成长，关系到党和国家的前途命运；而青年的健康成长，在很大程度上取决于是否形成正确的价值观。我国高职院校大学生的价值观主流是积极的、健康的、向上的，广大青年拥护中国共产党和社会主义，满怀爱国主义热情，是社会主义核心价值观的积极践行者和坚定倡导者。但同时也要看到社会变迁过程中青年价值观的养成面临一些挑战。改革开放40多年来，中国社会取得了举世瞩目的成就，发生了翻天覆地的变化，但随着国门的打开，中国进入一个经济大发展、社会大变革、生活大变化的时代，同时也进入了一个思想大活跃、观念大碰撞、文化大交融的时代，多元价值观并存，多种社会思潮涌动，尤其是西方资本主义国家一些腐朽的思想观念，比如拜金主义、享乐主义和极端个人主义等，难免会对青年大学生的价值取向造成巨大冲击，甚至在一定程度上造成大学生道德迷失和价值迷惑，形成所谓的"价值危机"。

第二，践行高职院校立德树人的根本任务。党的十八大以来，我国针对教育提出了一系列新理念、新思想、新观点，把立德树人摆在前所未有的战略高度。2018年5月，我国在北京大学师生座谈会上强调："人无德不立，育人的根本在于立德。这是人才培养的辩证法。办学就要尊重这个规律，否则就办不好学。"2018年9月，我国在全国教育大会上把"坚持把立德树人作为根本任务"作为新时代推进教育改革发展所要遵循的"九大坚持"之一，提出："要把立德树人融入思想道德教育、文化知识教育、社会实践教育各环节，贯穿基础教育、职业教育、高等教育各领域，学科体系、教学体系、教材体系、管理体系要围绕这个目标来设计，教师要围绕这个目标来教，学生要围绕这个目标来学。凡是不利于实现这个目标的做法都要坚决改过来。"2019年3月，我国在学校思想政治理论课教师座谈会上强调："新时代贯彻党的教育方针，要坚持马克思主义指导地位，贯彻新时代中国特色社会主义思想，坚持社会主义办学方向，落实立德树人的根本任务。"我国关于"立德树人"的一系列重要论述，为新时代高职院校教育改革创新提供了根本遵循，是高职院校开展思想政治教育、进行价值引领的重要指南。

第三，筑牢意识形态工作的坚实堡垒。积极培育和践行社会主义核心价值观是维护我国意识形态安全的迫切需要。从深层次看，高职院校意识形态斗争的复杂性是西方资本主义势力加紧在我国教育领域进行文化传播和价值观渗透的外在表现。全球化时代，各国经济、人员往来密切，资金流、人才流、技术流、物资流等突破国界的限制在全球进行自由流动，世界俨然成为名副其实的"地球村"。

意识形态斗争的严峻凸显了新时代高职院校必须增强价值引领，加强社会主义意识形态的引领力，用社会主义核心价值观凝心聚力。一是要坚持党对高职院校意识形态工作的全面领导。党政军民学，东西南北中，党是领导一切的。中国共产党的领导是中国特色社会主义最本质的特征，是中国特色社会主义制度的最大优势。高职院校党委要进一步提高政治站位，站在讲政治的高度，增强"四个意识"，切实担负起政治责任和领导责任，把意识形态工作牢牢抓在手上，做到守土有责、守土负责、守土尽责。二是把社会主义核心价值观的教育融入学生培养全过程，坚持用新时代中国特色社会主义思想武装师生头脑，增强"四个意识"，坚定"四个自信"，做到"两个维护"，从而增强广大师生的中国特色社会主义道路自信、理论自信、制度自信、文化自信，构筑高职院校意识形态的坚实堡垒，抵制西方价值观的侵染。

（三）社会主义核心价值观引领的践行路径

培育和践行社会主义核心价值观，高职院校必须立足于中华优秀传统文化。牢固的核心价值观，都有其固有的根本。抛弃传统、丢掉根本，就等于割断了自己的精神命脉。博大精深的中华优秀传统文化是我们在世界文化激荡中站稳脚跟的根基。中华文化源远流长，积淀着中华民族最深层的精神追求，代表着中华民族独特的精神标识，为中华民族生生不息、发展壮大提供丰厚滋养。中华优秀传统文化已经成为中华民族的基因，植根在中国人内心，潜移默化地影响着中国人的思维方式和行为方式。因此，高职院校提倡和弘扬社会主义核心价值观时，要利用好中华优秀传统文化蕴含的丰富思想道德资源，深入挖掘中华优秀传统文化蕴涵的思想观念、人文精神、道德规范，深入挖掘和阐发中华优秀传统文化讲仁爱、重民本、守诚信、崇正义、尚和合、求大同的时代价值，推动中华传统文化进课堂、进教材、进头脑，使其成为大学生涵养社会主义核心价值观的重要源泉。

培育和践行社会主义核心价值观，高职院校要构建全员参与的育人格局。高职院校教师首先要成为践行社会主义核心价值观的引领者。"师者，所以传道授业解惑也。"高职院校教师肩负着培养民族复兴时代新人的重任，是高职院校培育和践行社会主义核心价值观的关键力量。高职院校教师的一言一行、一举一动都对学生起着重要的示范作用，对高职院校乃至全社会培育和践行社会主义核心价值观的成效产生重要影响。因此，高职院校教师要率先垂范，亲自带头践行社会主义核心价值观，通过言传身教来引导和带动广大青年学子，并通过课内课外、线上线下相结合的方式向学生讲清楚社会主义核心价值观的本质、性质、属性、内涵、脉络，使思想政治理论课真正成为一门学生真心喜爱、受益终身的课程，其他课程老师、辅导员、班主任、高职院校思想政治教育工作者等都要守好一段渠，种好责任田，共同引导大学生树立正确的世界观、人生观和价值观。高职院校大学生作为大学校园的主体，是未来建设社会主义事业的生力军，他们将全程参与到两个一百年目标的实现征程中，责任重大、使命光荣，更要积极树立和自觉践行社会主义核心价值观，在勤学、修德、明辨、笃实上下功夫，要下得苦功夫、求得真学问，加强道德修养、注重道德实践，善于明辨是非、善于决断选择，扎扎实实干事、踏踏实实做人。践行核心价值观绝非一日之功，大学生应该坚持由易到难、由近及远，从现在做起，从自己做起，努力把社会主义核心价值观的要求变成日常的行为准则，形成自觉奉行的信念理念，并身体力行，大力将其推广到全社会中去。

培育和践行社会主义核心价值观，高职院校要营造良好的校园文化氛围。校园文化对学生世界观、人生观、价值观的养成有着潜移默化的影响，往往可以起到润物无声的良好效果。因此要充分发挥校园文化的育人功能，首先，需要用社会主义核心价值观引领校园文化建设，让核心价值观成为校园文化的灵魂和精髓，融入校园物态文化、制度文化、行为文化和精神文化之中。还需要把核心价值观与大学传统、大学精神有机融合，发挥校训、校歌、校徽、校标，特别是校训涵养和传播核心价值观的作用。其次，要大力开展丰富多彩的校园文化活动，精心组织社会主义核心价值观主题教育活动，并以入党仪式、开学典礼、毕业典礼、重要节庆、专题报告等为契机开展爱国爱校教育，使大学生在形成校园文化认同的同时，以轻松愉悦的心境感受社会主义核心价值观的魅力。最后，要加大社会主义核心价值观的宣传力度，通过校报校刊、广播电视、校园网络、新媒体平台等多种途径和方式，扎实推进社会主义核心价值观教育进网络，广泛传播正能量，营造培育和践行社会主义核心价值观的浓厚氛围，使社会主义核心价值观的影响像空气一样无处不在、无时不有。

培育和践行社会主义核心价值观，高职院校要发挥实践养成的育人功能。社会主义核心价值观的培育和践行强调的是知行合一。一种价值观要真正发挥作用，必须通过强化教育引导、舆论宣传、文化熏陶、实践养成、制度保障等，将其融入大学生活，让大学生在实践中感知它、领悟它，达到"百姓日用而不知"的程度。

因此，培育和践行社会主义核心价值观，一定要与大学生的日常生活联系起来，在落细、落小、落实上下功夫。日常生活是大学生核心价值观形成的沃土，也是高职院校推动人人参与价值观培养的最直接、最有效的方式，要把社会主义核心价值观的精髓融入与学生息息相关的评奖评优、党员发展、毕业教育等各个培养环节。深化实践教育，把思政小课堂和实践大课堂结合起来,引导大学生积极参加形式多样的社会实践活动。通过参加社会实践,大学生可以进一步了解社会、认识国情、增长才干、奉献社会、锻炼毅力、培养品格。还要完善志愿服务体系,深化主题社会实践和志愿公益活动等,引导学生在参加社会实践、服务他人、奉献社会中升华对社会主义核心价值观的体验感受和认知理解。

三、课程思政导向日益强劲

(一) 我国对课程思政的重视程度

党的十八大以来,我国高度重视高校思想政治工作。我国关于高校思想政治工作的一系列重要会议精神,我国国务院以及教育部等部委的一系列重要决策部署,为高校解决好培养什么人、怎样培养人、为谁培养人这一根本问题指明了前进方向,为高校全面推进课程思政建设、实现全员全程全方位育人提供了基本遵循。

我国关于高校思想政治教育工作的一系列重要论述,为全面推进高校课程思政建设提供了理论遵循。中国特色社会主义进入新时代,我们对高等教育的需要比以往任何时候都更加迫切。我国先后主持召开了全国高校思想政治工作会议、全国教育大会、学校思想政治理论课教师座谈会等重要会议,就是要回答高等教育事业发展和高校思想政治工作的重大问题,为高校课程思政建设指明方向。2018年9月,在全国教育大会上,又指出:"要把立德树人融入思想道德教育、文化知识教育、社会实践教育各环节,贯穿基础教育、职业教育、高等教育各领域。"2019年3月,在学校思想政治理论课教师座谈会上,我国强调,思想政治理论课是落实立德树人根本任务的关键课程,课程思政作用不可替代,课程思政教师队伍责任重大。同时,我国提出思想政治理论课改革创新,要坚持"八个相统一",其中包括要坚持显性教育和隐性教育相统一,挖掘其他课程和教学方式中蕴含的思想政治教育资源,实现全员全程全方位育人。最后,我国还强调要完善课程体系,解决好各类课程和课程思政相互配合的问题,鼓励教学名师到课程思政上讲课。

中共中央和国务院的一系列重要决策部署,也对高职院校课程思政的落实指明了方向。各门课程都有育人责任,高职院校落实立德树人根本任务不仅要发挥课程思政的重要作用,还要发掘各门课程中蕴含的德育内涵,实现全课程育人。2019年8月,中共中央办公厅、国务院办公厅印发的《关于深化新时代学校思想政治理论课改革创新的若干意见》,第一次明确指出，要整体推进高职院校课程思政，深度挖掘高职院校各学科门类专业课程中所"蕴含的思想政治教育资源，解决好各类课程与课程思政相互配合的问题，发挥所有课程育人功能，构建全面覆盖、类型丰富、层次递进、相互支撑的课程体系，使各类课程与课程思政同向同行，形成协同效应"。这体现了各类课程与课程思政相互配合、合力育人、共同提高大学生思想政治素养的重要性。

2019年10月，中共中央、国务院印发的《新时代公民道德建设实施纲要》指出："注重融入贯穿，把公民道德建设的内容和要求体现到各学科教育中，体现到学科体系、教学体系、教材体系、管理体系建设中，使传授知识过程成为道德教化过程。"这是在强调课程思政建设要有机融入思政元素。

教育部等部委出台的一系列重要文件，也对高校课程思政建设作出了明确部署。为深入贯彻落实全国高校思想政治工作会议、全国教育大会、学校思想政治理论课教师座谈会等重要会议精神，教育部等部委先后制定出台一系列重要文件，统筹部署高校课程思政建设。要"统筹推进课程育人"，要修订各类专业教材，研制课程育人指导意见，充分挖掘和运用各门课程蕴含的思想政治教育元素，作为教材讲义必要章节、课堂讲授重要内容和学生考核的关键知识。还要发挥专业教师课程育人的主体作用，健全课程育人管理、运行体制，将课程育人作为教师思想政治工作的重要环节，作为教学督导和教师绩效考核的重要方面。培育选树一批学科育人示范课程，建立一批课程思政研究中心。这是官方文件中第一次明确出现"课程思政"这一概念术语，并对课程思政的实施主体、实施要求、目标指向等进行了具体规定，形成了较为完整的体系。

2018年8月，教育部、财政部、国家发展改革委印发的《关于高等学校加快"双一流"建设的指导意见》指出："实施普通高职院校思想政治理论课建设体系创新计划，大力推动以课程思政为目标的课堂教学改革，使各类课程、资源、力量与思想政治理论课同向同行，形成协同效应。"2018年10月，教育部发布的《关于加快建设高水平高校教育全面提高人才培养能力的意见》（又称"新时代高教40条"）指出，实现高水平高职院校教育，要把思想政治教育贯穿高职院校教育全过程，"强化课程思政和专业思政。在构建全员、全过程、全方位'三全育人'大格局过程中，着力推动高职院校全面加强课程思政建设，做好整体设计，根据不同专业人才培养特点和专业能力素质要求，科学合理设计思想政治教育内容。强化每一位教师的立德树人意识，在每一门课程中有机融入思想政治教育元素，推出一批育人效果显著的精品专业课程，打造一批课程思政示范课堂，选树一批课程思政优秀教师，形成专业课教学与思想政治理论课教学紧密结合、同向同行的育人格局"。这是站在推动实现高水平高职院校教育全面提高人才培养能力的高度，强调从课程、课堂、教师、目标各个方面细化课程思政建设，推动课程思政建设常态化发展，形成课程思政与课程思政紧密结合、同向同行的育人格局。

2019 年 10 月初，教育部发布的《关于深化高校教育教学改革全面提高人才培养质量的意见》指出："把课程思政建设作为落实立德树人根本任务的关键环节，坚持知识传授与价值引领相统一、显性教育与隐性教育相统一，充分发掘各类课程和教学方式中蕴含的思想政治教育资源，建成一批课程思政示范高职院校，推出一批课程思政示范课程，选树一批课程思政优秀教师，建设一批课程思政教学研究示范中心，引领带动全员全过程全方位育人。"

2020 年 4 月，教育部等八部门发布的《关于加快构建高校思想政治工作体系的意见》（以下简称《意见》）指出，要扎实推进哲学社会科学专业课程思政建设，文学、历史学、哲学类专业课程要帮助学生掌握马克思主义世界观和方法论，从历史与现实、理论与实践等相结合的维度深刻理解新时代中国特色社会主义思想。经济学、管理学、法学类专业课程要培育学生经世济民、诚信服务、德法兼修的职业素养。教育学类专业课程要注重加强师德师风教育，引导学生树立学为人师、行为世范的职业理想。同时强调要全面推进所有学科课程思政建设，理学、工学类专业课程要注重科学思维方法的训练和科技伦理的教育，培养学生探索未知、追求真理、勇攀科学高峰的责任感和使命感，培养学生精益求精的大国工匠精神。农学类专业课程要注重培养学生的大国"三农"情怀，引导学生"懂农业、爱农村、爱农民"。医学类专业课程要注重加强医德医风教育，注重加强医者仁心教育，教育引导学生尊重患者，学会沟通，提升综合素养。艺术学类专业课程要教育引导学生树立正确的艺术观和创作观，积极弘扬中华美育精神。此《意见》按照学科专业特点，提出文史哲类、经管法类、教育学类、理工类、农学类、医学类、艺术类 7 大类专业课程的课程思政建设构想，为高职院校各位专业课教师在课程思政建设中找准自己的角色、干出自己的特色指明了方向。2020 年 5 月，教育部出台的《高等学校课程思政建设指导纲要》指出，全面推进课程思政建设是落实立德树人根本任务的战略举措，课程思政建设是全面提高人才培养质量的重要任务。还明确了课程思政建设目标要求和内容重点，强调要"科学设计课程思政教学体系,结合专业特点分类推进课程思政建设,将课程思政融入课堂教学建设全过程,建立健全课程思政建设质量评价体系和激励机制,加强课程思政建设组织实施和条件保障"。这是对高职院校课程思政建设做出的整体设计和全面部署,对于全面推进高职院校课程思政建设走向深入、落到实处意义重大。

(二)构建三全育人体系并加快课程思政建设

我国在全国高校思想政治工作会议上明确指出,要坚持把立德树人作为中心环节,把思想政治工作贯穿教育教学全过程,实现全员、全程、全方位育人,努力开创我国高等教育事业发展新局面。为进一步聚焦实现"三全育人"体系的构建,中共中央、国务院发布的《关于加强和改进新形势下高校思想政治工作的意见》提出,加强和改进高校思想政治工作,必须坚持全员全过程全方位育人的基本原则,把思想价值引领贯穿教育教学全过程和各环节,形成教书育人、科研育人、实践育人、管理育人、服务育人、文化育人、组织育人长效机制。同年教育部党组制定了《高校思想政治工作质量提升工程实施纲要》,进一步细化高校提升思想政治工作质量的内容体系,强调要充分发挥课程、科研、实践、文化、网络、心理、管理、服务、资助、组织等方面工作的育人功能,挖掘育人要素,完善育人机制,优化评价激励,强化实施保障,切实构建育人体系。教育部同时制定了《"三全育人"综合改革试点工作建设要求和管理办法》,组织开展"三全育人"综合改革试点工作。这一系列文件、政策、方针的制定出台,推动新时代高校构建"三全育人"体系工作进入了快车道。

"三全育人"指的是全员育人、全程育人、全方位育人。新时代高职院校构建"三全育人"的大思政格局,体现了立德树人的根本任务。"三全育人"体系要求高职院校尊重教育规律、教学规律和人才成长规律,全面统筹、整合、协同学校各项教育教学的所有育人元素,发掘一切校内外资源,打造全方位、立体式的育人时空,实现育人主体、时间、空间三个维度的有效协同,把思想政治教育贯穿人才培养全过程和各环节,从而形成人人、时时、处处育人的高职院校思想政治教育局面。全员全程全方位育人是相互促进、有机统一的整体,要求发挥高职院校所有教育教学人员的育人作用,整合校内校外的有效资源,把思想政治教育贯穿于教育教学的全过程。由此可见,课程思政建设和三全育人大思政格局具有高度的内在一致性和契合性。正因为如此,我国高度重视课程思政建设,教育部专门制定了《高等学校课程思政建设指导纲要》，要求全面推进高职院校课程思政建设，让所有高职院校、所有教师、所有课程都承担好育人责任，守好一段渠、种好责任田，使各类课程与课程思政同向同行，将显性教育和隐性教育相统一，形成协同效应，构建全员全程全方位育人大格局。

全员育人要求发挥专业课教师的育人作用。全员育人意味着高职院校思想政治教育参与主体的全员性，强调贯彻立德树人的根本任务是高职院校所有教师责无旁贷的分内职责，所有部门、所有教师都理应主动参与到学生思想政治教育中去。高职院校思想政治教育并不是马克思主义学院或思想政治理论课部一个部门的事，更不是思想政治理论课一门课程所能担负的责任。新时代高职院校思想政治教育工作要因事而化、因时而进、因势而新，要充分发挥课堂教学的主渠道作用，努力探索构建全员育人机制。这里的全员既包括思想政治理论课教师、辅导员、班导师等思想政治工作队伍，也包括对学生进行知识教育的专业课教师。当然，思想政治理论课是落实立德树人根本任务的关键课程，办好思想政治理论课的关键在教师，"课程思政作用不可替代，课程思政教师队伍责任重大。"思想政治理论课教师要充分发挥积极性、主动性和创造性，按照政治要强、情怀要深、思维要新、视野要广、自律要严、人格要正的"六要"标准，努力提升自我的综合素质和水平，提升思想政治理论课的实效性，将思想政治理论课打造成学生真心喜爱、终身受益的"金课"。同时，专业课教师要进一步强化立德树人的认识，既教书又育人，与思想政治理论课相互补充，在传授专业知识和提升专业技能的同时，充分挖掘专业课程中包含的思想政治教育要素，从而通过课程思政加强对学生的思想引领与价值引导，真正做到守好一段渠、种好责任田。

全程育人要求将有效资源整合为统一的整体。全程育人强调的是从时间维度看，大学生思想政治教育是一个贯穿始终的过程，必须将立德树人的要求融入学生进入大学直至毕业的所有环节，形成不断线、可持续、贯穿式的完整育人链条。学生的成长也是一个完整的过程，育人工作理所当然也应该是一个有机统一的整体。全程育人要求高职院校思想政治教育要遵循教育规律、思想政治工作规律、学生成长规律，要加强思想政治教育工作的顶层设计，围绕学生的成长成才，全面统筹校内校外各领域、教育教学各环节、人才培养各方面的育人资源和育人力量。全程育人要求重点关注大学生在校学习生活的全过程，强调根据大学生的阶段特点及心理变化，进行不同阶段的思想教育工作，以促进大学生的身心健康发展。全程育人要求将各类课程和课程思政有效结合,各类课程既要承担传授知识、理论、方法、经验等职能,也都要发挥一定的精神塑造和价值教育功能,从而实现全程育人的教育目标。全方位育人要求凝聚课程思政的育人合力。"全方位"育人指的是在空间维度打通校内校外、课内课外、线上线下等通道,充分利用教育的各个板块和领域。

在涉及学生的课堂教学、科学研究、学生管理和社会实践等各方面加入思想政治的元素,实现育人功能所有资源的有效整合。正如上文所讲,课堂教学需要充分发挥课程思政教师和专业课教师的育人合力,同样,科学研究也应该发挥科研育人的功能,引导学生在科学研究中树立正确的价值取向和学术导向,培养学生敢为人先的科学精神、开拓创新的进取意识和严谨求实的科研作风。学生管理应该树立服务育人、管理育人、资助育人等导向,围绕学生、关照学生、服务学生,在解决学生的实际问题中教育学生、引导学生,帮助学生健康成长。社会实践要发挥应有的实践育人功能,坚持理论性和实践性相统一,引导学生把课堂的所学应用到社会实践的大课堂中去,引导学生在社会调查、志愿服务、创业实习、科技发明实践中了解国情、积累智慧、增强本领。科学研究、学生管理、社会实践等各个环节协同发力都需要专业课教师的积极配合,需要专业课教师主观能动性的发挥。只有大力推动课程思政建设,把思想政治教育要素渗透在学生所有教育教学活动中去,学生才能把正确的世界观、人生观和价值观真正内化于心、外化于行,实现知、情、意、行的有机统一,最终成长为德智体美劳全面发展的社会主义建设者和接班人。

(三) 全国各高职院校课程思政的实践逐步展开

课程思政教学理念在全国高校思想政治工作会议中得到认可。要坚持把立德树人作为中心环节,把思想政治工作贯彻教育教学全过程,实现全程育人、全方位育人,做好高职院校思想政治工作。要用好课堂教学这个主渠道,思想政治理论课要坚持在改进中加强,提升思想政治教育亲和力和针对性,满足学生成长发展的需求和期待,其他各门课都要守好一段渠、种好责任田,使各类课程与思想政治理论课同向同行,形成协同效应。除思想政治理论课外的其他各门课程,也要负起育人责任,在传授知识和培养能力的同时做好价值引领,与思想政治理论课同向同行,共同育人。这在一定程度上表明了我国对课程思政教学理念的认可,为高职院校持之以恒推进课程思政改革坚定了信心,对全国各大高职院校探索实施以课程思政为目标的课堂教学改革,具有极其重要的指导意义。

全国高校思想政治工作会议后,课程思政在全国各大高校扎实推进。为深入贯彻落实我国高校思想政治工作会议讲话重要精神,教育主管部门和各地高校高度关注课程思政建设。如上海市出台了《上海高校"课程思政"教育教学体系建设专项计划》,启动12所整体试点高校、12所重点培育高校、34所一般培育高校,实现了所有高校全覆盖开设"中国系列"思政选修课程,所有高校全覆盖开展综合素养课程改革,每所学校至少选取1门以上课程开展试点,所有高校全覆盖开展专业课程育人改革,每所学校至少选取两门以上专业课程开展试点。

第二章　新时代高职院校课程思政育人体系构建

体系是若干有关事物互相联系、互相制约而构成的一个整体，课程体系是学校各类课程的整体排列、组合和优化，具体到某一个专业就是围绕专业培养目标而设置的全部课程要素以及各要素根据作用、功能的不同进行排列组合。在新时代高职院校课程思政的教育体系构建要素中，国家和社会对于人才培养的要求，是其体系建设的缘起，应实时把握、全程贯穿。

第一节　新时代高职院校课程思政内涵与特征

要保持教育生态系统的平衡就要求系统内部相互联系和相互作用的各个部分能够良好有序运行，全员、全程、全方位共同完成立德树人的根本教育目标。如果将高职院校各类课程看作一个系统，课程内部要共同实现思想政治教育的功能，其中思想政治理论课是思想政治教育的主渠道，但绝非"独奏曲"，而是需要专业课、综合素养课（通识课）等各门课程同思想政治理论课同向同行，从而完成思想政治教育的"大合唱"。而影响课程思政教育体系构建的因素主要有教材、教师、学生等，教师与教师之间、教师与学生之间、学生与学生之间、教师与教材之间、学生与教材之间都相互影响、牵制。在这个系统中，教材影响课程思政的内容，教师是课程思政的实施主体，学生是课程思政的接受主体，因此，必须在课程思政方面加强统筹协调，实现思想政治教育在各类课程中的对接和融合，注重横纵贯通新时代高职院校课程思政的教育体系是构建中国特色学科体系的要求。思想政治理论课是在马克思主义理论指导下的关于马克思主义基本原理、中国近现代历史、马克思主义中国化理论、思想道德和法律基础等的课程，其所涉及的学科非常广泛，包含着政治、经济、历史、法学、国际关系等多个专业，需要哲学社会科学作为支撑，如果没有哲学社会科学，思想政治理论课将会成为无源之水、无本之木。

一、课程思政的科学内涵

(一) 课程思政的本质——立德树人

立德树人是高职院校课程思政追求的根本目标。各类课程在其知识传授和能力培养的功能性上是各有所长的,在价值引领上,其思想政治教育融入的方式、内容虽然有所不同,但指向的都是立德树人这一根本目标。课程思政在本质上是一种教育,是为了实现立德树人。"育人"先"育德",注重传道授业解惑、育人育才的有机统一,一直是我国教育的优良传统。思想政治教育是做人的工作,解决的是"培养什么样的人、如何培养人"的问题,是我们党和国家的优良传统和各项工作的生命线。我们党历来高度重视学校德育工作和思想政治工作,探索形成了一系列教育方针、原则,为"培养什么样的人、如何培养人、为谁培养人"的问题提供了基本的工作遵循。课程思政是要将思想政治教育融入其他课程教育中,不管是作为具体的思想政治教育,还是作为宏观的教育而言,它都是为了实现立德树人。课程思政始终坚持以德立身、以德立学、以德施教,注重加强对学生的世界观、人生观和价值观的教育,传承和创新中华优秀传统文化,积极引导当代学生树立正确的国家观、民族观、历史观、文化观,从而为社会培养更多德智体美劳全面发展的人才,为中国特色社会主义事业培养合格建设者和可靠接班人。

高职院校课程思政要根据自己所在学校的办学定位和学校的办学特色,或根据学校所在地的特点、区域文化、区域经济发展特点,利用地域人文道德资源,在课堂上讲好学校的历史以及区域故事,培养学生的爱校、爱地域情怀,彰显地方特色,生动讲好身边的故事,以此激发学生的爱国意识,体现历史的沧桑感与厚重感等思政元素。文化自信事关国运兴衰,事关文化安全,事关民族精神独立。能利用地域特色和学校的历史变迁文化,来激发学生的文化自信。文化是流淌在人们血液中的基因特质,经久不息,绵延不绝。一方水土养育一方人,一方人造就一方文化,文化一旦形成,就会持久地影响着人们的思维方式,使人们形成固有的思维特质。因此,我们要珍惜优秀的传统文化资源,对于先人留下来的灿烂文明,有必要吸收并转化为我们课程思政的重要精神营养,去激发学生产生文化自信。富有特色的文化和历史更容易勾起学生的持久记忆,滋养学生的爱国情怀。

(二) 课程思政的理念——协同育人

从课程思政的提出来看，其目的在于实现各类课程与思想政治理论课的同向同行，协同育人。协同育人指的是，高职院校开设的各类非思想政治理论课程也要承担各自的思想政治教育功能，在思想政治教育过程中守好一段渠、种好责任田，与思想政治理论课同向同行，共同发力，形成协同育人效应，即课程思政和其他各类课程要在实现立德树人的根本任务上保持政治方向的一致，在课程目标的实施和课程功能的实现上要保持步调的一致。无论是"三全"育人还是"十全"育人，其体现的正是协同育人的理念。作为我们党的教育方针和我国各级各类学校的共同使命，能不能为中国特色社会主义事业源源不断地培养合格建设者和可靠接班人，能不能为实现中华民族伟大复兴中国梦凝聚人才、培育人才、输送人才，是衡量一所学校教育水平最为重要的指标。中国特色社会主义教育本身就是知识体系教育和思想政治教育的结合与综合，不能让思想政治工作和人才培养变成彼此孤立的"两张皮"。课程思政所践行的正是将两者辩证统一起来，把教书育人规律、学生成长规律和思想政治教育工作规律紧密结合起来，把立德树人内化到学校建设和管理各领域、各方面和各环节，用一流的思想政治教育体系建设引领一流的人才培养体系建设，使思想政治教育滋润万物的精神力量融通教师的每一节课堂、贯穿学生的每一步成长，真正在"三全"育人的大思政工作格局中，让学生成长为栋梁之材。

高职院校课程思政协同育人是对现实问题的积极探索和回应。综观当前，高职院校还未能形成横纵贯通的协同育人局面，一是各学科、各专业、各课程未能深入挖掘其育人价值且协同性较弱，其学科优势和课程的价值属性还未真正发挥出来，课程育人目标缺乏定位，仅完成知识和能力目标，对情感、态度、价值观目标等不做研究；育人内容缺少挖掘，不懂哪些内容背后蕴含了育人资源；育人方式较为局限，通常以教师讲授为主，很少运用情感体验、实践体认等方式。二是第一课堂、第二课堂（实践课堂）、第三课堂（网络课堂）之间壁垒分明，未能以一致的知识、能力和价值观目标开展育人工作。第一课堂中的专业知识在第二课堂中往往没有加以运用和实践，第二课堂中的各类社会实践、志愿服务的出发点还比较浅层和宽泛，第三课堂中出现的多元价值力量的角逐，往往在第一课堂听不到解释，在第二课堂得不到回答。三是各教师的育人意识和育人能力参差不齐，无法发挥最大合力，教师开展的课程思政育人工作具有非系统性，一般是依靠部分教师本人的育人责任感，以自身的敏感性和敏锐力为学生开展课程思政教育，往往受教师本人素养水平的限制。因此，高职院校课程思政协同育人研究是对以上现实问题的积极探索和回应，要求各学科、专业和课程构建相互贯通的育人目标体系，每一位教师都能结合学科与课程内容、特点深入挖掘课程育人资源，第一、第二、第三课堂能协同一致帮助学生将正确的世界观、人生观和价值观内化于心、外化于行，引领学生成长成才。

高职院校课程思政协同育人是马克思主义培育自由而全面发展的人的必然趋势。人的自由全面发展是马克思主义的精髓，马克思主义认为人的发展应该是自由而全面的发展，马克思提出了"个人的全面发展""全面发展的个人""个人独创的和自由的发展""个人向完整的个人的发展"等概念。我国高职院校是社会主义大学，坚持马克思主义的指导地位，把立德树人作为高职院校的根本任务，将促进学生成长成才作为一切工作的出发点和落脚点，最终目的是培养自由而全面发展的人。故而，高职院校课程思政协同育人要求必须坚持以马克思主义为指导，用马克思主义立场、观点和方法教育学生，在各门课程中渗透价值导向、科学精神、人文素养、逻辑判断等，培养学生德才兼备、全面发展。高校课程思政协同育人是坚持党对高校思想政治工作主导权的根本所在。我国在全国高校思想政治工作会议上指出："党委要保证高校正确办学方向，掌握高校思想政治工作的主导权，保证高校始终成为培育社会主义事业建设者和接班人的坚强阵地。"高校是引人以大道、启人以大智的重要场所，培育人才是高校的重要任务之一，而为谁培养人才决定了高校课程协同育人的最终旨归。

（三）课程思政的结构——立体多元

课程思政本身就意味着教育结构的变化，即实现知识传授、价值塑造和能力培养的多元统一。课程思政要求教师在教育教学中积极探索实质性介入学生个人日常生活的方式，将教学与学生当前的人生经历和心灵困惑相结合，有意识地回应学生在学习、生活、社会交往和实践中所遇到的真实问题和困惑，真正触及他们认知和实践的隐性根源，从而对其产生积极的影响。同时，课程思政也要求教师向学生传授普遍的、客观的知识，进一步提高他们的理性认知能力和水平，以促进其默会知识的提升和转化，从而实现知识传授与心灵成长、价值塑造和能力提升之间的互动。实施课程思政的过程中，教育者要具有多学科的知识储备，具有运用复合知识进行思想政治教育的能力，以便形成课程思政建设中所需要挖掘出来的丰富全面的思政元素和育人元素。实施课程思政所要挖掘的思政元素和育人元素的具体内容具有丰富性，课程思政建设要尽力全面体现如下思政元素，比如执政党的领导、意识形态安全教育、爱国主义教育、德行教育（政治伦理、经济伦理、生态伦理等）、法治意识、义利观教育、生态观教育、家风教育、科学精神、创新精神、文化自信教育、公平正义、社会责任感、人文情怀教育、审美情趣教育、世界眼光教育等，实际上大多数包含在社会主义核心价值观的具体内容和意识形态要求中。

另外，对于从事自然科学的施教主体来说，本就存在一个自身先熟悉、了解、内化的过程，育人者先育己，对自身的教育包括教育者自身对课程思政的意义、使命和责任，对党的重大路线、方针、政策以及国家的整体治理建设发展思路有相当的了解和把握，然后才能具备实施课程思政的条件，在课堂上游刃有余、自然而然地讲出来，且能够使学生有效接受，这对从事自然科学课程教学的老师来说很显然有自我教育的要求。总而言之，从事课程思政建设，要求施教主体具备开阔的视野和多学科、跨学科的复合思维，即需要具备学科思维来认识和实践课程思政，方能收到事半功倍的良好效果。在实施过程中，施教主体需根据不同专业课程的特点，适时地、有选择地穿插思政元素。针对不同的专业课程，施教主体需要根据该课程的实际讲授内容，选择挖掘其中一种或者某几种元素，将讲授专业知识和思政内容有机融合。这就要求施教主体要适时适当地选择，从众多的育人元素中有意识地、及时地选择相关点进行自然而然的穿插讲解，恰到好处，既不会冲淡专业知识，又增添了思政内容，点到为止，非牵强附会、生拉硬扯，否则会适得其反。这样学生既学到了专业知识，又收获了思政内容，一举两得，实现了知识传授与价值引领的双重教育目的。施教主体需要根据时代变迁，适时增加丰富思政元素的内容，把党的最新理论创新成果和国家意志纳入思政教育的内容之中。

（四）课程思政的方法——显隐结合

人才培养体系涉及教学体系、教材体系、学科体系、管理体系等，贯通其中的是思想政治工作体系。课程思政正是要立足于构绘这样一个育人蓝图，通过深化课程目标、内容、结构、模式等方面的改革，把政治认同、国家意识、文化自信、人格养成等思想政治教育导向与各类课程固有的知识、技能传授有机融合，实现显性教育与隐性教育的有机结合，促进学生的自由全面发展，充分发挥教书育人作用。聚焦课程建设和教学活动，使思想政治教育融入教育教学的各个要素之中，填补了专业课程教学在育人环节上的空白，打通了学校思想政治教育的"最后一公里"，从而使全面协同育人落实到细微之处。

所谓隐性思维，是指课程思政中的专业类课程的教育教学采取润物细无声的方式，潜移默化、自然而然地穿插党的主张、国家意志和意识形态要求，从而达到思想政治教育的要求和目的。为何课程思政中的专业类课程要采取隐性思维方式实现育人目的呢？从对专业课与课程思政的意义进行比较而言，专业课相对于课程思政更需要采取润物细无声的方法实现思想政治教育目的。专业类课程主要担负着专业人才的培养任务，是让学生通过专业知识、技能的学习和掌握，把学生培养成训练有素的专业人才。鉴于专业类课程与课程思政的课程性质不同，专业类课程比较适合采取隐性的思想政治教育方式，在专业知识的讲授过程中有意识地通过教学设计让学生接受知识传承和价值引领双重任务的训练。相对而言，思想政治理论课由于具有明确的政治性和意识形态性，坚持采取显性教育和隐性教育相统一的方式，从某种意义上来说，更强调思想政治教育和铸魂育人目的的政治性、直接性、明确性。

根据不同课程的具体目标和任务，专业课施教主体了解本课程在人才培养体系中的地位和作用，合理设置教学大纲，精心构思教学设计，根据不同课程内容，结合学生的实际，自然而然，点到为止，恰到好处地穿插育人元素和思政元素。专业类课程施教主体要善于用故事式、启发式、情景式教学模式达到隐性思想政治教育的效果。专业类课程施教主体注重问题导入点的选择，注重引领学生对某一个问题进行深入思考，讲授中注重创设问题情景，或者讲一段历史或人物故事，启发学生自己得出结论而非直接告诉学生结论，通过不断启发和循循善诱，让学生从中感怀他们对信仰的执着、对人类的关切和对国家的责任。

（五）课程思政的思维——科学创新

在全国高校思想政治工作会议上，我国提出了提高学生思想政治素质的明确要求，即"四个正确认识"：教育引导学生正确认识世界和中国发展大势、中国特色和国际比较、时代责任和历史使命以及远大抱负和脚踏实地，其要义就在于要学会用正确的立场、观点和方法分析问题，把学习、观察、实践同思考紧密结合起来，善于把握历史和时代的发展方向，把握社会的主流和支流、现象和本质，养成历史思维、辩证思维、系统思维和创新思维。实施课程思政的创新思维指的是，根据时代的变化、国家的需要、世界的发展、受教育者的知识掌握等情况，实施课程思政的教育者要永远紧跟变化和发展的趋势，善于捕捉新情况、新问题，在课程思政中加以体现和实施创新，创新授课形式、授课方法、授课内容，以拓宽受教育者的视野，始终把增强授课的效果作为课程思政的终极追求。对于课程思政而言，其首先所展现的就是一种科学思维，强调要用辩证唯物主义和历史唯物主义的思维方式去看待事物，不能陷入唯心主义和机械唯物主义的泥沼，将理论导向神秘主义。

尤其是在当前国际社会意识形态领域风云变幻，各种社会思潮、观念激烈交锋的背景下，教育要顶住压力、抵住侵蚀就需要进一步加强在各门课程中的思想政治教育，用马克思主义的立场、观点和方法去教书育人，构筑起牢固的思想防线，抵制各种错误思潮、错误言论对学生的危害。课程思政所展现的是一种创新思维，它强调在思想政治理论课以外的课程中融入思想政治教育。在课程思政建设的具体过程中，需要创新思维，以新思维催生新思路、以新思路谋求新发展、以新发展推动新方法、以新方法解决新问题，实现课程思政的创新发展。实施课程思政为何要具备创新思维？世界和中国都处在运动变化中的现实要求课程思政必须创新。互联网的诞生、大数据的出现，深刻地改变着世界，也改变着中国，更改变着人类自身。具体而言，世界处在剧烈的变化之中，大国与大国之间的关系、大国与小国之间的关系、强国和弱国之间的关系都在不断地变化与调整，世界走近中国、中国也在融入世界，国与国之间的交往日趋频繁。

不仅如此，互联网还悄无声息地改变着人们的生活方式和思维方式，挑战甚至是颠覆了人类的传统交往方式，交互作用更加频繁。因此，实施课程思政需要审时度势，注重发现、联系和创新，把创新的要素、理念和要求学生参与创新的道理通过课程思政传递给受教育者，助力他们做有担当、有作为的时代新人，激励学生创新的动力与热情。世界处在运动变化之中，中国也在日新月异地发生着深刻的变革，变革已然成为常态，国家的发展和进步都需要嵌入创新思维，要让受教育者也及时了解和把握世界每日发生的大事。因此，要求课程思政与时俱进，紧跟时代步伐，主动创新，主动融入，把世界变化讲给受教育者，使他们心明眼亮、具备世界思维和世界眼光，真正凸显课程思政的价值所在。同时，受教育者的思维水平在提高和知识需求在加大的现状要求课程思政必须创新。随着互联网的发展，与互联网有关的各种新生事物应运而生，受教育者面对的各种外界诱惑和干扰因素日益增多，他们具有了解新生事物的冲动，但他们常常对是非、形势难以准确研判，因此不加选择地一股脑接受成为常态，同时也伴随着内心的迷茫。因此需要采用创新的教育理念与方式，顺应时代发展潮流，勇立潮头，从容应对，把创新作为课程思政永恒的追求。如何把创新思维运用到课程思政之中？需要课程思政教育内容和方式进行创新，课程思政主动融入，对接国家需求和国家战略。

二、课程思政的主要特征

（一）寓德于课是课程思政的首要特征

我国在全国高校思想政治工作会议上明确指出，高校的立身之本在于立德树人，要坚持把立德树人作为中心环节，把思想政治工作贯穿教育教学全过程，实现全程育人、全方位育人，努力开创我国高等教育事业发展新局面。立德作为思想政治教育的重要内容，也应是课程思政建设的重要内容。"德"借助于课程这一重要载体，是寓德于课的，既寓德于具体的课程内容，更寓德于教师的课程教学过程。德，不仅是立身之本，而且是立国之基。我们培养的社会主义事业建设者和接班人应该是"德智体美劳全面发展"的，而且首先要求的就是德。立德不只是思想政治理论课及其教师的任务。立德是课程的应有之义，课程思政所要实现的正是寓德于课，从而为人民、国家和社会培养德才兼备之人。

（二）人文立课是课程思政的主要特征

课程思政是在课程教学中挖掘"人文素养"元素，其中重要的是人文精神，即对人类生存意义和价值的关怀。从根本上来说，每一门课程的教学都是一种教育，都是在进行教书、育人，这本身就蕴含了人文精神，只是不同课程的性质导致其不同程度地隐化了这种精神。健全的教育不仅包括知识的学习，更包括具有价值观意义的家国情怀教育，尤其是思想政治中社会主体力量所倡导的主流价值的教育。课程思政可以说是要突出课程原有的人文精神并在此基础上进一步加深。我们要深刻领会我国反复强调的立德树人是教育的根本任务这一思想中所蕴含的人文精神，更加自觉、更加有效地把知识教育和理想信念教育、道德品格教育有机结合起来，充分挖掘各类课程的思想政治教育元素，进而深化对课程思政的认识和理解，把对人本身的关怀融入每一门课程的教学之中，让所有课程真正承载起育人的功能，切切实实"守好一段渠、种好责任田"。

（三）价值引领是课程思政的核心特征

课程思政是要将思想政治教育元素融入各类课程的教学过程中去，其中思想政治教育元素主要指思想政治教育的内容，不一定是具体的思想政治教育理论知识，也可以是思想政治教育所体现的一种价值理念和精神追求。一方面，从课程思政的具体融入内容来看，具有较强的可操作性和比较容易实现的融合模式，是将社会主义核心价值观融入课程教学过程中，在内容上集中凸显课程思政的价值引领特点。另一方面，从课程思政内容融入的抽象层面来看，课程思政的主要内容不是要向学生灌输思想政治教育的基本理论知识，而是要通过这种教育形式来培养学生正确的世界观、人生观和价值观，实现对学生的价值引领。正如我国俗语所言，学生正处于人生的"拔节孕穗期"，最需要精心引导和栽培，而且学生的价值取向在某种程度上决定了未来整个社会的价值取向。因此，抓好这一时期的价值观教育十分重要。总体而言，不管是从具体还是从抽象的内容融入来看，价值引领始终是课程思政的核心特点。

第二节　新时代高职院校课程思政的内容供给

"课程思政"不是简单捏合、生硬拼凑的"课程+思政"，而是在尊重教学的新思维、新方式，推进课程、课堂教育教学改革，也是使知识、能力、素质培养与社会主义核心价值观、社会责任感、改革创新使命感等有机融合，从而突出培养德智体美劳全面发展的人的目标指向。课程思政建设工作要围绕全面提高人才培养能力这个核心点，在全国所有高职院校、所有学科专业全面推进，促使课程思政的理念形成广泛共识，形成广大教师开展课程思政建设的意识和能力全面提升，协同推进课程思政建设的体制机制基本健全、高职院校立德树人成效进一步提高的新局面。课程思政建设内容要紧紧围绕坚定学生理想信念这一主题，以爱党、爱国、爱社会主义、爱人民、爱集体为主线，围绕政治认同、家国情怀、文化素养、法治意识、道德修养等重点优化课程思政内容供给，系统进行中国特色社会主义和中国梦教育、社会主义核心价值观教育、法治教育、劳动教育、心理健康教育、中华优秀传统文化教育。

一、推进新时代中国特色社会主义思想进课堂

当代青年大学生是中国特色社会主义建设的生力军，是实现中华民族

伟大复兴中国梦的主体力量。因此，能否帮助青年学生学习领会中国特色社会主义理论体系，让他们更好地把对中国特色社会主义理论体系的理解转化为坚定的政治信仰、正确的思维方法和行为准则，直接关系到中国特色社会主义事业是否后继有人，关系到实现中国梦是否具备坚实的人才保障。在课程思政建设过程中，高职院校要深入推进新时代中国特色社会主义思想进教材、进课堂、进头脑。

新时代中国特色社会主义思想铸魂育人，引导大学生了解世情、国情、党情、民情，增强对党的创新理论的政治认同、思想认同、情感认同，坚定中国特色社会主义道路自信、理论自信、制度自信、文化自信。

总的来说，主要有四条途径：一是学习研讨要深。对新时代中国特色社会主义思想的学习必须全面系统、入脑入心，坚持马克思主义立场、观点、方法，务必学深学透、融会贯通。采取多种形式进行学习，要加入党委理论学习中心组、党员干部教育培训、支部组织生活、主题教育、社会实践等工作或活动中，覆盖全体师生，确保学习质量和效果。二是宣传引导要活。及时编印一批有料有味的学习参考资料，组织宣讲团深入基层，开展主题征文，举办系列理论研讨活动。在校报、校广播电台、主页新闻、党建网等校园媒体上开设专栏专题，充分发挥微博、微信、慕课等新媒体矩阵的作用，加强与校外媒体互动合作，采用大学生喜闻乐见的方式，生动鲜活地报道各种好经验、好做法和新举措、新进展。三是课堂教学要新。采取多种方法手段抓紧、抓好新时代中国特色社会主义思想进教材、进课堂、进头脑。第一时间组织各院系教学负责人和名师学者全面研读我国重要讲话精神，把相关精神实质和核心要义融入教学方案，引导思想政治理论课和其他相关课程用最新理论成果充实完善教学内容、调整教学大纲、修订教材讲义，通过集体备课、教学培训和业务研讨等方式，积极主动地把新时代中国特色社会主义思想和各项工作的部署要求融入课程教学中。四是理论研究要透。整合学科优势和人才优势，重点围绕新时代中国特色社会主义思想及高等教育相关主题，筹划成立专门研究机构，增设研究专项，组织骨干力量开展研究，力争形成一批高水平、有影响力的理论成果。

二、培育和践行我国社会主义核心价值观

社会主义核心价值观是一个国家、民族的精神旗帜，是人民的精神家园。如果一个民族、一个国家没有共同的核心价值观，莫衷一是，行无依归，那这个民族、这个国家就无法前进。社会主义核心价值观概括了国家

的价值目标、社会的价值取向和公民的价值准则，鲜明回答了"要建设什么样的国家、建设什么样的社会、培育什么样的公民"的重大问题，是当代中国精神的集中体现，凝结着全体中国人民的共同价值追求。高职院校培育和践行什么样的价值观，说到底解决的是一个"培养什么人、怎样培养人"的问题，这是课程思政建设的重要内容。高职院校要教育引导学生把国家、社会、公民的价值要求融为一体，提高学生的爱国、敬业、诚信、友善修养，自觉把小我融入大我，不断追求国家的富强、民主、文明、和谐和社会的自由、平等、公正、法治，将社会主义核心价值观内化为精神追求、外化为自觉行动。

当前，学生思想意识更加自主，价值追求更加多样，个性特征更加鲜明，同时，一些学生也存在着价值观念认识模糊、价值选择无所适从的问题。社会主义核心价值观为人们提供了国家层面的价值目标、社会层面的价值取向、个人层面的行为准则，是高职院校思想政治教育的重要指南。培育和践行社会主义核心价值观是一项长期的系统工程，需要进行长效机制建设。首先要建设以大学精神为核心的校园文化，对高职院校师生的价值观发挥潜移默化的熏陶和教育作用。要把社会主义核心价值观与大学传统、大学精神有机融合，利用重要活动和重大节庆日等契机，开展丰富多彩的校园文化活动和形式多样的主题宣传教育活动。通过建立完善的师生志愿服务体系，深化主题社会实践和志愿公益活动等，引导学生在参加社会实践、服务他人、奉献社会中升华对社会主义核心价值观的体验感受和认知理解。要围绕价值认同、价值传承、价值传导、价值涵养、价值弘扬、价值践行下功夫。要长期开展社会主义核心价值体系学习活动、中国梦宣传教育活动和中国精神主题教育实践活动。通过文化讲堂、研读经典、历史文化遗产展示、传统节目教育等形式，广泛开展礼敬中华优秀传统文化的活动。

以大学章程的制定、核准和实施为契机，拓宽渠道，让学生参与规章制度的制定、修订和实施，在讨论中明辨规章制度蕴含的价值取向并内化为自身的行为准则。倾力打造实践教学、社会实践、扶贫支教、田野实习、挂职锻炼等实践育人平台。将社会主义核心价值观贯穿于高等教育的一切活动之中，思想政治教育工作队伍既要主动与教师队伍、管理队伍和保障服务队伍进行更加有效的联动，也要主动与社会组织建立更加紧密的协作关系，努力构建学校内部协同一致、学校与社会协同有效的"双协同"育人机制。要调动高职院校每个人价值观念培育的积极性和主动性，在自己的学习和工作实践过程中不断进行价值提升，提高培育和践行社会主义核心价值观的自觉性。

三、加强高职院校中华优秀传统文化教育

当代大学生要自觉弘扬中华优秀传统文化、革命文化、社会主义先进文化。大力弘扬以爱国主义为核心的民族精神和以改革创新为核心的时代精神，教育引导学生深刻理解中华优秀传统文化中讲仁爱、重民本、守诚信、崇正义、尚和合、求大同的思想精华和时代价值，教育引导学生传承中华文脉，富有中国心、饱含中国情、充满中国味。将中华优秀传统文化教育融入课程思政教学当中，需要我们从三个方面着手。

一是融入爱国主义情怀教育。在中华民族几千年绵延发展的历史长河中，爱国主义始终是激昂的主旋律，始终是激励全国各族人民自强不息的强大力量。爱国，是人世间最深层、最持久的情感，是一个人的立德之源、立功之本。课程思政要在厚植爱国主义情怀上下功夫，要把"先天下之忧而忧，后天下之乐而乐"的责任担当、"位卑未敢忘忧国""苟利国家生死以，岂因祸福避趋之"的报国情怀、"富贵不能淫，贫贱不能移，威武不能屈"的浩然正气、"人生自古谁无死，留取丹心照汗青""鞠躬尽瘁，死而后已"的献身精神等优秀传统文化和民族精神阐发透彻，引导大学生深刻认识中华优秀传统文化中所包含的爱国主义思想精髓❶。要讲清楚、阐释好爱国和爱党、爱社会主义相统一的问题，教育引导大学生认识到祖国的命运和党的命运、社会主义的命运是密不可分的，只有坚持爱国和爱党、爱社会主义相统一，爱国主义才是鲜活的、真实的。要把爱国主义教育融入教育教学全过程，特别是要在思想政治理论课、形势与政策教育、创新创业教育、法治法纪教育过程中，探索研究各个教育教学层面的爱国主义思想、行为与实践价值，教育引导大学生踏踏实实修好品德，成为有大爱大德大情怀的人。要充分把握好中国传统文化节日、重大历史事件纪念活动等契机，充分利用博物馆、文化馆、烈士纪念馆等爱国主义教育平台，创新艺术表现形式和新媒体传播模式，持续开展社会主义核心价值观和中国梦教育，唱响爱国主义主旋律，牢固树立国家意识、集体意识、英雄意识。

二是拓宽人文精神教育。"观乎人文，以化成天下。"在高职院校的人才培养、科学研究、服务社会、文化传承与创新等一系列功能中，由中华

---

❶ 岳宏杰，郑晓娜，赵冰梅. 高校课程思政和思政课程同向同行问题研究［M］. 沈阳：东北大学出版社，2020.

优秀传统文化凝聚积淀而成的高职院校人文精神是一切功能的基础与主导。我国在全国宣传思想工作会议上强调，中华优秀传统文化是中华民族的文化根脉。要把优秀传统文化的精神标识提炼出来、展示出来，把优秀传统文化中具有当代价值、世界意义的文化精髓提炼出来、展示出来。

三是筑牢校园文化之体。中华优秀传统文化只有实现"体用互构"，才能把握社会主义核心价值观之根、爱国主义情怀之核，才能凸显中华优秀传统文化之用。中华优秀传统文化融入校园文化建设，就要坚持全面贯彻党的教育方针，坚持马克思主义指导地位，坚持中国特色社会主义教育发展道路，坚持社会主义办学方向。在制度文化建设层面，要将中华优秀传统文化的思想精华、道德范式、规范体系、价值取向的现实意义和时代价值融入大学制度文化建设，让其更加突出平等、公正、节制、克己、无私、勤勉、秩序、自由等文化价值。在物质文化建设层面，要把校园文化建设作为传承和弘扬中华优秀传统文化的重要载体，在校园文化建设中融入中华优秀传统文化建设，增进校园文化建设历史积淀、提升校园文化建设的文化品位、增强校园文化建设的价值引领；要坚持因地制宜，注重结合区域发展特点、学校历史文化，有重点、有特色、有区分地开展校园文化建设。在行为文化建设层面，要通过组织学生开展形式多样的中华优秀传统文化与校园文化的融合活动，让大学生在校园文化建设的具体活动中感知、认可、践行中华优秀传统文化。

四、深入开展高职院校法治教育

高职院校必须坚持立德树人、德育为先的导向，大力开展法治宣传教育，教育引导学生学思践悟，全面树立依法治国新理念、新思路、新战略，牢固树立法治观念，坚定走中国特色社会主义法治道路的理想和信念，深化对法治理念、法治原则、重要法律概念的认知，提高运用法治思维和法治方式维护自身权利、参与社会公共事务、化解矛盾纠纷的意识和能力，推动学生提高法治素养，形成对中国特色社会主义法治的内心拥护和真诚信仰。课程思政如何融入宪法法治教育，主要从以下三个方面进行探索。

一是坚持正确的政治方向，突出教学重点内容。高职院校法治教育的目标在于培养大学生深层次的法治观念与运用法律知识的能力。思想道德修养与法律基础课是高职院校开展法治教育的主渠道，必须强化法治人才培养的政治方向，突出对重点内容的教学。加强"法治和道德相辅相成、法治和德治相得益彰"这一内容的教学。将"坚持依法治国和以德治国相结合"作为大学生应该树立的"社会主义法治观念"之一，从正确认识法治和德治的地位、作用和实现途径三方面进行阐述，帮助和引导大学生准确把握"坚持依法治国和以德治国相结合"这一基本原则，要深刻理解全面依法治国的主要任务，深刻认识法治和德治的内在联系。加强"法治是发展的可靠保障"这一内容的教学，需要对"社会主义法律的作用"和"建设社会主义法治体系的意义"等要点深入讲解，深入阐释法治是发展的可靠保障，必须把经济社会发展纳入法治轨道等重点内容，帮助学生充分认识法治对经济社会发展的保障作用，增强厉行法治的自觉性。加强"社会主义民主法治建设"这一内容的教学，要紧密联系社会主义民主法治建设和学生的思想实际，深入阐释发展社会主义民主政治、全面推进法治中国建设的目标，加强对社会主义民主法治建设的具体任务等重点内容的讲解，引导和帮助学生进一步明确加强社会主义民主法治建设的目标任务，正确认识民主法治建设的中国特色，增强责任感和使命感。加强"我国宪法确立的基本原则和制度"这一内容的教学，就需要深入阐释坚持和完善人民代表大会制度、中国共产党领导的多党合作和政治协商制度、民族区域自治制度以及基层群众自治制度，扩大公民的有序政治参与，充分发挥我国社会主义政治制度的优越性等重点内容，增强学生对我国基本政治制度、政治发展道路和中国特色社会主义法治道路的认同感。

二是运用多样化教学方式，提升法治教育的实效。科学合理的教学方法可使教学达到事半功倍的效果。积极探索多样化的法治教育方法，实现从单纯法律体系教育向法律问题教育方式转变，从单向灌输向多样式教育互动方式转变，从单纯法律理论教育向引导学生理论与实践相结合方式转变，从平面的课堂教学到多维立体的法治教育方式转变，实现教育方式创新，调动学生的学习积极性，提升法治教育的实效性。充分利用多元化教学手段就需要通过宣传栏、校园网、校广播电台、校报刊物、主题班会、大学生法律知识竞赛、校园文化月等，不断拓展法治教育的教学手段，使法治观念融入大学生的现实学习与生活中，使大学生真正体会到"法治与我相随，知行统一于法律"。紧密结合法律实务开展教学。采取案例教学、专题法治讲座、法律辩论、模拟法庭和法律社团活动等，提升学生解决法律问题的能力。典型案件的实践性学术研讨比起一般的课堂教学，有一定的特殊性。从内容上看，它具有鲜活的现实性；从时间上看，它就发生在大学生熟悉的领域，因而具有较为科学的实践基础。网络时代的大学生对身边发生的热点案件具有较高的兴趣，大学生的认知能力与普通民众相比要强得多，进行学术性研讨完全可以达到明晰事理与感知法治力量的教育目的。

三是形成法治教育合力，营造良好教学环境。加强高职院校法治教育，不仅仅是思想政治教育课的责任，也是全校的责任；不仅是高职院校的责任，也是全社会的责任。要重视大学生法治教育的社会环境建设，充分调动校内校外资源，创造良好的教育教学环境。要为大学生法治教育的课外教学活动提供便利和支持。地方执法、司法机关以及律师事务所等应该积极支持高职院校法治教育，加强和学校的协同配合，共同建立一批集实践性、参与性、趣味性为一体的实习实践基地，举办面向大学生的法治宣传活动，为大学生亲身体验和学习法律、理解法律创造条件和平台，提升大学生的法律素养。高职院校可以邀请司法实践部门的相关人员来校给大学生进行有关现实案件处理的专题讲座，也可从法学院校聘请知名教授来校给学生作专业性学术报告；组织大学生到法院旁听司法审判，到行政部门观摩行政执法流程，把观念中的法治与实践中的法治统一起来，培养实践逻辑中的法治素质。媒体是沟通法律与普通社会成员的重要桥梁，大学生群体是媒体的重要受众，社会新闻媒体在大学生法治教育中应该发挥积极的作用，加强立法、执法、司法等法律实践活动以及法律文化的传播，营造培养大学生法治思维和法治意识的良好舆论氛围。

五、深化高职院校职业理想和职业道德教育

"课程思政"本质上是一种教育教学理念，是一种创新的育人观和先进的教育观，旨在教育引导学生深刻理解并自觉实践各行业的职业精神和职业规范，增强职业责任感，培养遵纪守法、爱岗敬业、无私奉献、诚实守信、公道办事、开拓创新的职业品格和行为习惯。其基本要义是：统筹高校所有课程、课堂的育人资源和育人力量，激发专业教学传授知识、培养能力、提升素质及思想政治教育的多重功能，发挥所有课程承载的培养大学生世界观、人生观、价值观的作用，丰富专业知识，拓展学术研究中独特的思想政治教育内容和形式，使学生易于接受又能印象深刻，让学生的专业教育和大学生活相结合，产生增值效应，从而为培养学生面向未来的综合竞争力打下深厚的基础。各高职院校要结合专业特点分类推进课程思政建设。专业课程是课程思政建设的基本载体，要深入梳理专业课教学内容，结合不同课程的特点、思维方式和价值理念，深入挖掘课程思政元素，有机融入课程教学，达到润物无声的育人效果。文学、历史学、哲学类专业课程要在课程教学中帮助学生掌握马克思主义世界观和方法论，从历史与现实、理论与实践等维度深刻理解新时代中国特色社会主义思想。

如经济管理类专业课程要在课程教学中坚持以马克思主义为指导，加快构建中国特色哲学社会科学学科体系、学术体系、话语体系；帮助学生了解相关专业和行业领域的国家战略、法律法规和相关政策，引导学生深入社会进行实践、关注现实问题，培育学生经世济民、诚信服务、德法兼修的职业素养。教育类专业课程要在课程教学中注重加强师德师风教育，突出课堂育德、典型树德、规则立德，引导学生树立学为人师、行为世范的职业理想，培育爱国守法、规范从教的职业操守，培养学生传道情怀、授业底蕴、解惑能力，把对家国的爱、对教育的爱、对学生的爱融为一体，自觉以德立身、以德立学、以德施教，争做有理想信念、有道德情操、有扎实学识、有仁爱之心的"四有"好老师，坚定不移地走中国特色社会主义教育发展道路。体育类课程要树立健康第一的教育理念，注重爱国主义教育和传统文化教育，培养学生顽强拼搏、奋斗的信念，激发学生提升全民族身体素质的责任感。理学、工学类专业课程要在课程教学中把马克思主义立场观点方法的教育与科学精神的培养结合起来，提高学生正确认识问题、分析问题和解决问题的能力。理工类专业课程还要注重科学思维方法的训练和科学伦理的教育，培养学生探索未知、追求真理、勇攀科学高峰的责任感和使命感。工程类专业课程要注重强化学生的工程伦理教育，培养学生精益求精的大国工匠精神，激发学生科技报国的家国情怀和使命担当。农学类专业课程要在课程教学中加强生态文明教育，引导学生树立和践行绿水青山就是金山银山的理念，培养学生的"大国三农"情怀，引导学生以强农兴农为己任，懂农业、爱农村、爱农民，树立把论文写在祖国大地上的意识和信念，增强学生服务农业农村现代化、服务乡村全面振兴的使命感和责任感，培养知农爱农创新人才。医学类专业课程要在课程教学中注重加强医德医风教育，着力培养学生"敬佑生命、救死扶伤、甘于奉献、大爱无疆"的医者精神，注重加强医者仁心教育，在培养精湛医术的同时，教育引导学生始终把人民群众的生命安全和身体健康放在首位，尊重患者，善于沟通，提升综合素养和人文修养，提升依法应对重大突发公共卫生事件的能力，做党和人民信赖的好医生。艺术学类专业课程要在课程教学中教育引导学生立足时代、扎根人民、深入生活，树立正确的艺术观和创作观，坚持以美育人、以美化人，积极弘扬中华美育精神，引导学生自觉传承和弘扬中华优秀传统文化，全面提高学生的审美和人文素养，增强文化自信。

第三节　新时代高职院校课程思政的价值体现

　　思想政治教育的实效性是指在高职院校的思想政治教育过程中，通过具体的思想政治教育运作过程，实现思想政治教育目标的程度。它有两个维度，既包括大学生思想政治教育的内部效果——大学生的思想政治素质，也包括思政教育的外部效益，即通过提高大学生的思想政治素质，对社会主义物质文明、精神文明建设具有促进作用。具体来说，大学生思想政治教育的实效性是通过思政教育的内容、形式和结果的有效性来体现的。当前，教育部门、全国各高职院校在我国的正确领导下，认真贯彻执行关于大学生思想政治教育工作的指导方针和要求，从把握一定阶段大学生的心理特点着手，与时俱进，不断研究新情况、解决新问题，使大学生思想政治教育的内容越来越丰富、方法越来越灵活。多年来，大学生思政教育取得了显著成绩，并呈现出勃勃生机。

一、高职院校思政教育现状

　　互联网技术因其丰富多样的形式成为了当下使用最多、最广的传播方式，已成为人们日常生活中不可或缺的信息获取手段。通过手机上的各种社交软件、学习软件，用户可看到时事热点、学到各种技能、评论各种观点、提升各种能力等。大学生对新事物具有敏感性，习惯于接受各种新鲜事物。新媒体对思政课程提出了新要求，一旦课程形式过于呆板、课程内容过于单一，就难以满足学生的学习需求，易使学生产生厌学情绪。当前思政教育工作存在很多问题：一方面，思政教育工作未与互联网技术实现融合。高职院校仍采用传统教学模式，课程形式单一，通过说教形式向学生传授各种理论知识时，学生主动参与的积极性不高。另一方面，思政教育工作未与学生实际相结合。学生是课程的主体，课程设置应紧紧围绕学生展开，才具有实效性；但高职院校存在课程内容不更新、课程手段不改变等问题，造成思政教育教学方式严重脱节，相关课程内容与学生的实际生活相距较远，影响了学习成效的发挥。

　　思政课程本身理论性较强，若一味从理论入手，只会增加学生对课堂的厌烦程度，将其视为边缘学科，不注重相关能力的提升。思政课程是培养学生正确价值观的关键和核心，必须从思政课程入手，提升学生的思想道德素质，鼓励学生参与各类创业实践活动，为国家培养具有爱国情怀的时代青年。因此，高职院校必须认识到新媒体的重要性，借助微信公众号、微博、抖音等相关新媒体向学生传播思想政治理论，运用学生喜欢的方式开展教学活动，引导学生树立正确的世界观、人生观、价值观。

二、高职院校思政教育的问题与途径

（一）高职院校思政教育的问题

"任何事物都有它的两面性"，我们在充分肯定了当前大学生思政教育无论从内容还是形式方面都取得了很大成绩，而且大学生整体的思想政治状况积极向上的同时，也要看到事情的另一面。目前的大学生思想政治教育确实还存在着一些矛盾和问题，原因可能是多方面的，既有社会、经济、环境的复杂变化因素，也有大学生本身的内在心理因素。"短板理论"告诉我们，要想寻找事物整体的发展，最有效的措施是找到事物的薄弱环节，也就是主要问题所在，只有集中精力克服和解决主要问题，才能使事物得到更好的发展。将此理论推广到大学生思想政治教育中，可以看出，唯有对当前大学生思想政治教育存在的问题加以重视并尽力克服，才能切实提升大学生思政教育的实效性。长期以来，在大学生思想政治教育的过程中，我国各高职院校已经建立了一支相对健全、分工合理的思政教育队伍，在党和国家不断提升重视程度的情况下，他们不断拓展思政教育的新形式、新方法，不断丰富思政教育的内容，确实对培养一批又一批高政治素质的大学生起到了很大作用，甚至为社会风气的净化以及社会主义现代化建设的精神动力提升做出了贡献。但不可否认，各高职院校在思想政治教育的许多环节和当前大学生思想政治状况的许多方面都有着尚未解决的问题和矛盾。

从思政教育活动实施者的角度看，其活动存在吸引力不足的问题。虽然高职院校大学生思想政治教育的内容、形式等历经几十年发展，已经取得了长足进步，然而随着社会经济、政治和文化面貌的重大变迁，高职院校思想政治教育仍然存在着吸引力不足的问题。思想政治教育的吸引力是指通过在高职院校对大学生进行思政教育，使得受教育者的思想观念、情感、兴趣被吸引或者被改变。另外，影响大学生思政教育吸引力的各环节并不是孤立分散的，目标、主体、内容、方法等各因素之间交互作用，构成影响大学生思想政治教育的合力。大学生思想政治教育的吸引力有无甚至强弱，对思政教育的实效性都有着深刻的直接影响。可以说，一直以来高职院校大学生思政教育尽管得到了不少重视，也投入了大量的人力、物力和财力，但是大学生思政教育仍然存在着吸引力不强的问题，主要集中在思政教育主体吸引力不强、教育内容吸引力不强、教育方法吸引力不强等方面。

从思政教育活动受教育者的角度看，其政治观念、心理方面存在某些问题。在充分肯定当前大学生整体思想政治状况主流态势良好的前提下，我们有必要正视大学生思想政治状况的消极方面，譬如大学生的自我意识和功利化、文化多元化导致的一定程度上政治观念的模糊以及有的大学生存在心理健康问题。正如《关于进一步加强和改进大学生思想政治教育的意见》所指出的，一些大学生不同程度地存在政治信仰迷失、理想信念模糊、价值取向扭曲、诚信意识淡薄、社会责任感缺乏、艰苦奋斗精神淡化、团结协作意识较差、心理素质欠佳等问题。不可否认，诸如此类的问题确实真切地存在于部分当代大学生身上。据调查显示，在大多数学生关心并力求积极参与政治生活、支持社会主义基本制度和理论的同时，仍有一部分学生在社会大变革背景下，受西方意识形态侵袭，以及现实社会诸多不良现象的影响，在关于坚持社会主义道路和坚持共产党领导等大是大非的问题上态度模糊不清甚至存在迷失的可能。在道德认知方面，以诚信为例，调查显示，"虽然有97%的学生认为应该坚持诚信"，但是当涉及考试诚信的问题时，却有"高达58%的学生认为考试作弊是可以接受的"，如此明显落差的存在确实发人深省，这说明了当前部分大学生在道德认知和实践行为二者之间的差异。在功利主义和实用主义倾向上，大学生思想政治教育实效性存在的问题更为明显，尽管大学生整体上仍然相对较好地接受了积极健康的人生观和价值观，但是面对日趋激烈的社会竞争环境，一部分大学生在面对具体选择时容易只顾个人利益、追求物质享受、注重自我发展而忽视他人利益和集体利益。最后，当代大学生在巨大的经济、学习、就业等压力影响下，相当一部分的大学生存在心理健康问题，譬如心理素质较差、自我调适能力有缺陷、人生态度相对消极等，因此大学生的心理健康有待加强。

从思政教育活动的社会功能看，其后续教育功能的发挥存在问题。大学生思想政治教育实效性不强、思想政治教育吸引力不足和部分大学生思想政治状况消极等问题，无论对于大学生个人还是社会都会产生不良的影响。从个人层面来说，大学阶段正是独立成长的关键阶段，如果思想政治教育不能很好地引导大学生建立健康向上的人生态度、不能解决其在生活中的诸多困惑和矛盾，势必会影响学生个人的发展和前途。以大学生心理健康问题为例，据北京部分高职院校的调查结果显示，因精神疾病而休学、退学的人数占休学、退学总人数的39.7%和64.4%，惊人的数字充分表明，对于目前大学生的心理健康问题，若不加重视确实可能会影响到他们的生活、学业甚至终身发展。至于大学生思政教育实效性不强对于社会的影响，北京大学钱理群教授在"理想大学"专题研讨会上曾有过精彩的论述，他指出我们的一些大学，正在培养一些"精致的利己主义者"，他们高智商、世俗、老道、善于表演、懂得配合，更善于利用体制达到自己的目的。这种人一旦掌握权力，比一般的贪官污吏危害更大。大学生思政教育工作做不好，非但无法实现大学培养高素质人才的初衷，还可能引发更为严重的社会矛盾和冲突，影响和谐社会的发展。

（二）新媒体背景下高职院校开展思政教育的路径

新媒体凭借强大的影响力和覆盖率，逐渐受到公众的欢迎。高职院校思政教育要想提升教育成效，必须有效利用新媒体技术和模式，围绕思政课程特点形成独特的课程模式，围绕学生特点形成适合学生的课程理念，使学生参与到课堂中，进而提高思政课的有效性。

1. 结合时事热点，通过碎片化传播理念开展教学工作

时政热点是反映社会现状的重要渠道，只有关注时政热点，才能获取一些有价值的评论，从而对学生价值观的养成起到良好的效果，还能帮助学生关注国家大事，形成强烈的爱国情怀。基于此，高职院校必须结合时政热点开展思政教育，利用教室多媒体让学生观看影片，了解国家方针政策，并及时进行学习讨论，让学生充分发表自身看法，或针对一些不合理的社会现象提出解决措施，让学生积极动脑、主动发言。与此同时，教师还可设置相关问题情境，让学生展开集体讨论，在小组合作中产生思维碰撞，有利于培养学生的思考能力。

相较于传统媒体形态，新媒体平台的信息具有碎片化特征，其内容多样，但篇幅较短，使人在较短时间内能浏览大量信息，了解更多社会事件。这就使得新媒体技术受到了越来越多人的青睐，将大量时间与精力放在各种软件上。为此，思政课教学应对内容进行分段处理，不宜将大量信息直接传输给学生，而应从中挑出最重要、最吸引学生注意力的内容进行讲解，并借助音频、视频、图片等形式进行传播，使学生在更轻松、更愉快的氛围中学习，实现知识的有效传播。

2. 搭建新媒体平台，积极构建高职院校思政教育平台

教学模式只有不断更新，才能符合学生发展需要，多方面满足学生的需求。传统的教学过程往往忽视形式的革新，将考试作为思政课学习的首要目标，学生机械地学习和记忆一些不切实际的知识点，将实践摆在无关

紧要的位置，导致思政课的边缘化现象越来越明显，价值得不到有效发挥。基于此，高职院校必须进行调整和改进，结合实际情况，在原有基础上为学生创设一个真实且适宜学习的环境和氛围，改变学生对思政课的态度，感受思政课的熏陶。同时，依托网络的优势，为学生打造积极健康、适宜学习的网络生态，提升学生的价值认同。从学生入手，学校应该了解学生的真实需求，采用学生乐于接受的方式开展教学，开展利于学生的教育。

在教师授课的过程中，教材是依托，必须从教材出发，在此基础上运用新媒体技术，这样才能达到寓教于乐的效果。一方面，高职院校应构建专业的思想政治教育平台，将其作为学生学习思政课的主要阵地，通过外界的手段让学生意识到思政课的重要性，以更积极的心态和精神对待思政课。另一方面，高职院校还可以成立学校的公众号或者网站，为学生提供了解学校的机会，更有利于校领导和教师随时了解学生的思想动态，对一些思想不正确的学生定期开展心理辅导，为全体学生提供一个良好的思想交流平台。

3. 畅通沟通渠道，做好新媒体运用的引导监督工作

高职学生的理论学习能力较弱，因此高职教师更应认识到改革的迫切性，运用新媒体工具，激发学生的学习积极性，改变以往的态度。不仅如此，教师还应该有效运用各种社交软件，增加与学生的交流机会，真正了解学生的学习意图与学习目的，确保能做到有针对性的沟通。

做好引导和监管工作，促进高职学生健康发展。互联网信息类型多样，教师必须做好相关的引导和监督工作，不能让学生较长时间使用手机而忽略了正常的学习，应该尽可能地借助新媒体工具寻求更多有利于学习的内容，随时随地了解学生的真实想法，进而更好地提升育人成效。

三、课程思政对提升思政教育实效性的意义

根据我国关于教育的重要论述，以及中共中央办公厅、国务院办公厅发布的《关于深化新时代学校思想政治课改革创新的若干意见》，课程思政就是将思想政治教育贯穿人才培养体系，全面推进高职院校课程思政建设，发挥好每门课程的育人作用，提高高职院校人才培养质量；即将思想政治教育元素，包括思想政治教育的理论知识、价值理念以及精神追求等融入各门课程中去，潜移默化地对学生的思想意识、行动举止产生影响。我们要深刻认识到"课程思政"改革的实施是全面贯彻党的教育方针、从根本上解决人才培养的目标和手段等问题的重大创新，对实现中国特色社

会主义教育的根本任务具有重要的意义。

(一) 课程思政是全面提高人才培养质量的重要任务

培养什么人、怎样培养人、为谁培养人是教育的根本问题，立德树人的成效是检验高职院校一切工作的根本标准。落实立德树人根本任务，必须将价值塑造、知识传授和能力培养三者融为一体、不可割裂。全面推进课程思政建设，就是要寓价值观引导于知识传授和能力培养之中，帮助学生塑造正确的世界观、人生观、价值观，这是人才培养的应有之义，更是必备内容。这一战略举措，影响甚至决定着接班人问题、国家长治久安以及民族复兴和国家崛起。因此，要紧紧抓住教师队伍"主力军"、课程建设"主战场"，课堂教学"主渠道"，让所有学校、所有教师、所有课程都承担好育人责任，守好一段渠、种好责任田，使各类课程与课程思政同向同行，将显性教育和隐性教育相统一，形成协同效应，构建全员全程全方位育人大格局。当前，高职院校办学面临着社会利益分化、思想观念交锋、多元价值观念相互碰撞的挑战，这既给高职院校的长远发展带来了机遇，也带来了冲击。在这样的大背景下，青年大学生在价值观选择上存在着多样性和易变性，受外界的影响大，容易摇摆不定。

尽管当今青年大学生的道德素质普遍较好，但他们自我控制能力较差、践行能力弱，且缺少内省的素养。这就特别需要教师在课堂教学中，不仅注重学生知识和能力的培养，更要做好学生思想引领和价值观的塑造。因此，要把社会主义核心价值观教育贯穿到课堂教学的各个方位、各个层面，真正做到入脑入心，促进学生明理力行。学校人才培养是育人和育才相统一的过程。建设高水平人才培养体系，必须将思想政治工作体系贯通其中，必须抓好课程思政建设，解决好专业教育和思政教育"两张皮"的问题。要牢固确立人才培养的中心地位，构建高水平人才培养体系，不断完善课程思政工作体系、教学体系和内容体系。学校主要负责同志要直接抓人才培养工作，统筹做好各学科专业、各类课程的课程思政建设。紧紧围绕国家和区域发展需求，结合学校发展定位和人才培养目标，构建全面覆盖、类型丰富、层次递进、相互支撑的课程思政体系。切实把教育教学作为最基础、最根本的工作，深入挖掘各类课程和教学方式中蕴含的思想政治教育资源，让学生通过学习，掌握事物发展规律、通晓天下道理、丰富学识、增长见识、塑造品格，努力成长为德智体美劳全面发展的社会主义建设者和接班人。

（二）课程思政有利于实现知识传授与价值观教育的同频共振

专业课是高等学校根据人才培养目标开设的专业知识和专业技能课程，其目标是使学生掌握必要的专业基本理论与专业技能，培养学生分析和解决本专业范围内一般性实际问题的综合应用能力。从专业教育与思想政治教育所担负的相对独立的功能而言，思想政治教育主要承担德育的功能，大学专业教育主要承担智育的功能。尽管功能各有不同，但专业教育和思想政治教育都是以人为出发点和归宿，专业课、课程思政从来不曾割裂，每一门课都应该求真、触情，并传递价值，既要帮助学生专业成才，更要促进学生精神成人；培养学生既具有个人的小德，也具有国家、社会的大德，树立社会主义核心价值观。

同时，高职院校的立身之本在于立德树人，必须牢牢把握全面提高培养人才能力这个核心点，深入挖掘并用好高职院校各门课程所蕴含的丰富的思想政治教育元素，形成高职院校各门课程的思想政治教育的合力，让学生在学习专业知识的过程中，不断加强思想道德修养，提高政治觉悟。高职院校每门课程都要围绕育人目标，合理分工、互相配合，共同推进大学生的思想政治教育，这是新形势下高职院校思想政治工作的必然要求。

课程思政建设有利于发挥专业课程在思政教育方面的特殊优势。一是专业课教学在课时上有优势。专业课教学作为大学教育的主阵地，贯穿整个大学生涯，占据了学生大部分的学习时间，在学习时间方面具有先天的优势。大学生的思想政治教育仅仅依靠几门思想政治教育课程是远远不够的，专业课教学弥补了课程思政在课时上的不足。因而专业课教学理应成为思想政治教育的重要组成部分，这是我国高职院校课程思政的现实。二是学生相对重视专业课程学习。一般而言，大学生将自己的专业视为日后步入社会的安身立命之本，对于专业课程学习给予了高度重视，学习热情相对高涨。三是专业课教学为课程思政提供了广阔的发展空间和深厚的学科基础，赋予了思想政治教育强大的科学力量。以专业知识体系为载体和底蕴，通过较为隐蔽的、潜移默化的方式进行思想政治教育，更容易被青年大学生所接受，更加具有说服力、感染力和有效性。四是从目前高职院校教师的构成来看，其他专业课教师无疑是数量最多的群体，如果没有他们的参与，大学生思想政治教育工作是不完整的。因此，要充分认识到全员育人的重要性和必要性。

(三) 课程思政是中国特色社会主义教育发展的内在要求

"课程思政"的提出符合教育的本质。"教育"一词是教书与育人的结合。教书就是传授知识，它保证人类能够在继承原先文明的基础上不断进步。育人就是对人的"灵魂"的培养，它保证人类社会始终能朝着积极、正面、和谐、有序的方向前进。教育的本质就是通过传授知识、提高品德、启迪智慧来培养促进社会发展的人才，是提高每个人的生命质量、生命价值的重要途径。"课程思政"的理念正是这一本质的体现。"课程思政"是实现立德树人的创新。中国特色社会主义教育的根本任务是立德树人。过去，思想政治理论课在这方面充当着主要的角色。思想政治理论课是立德树人根本任务的关键课程。一般说来，课程都有育人的功能。由于缺乏文件制度的规范，其实施主要取决于教师的自觉，存在随意性与分散性，从而非课程思政与课程思政未能形成协同效应。"课程思政"的提出，正是针对这一短板作出补充，真正着眼于全员、全课程育人。

(四) 课程思政是高职院校思想政治教育与时俱进的要求

从教育的属性来看，教育是具有阶级性的。中国的高职院校是中国特色社会主义制度下的高职院校，其教育必然带有意识形态的印记。从教育的功能看，教育主要是实现个人的发展与社会的发展。在个人与社会发展的需求中，政治观点、思想观念、道德规范的教育始终处于统领地位，它决定着个人与社会发展的最终方向。从社会学的角度看，学校教育承担着人的社会化的重要功能。一方面，学校向学生传递科学知识，另一方面，学校对学生进行道德教育，传播主流的价值观，以帮助学生成为既具备基本的生存技能又能融入现代社会的合格的"社会人"。当前，中国特色社会主义进入了新时代，国内社会的主要矛盾的变化及防止西方意识形态的渗透都对高职院校的思想政治教育提出了新的要求：如何捍卫高职院校思想意识形态的阵地？如何引导当代大学生自觉以马克思主义中国化的理论为指导，内化于心、外化于行，成为中国特色社会主义的合格的接班人与建设者？所以，高职院校的思想政治教育必然要与时俱进，"课程思政"的提出恰逢其时。

(五) 课程思政满足了当代大学生的需求

第一，有助于解决社会价值观念多样化产生的冲击。当代大学生是属于互联网的"原住民"，互联网为当代大学生扩大视野创造了有利的条件，网络上各种新的社会现象、各种观点和观念让人目不暇接，大学生由于缺乏经验、知识不丰富、思维判断力较弱，也极容易受到不良思想的影响，因此，加强思想政治教育有助于引导大学生正确看待社会问题，形成积极、正确的价值观。

第二，有助于解决理想与现实的矛盾。大学阶段是一个富于理想的阶段，有一定社会经验与阅历的人都可以比较好地处理理想与现实的关系，而大学生由于知识储备尚未完成、人生经验短缺，对理想的可及性缺乏判断，因此，当理想遭遇现实打击的时候，容易产生挫折感，进而产生对自身所受教育的怀疑。因此，引入"课程思政"可以引导大学生正确看待人生的挫折与社会现象，始终以积极的态度面对人生。

第三，有助于大学生应对社会的迅速变迁。相对于西方的现代化而言，中国的现代化时间更短，速度更快，中国的大学生面临着"时间压缩"的效应。西方几百年现代化过程中出现的问题将在中国新时期40多年的时间内集中出现，整个社会表现出矛盾急剧增加、思想纷繁芜杂。因此，引入"课程思政"可以帮助大学生正确看待中国社会的一些现实问题，始终保持对中国特色社会主义的信念、保持对中国共产党和政府的信任、保持对实现中国梦的信心。诚然，高职院校开设思想政治理论课有助于解决上述问题，但是思想政治理论课作为大学生的公共基础课，大部分都是在一、二年级完成。而思想政治教育强调全员育人、全过程育人、全方位育人，显然，在传统的思想政治教育体系中难以实现。"课程思政"的提出，正是弥补了这一缺陷。

第三章　高职院校课程思政实施与落实推进方案设计

要切实抓好此项工作，形成全党全社会协同联动的氛围，就必须要有统筹的规划、科学的设计和有序的推进。在其中，体制和机制的问题是带有根本性、全局性、稳定性和长期性的问题。为此，要不断加强对课程思政工作的组织领导，把课程思政工作的目标任务和具体要求落实到各领域各部门、各基层单位，努力构建党委统一领导、党政齐抓共管、宣传部门组织协调、有关部门分工负责的工作体制和工作格局，最终形成推动课程思政的整体优势。

第一节　强化与把握课程思政的组织领导与工作原则

一、不断强化课程思政工作的组织领导

（一）加强学校党委统一领导，做好统筹规划

深入推进课程思政工作，战线在高职院校，战场在课堂，教师是战斗员，指挥部则在高职院校党委。高职院校党委必须站在坚守意识形态阵地和保障党的事业薪火相传的战略高度，把课程思政工作作为一项重要的政治任务和战略工程，靠前指挥、抓好关键、强化责任，建设一批学生真心喜爱、终身受益的优秀课程，引导广大师生树牢"四个意识"、坚定"四个自信"、坚决做到"两个维护"，从而培养和造就担当民族复兴大任的时代新人。

第一，要深刻认识高职院校党委抓好课程思政工作的极端重要性。高职院校党委履行学校管党治党主体责任，最终目的是要教书育人、立德树人。

第二，要强化高职院校党委抓课程思政工作的主体责任。把课程思政工作建设纳入学校总体发展规划，列入党委工作议程，坚持课程思政工作与其他工作同谋划、同部署、同落实、同考核。课程思政是一项需要学校

顶层设计、前瞻布局和组织协调的整体性工作，进行统一规划、宏观指导、组织协调和督促检查，最终实现全员、全过程、全方位育人的目标。要落实学校党委的主体责任，成立校党委书记为组长的课程思政工作领导小组，分管思想政治工作和分管教学工作的校领导共同参加，总体负责全校改革试点统筹。建立并完善学校各部门常态协作和分工负责机制，建立责任清单，细化工作台账，学校相关部处、院系职责明确，有明确思路、有制度、有落实、有成效，最终形成职责明确、思想统一、上下贯通、执行有力和有效监督的课程思政教育教学育人体系。

（二）成立咨询委员会，进行科学设计

虽然从提出到实施，课程思政的推进工作已有几年时间，但仍处在探索阶段，从设计、实施到反馈都需要经过不断地尝试和改进，才能达到更好的教学效果。为此，各高职院校可以考虑成立课程思政工作专项咨询委员会，由学校教学主管部门、宣传部、组织部、发展规划部门、马克思主义学院、学工部门及专业教师代表等组成，明确牵头部门和具体负责人，负责对全校课程思政教育教学改革的具体工作进行具体规划和设计，在试点阶段进行科学性、专业性、操作性上的前期论证，在改进阶段进行瓶颈问题研讨和关键方案的决策，为"课程实施"的顺利开展提供综合保障。

各高职院校要紧紧依托专项咨询委员会持续推进课程思政工作，及时完善和优化改进本校课程思政改革建设方案，不断总结经验、提炼工作模式，推动思想政治教育与综合素养教育、专业知识教育有机结合，分步骤、分阶段有序推进，更加有效地发挥各类课程的育人功能，逐步完善课程思政工作机制。

（三）设立教改推进办公室，加强项目实施

在课程思政工作领导小组的指导下，学校还要协调设立课程思政教改推进办公室，具体负责各项工作任务的推进落实，统筹全校课程思政教学改革方案的具体实施，指导、咨询、督查、评估课程思政工作的实施效果。课程思政是一项需要协调各院系、各专业以及每门课程的系统性工程，要将每个举措都落实下去，需要专门的办公室进行推进和督办，保证工作落实的质量。对于高职院校内部量大面广的各类专业课来说，可以采用试点先行的方式，从教学目标、教学内容、教学方法、教学资源分配、教学组织和教学评估等各方面探索，逐步积累经验，分步推广，最终形成

全覆盖的课程体系。

二、把握课程思政的工作原则

（一）顶层设计和试点培育相结合原则

课程思政工作的推进，一方面既要加强学校顶层设计，统筹谋划课程思政教学改革任务和路径措施；另一方面又要发挥改革试点的示范带动作用，分步骤、分阶段有序推进，充分发挥校院两级和全体教师的积极性、主动性、创造性，形成课程思政的良好机制和氛围。课程思政理念的提出与践行，有助于强化每位教师的育德意识和育人责任，能充分挖掘所有课程的思想政治教育资源和育人功能，有效弥补了思想政治理论课教师单兵突进、传统思想政治工作队伍单线作战的不足，初步实现了从专人思政转向全员育人的转变。

（二）知识传授与价值引领相结合原则

在知识传授的同时，深入挖掘各类课程的思想政治理论教育资源，发挥所有教师在知识传授中的价值引领功能。推进教育综合改革，深入理解课程思政的深刻内涵和创新途径，使所有课程都具备价值塑造、能力培养、知识传授三位一体的课程思政教学目标。既要凸显思想政治理论课程的显性思想政治教育功能，又要强化综合素养课、专业课的隐性思政教育作用。要深入挖掘各门课程蕴含的思想政治教育资源，强调所有任课教师在课堂教育教学中的价值引领责任，以"立德树人"为根本，寓价值引领于知识传授中，在价值传播中凝聚知识底蕴，真正做到"将思想政治教育融入高职院校课程教育的全过程，各门课程都守好一段渠，种好责任田"，使各类课程与思想政治理论课同向同行，形成协同效应。

（三）改革创新与遵循规律相结合原则

课程思政必须结合教育目标、教育环境以及教育实况，与时俱进地推进其自身的改革，这是高职院校思想政治教育长期发展的客观规律。在推动课程思政改革创新的过程中，要坚持政治性和学理性相统一、坚持价值性和知识性相统一、坚持建设性和批判性相统一、坚持理论性和实践性相统一、坚持统一性和多样性相统一、坚持主导性和主体性相统一、坚持灌输性和启发性相统一、坚持显性教育和隐性教育相统一。既要解放思想、勇于改革、大胆创新、先行先试，又要遵循思想政治工作规律、遵循教书育人规律、遵循学生成长规律,搞好统筹谋划、精心设计,不断积累经验,确保课程思想政治教育教学改革沿着正确的方向健康推进,不断取得扎实成效。

深化高职院校思想政治理论课教学改革,确定教材、教学和教师三个关键因素,创新课堂教学内容和形式,充分发挥网络的作用,通过社会实践有机融合,密切关注大学生成长问题,卓有成效地提高课堂吸引力。对于提升思想政治教育的实效性来说,课程思政的稳步持续推进是突破高职院校思想政治工作育人瓶颈的一种极其重要的方式。

(四) 教师引领与学生参与相结合原则

在课程思政教学改革过程中,教师要以德立学、以德施教,加强政治引领和思想教育。实施教师德育意识和育德能力提升计划,将其纳入教师培训体系中,通过举办专题专项德育培训,扎实开展推进;完善教师教学激励机制,对专业课程的育人功能和任课教师的德育实效进行绩效评价,纳入教师综合考核体系中,作为重要参考项;梳理优秀典型,加大宣传力度,积极回应社会关注;同时要契合学生成长发展需求和期待,尊重学生的主体地位,提高学生的参与度,增强课程思政工作的亲和力、针对性和实效性。

三、课程思政组织实施

在学校、学院两个层面分别建立课程思政工作领导小组,重点建设以下内容。

(一) 成立校院两级"课程思政研究中心"

学校成立"课程思政研究中心",二级学院成立"×××院课程思政研究分中心",组建由思政教师、专业教师等参与的研究团队,聚焦课程思政建设中的重点与难点,着力解决共性和特别问题,探寻独具学校特色、学院特色的课程思政资源、建设路径。

(二) 开展"课程思政"专项教改

坚持课程思政导向,针对性地在基础公共课程、专业教育课程、实践类课程等各类课程、教材中落实课程思政要求,在将课程思政融入教学建设全过程中予以落实,包括:课程目标设计、课程大纲修订、教材编审选用、教案课件编写等各方面,教学设计、课堂授课、教学研讨、实践教学等各环节,教学管理、课堂教学模式等多种变革。

(三) 遴选培育"课程思政示范专业"

站在社会、学校、学生关联发展的高度和角度,着眼人才培养和专业全局,着力发展专业思政。专业思政必须全息渗透,重点落实到培养方案、课程教材建设、教学改革、教师发展与教学成效等方面,努力打造专业在课程思政建设上的特色与亮点,以专业思政引领课程思政。

(四) 遴选培育"课程思政示范课程"

打造体育、美育、劳育类特色课程,打造融合思政元素的通识课程;强化专业课程思政功能,强化教材管理;加强实践课程思政特色建设,推动校级示范性实践教育基地建设,凝炼实践教学思政特色。不断改进课程思政的教育教学方法,丰富课程的思政元素。提高课程思政质量,培育遴选一批"课程思政示范课程",及时推广示范课程的新观念、新思路、好经验、好做法,积极营造"比学赶帮超"的课程育人氛围,努力形成学校各门各类课程争相育人的生动局面。

(五) 遴选培育"课程思政示范教学团队"

以立德树人为根本任务,以社会主义核心价值观为灵魂和主线,遵循思想政治工作规律、教书育人规律和学生成长规律,充分发挥教师的主体作用,提升教师育人意识和育德能力,培育遴选"课程思政示范教学团队","课程思政示范教学团队"以学院各专业为单位加以组建,也可以跨学院、跨专业、跨教研室组建,还可以邀请思政课教师加入。通过加强团队建设,力争在专业课程的教学设计、授课内容中充分挖掘思政元素,使专业内容与思政元素相得益彰,同时,能以多种教学手段和表现形式在教学实施过程中坚持价值引领、能力培养和知识传授的有机融合,取得实效。

第二节 明确育人目标与三位一体课程体系的建立

课程思政的教育理念也是一种体现连续性、系统性的课程观,它不拘泥于各科专业知识的学习,而是通过将思想政治教育的目标融汇于各科的教学当中,使得各门课程都能参与到思政育人的过程中,形成一个完整的课程育人体系。❶ 课程思政的育人目标最终是要培养德智体美劳全面发展的社会主义接班人，努力为党和国家培养更多担当民族复兴大任的时代新人，以课程思政的全面质量提升带动"三全育人"工作，以育人质量的全面提升带动高职院校"双一流"建设。

一、明确课程思政的育人目标

（一）在引导学生坚定理想信念上做工作

各门课程教育教学的任务之一，就是要积极引导学生树立共产主义远大理想、坚定中国特色社会主义共同理想。其中，思想政治理论课的教育教学内容设计要重在阐释共产主义远大理想和中国特色社会主义共同理想的丰富内涵、实现路径与发展要求，结合国际共产主义发展史和中国共产党党史、中华人民共和国国史，在学理上引导学生深刻认识树立远大理想、坚定理想信念的必要性与重要性，增强树立远大理想信念的自觉性。综合素养课的教育教学内容设计要注重从历史、文化、社会、生态等不同视角比较分析社会主义制度和共产主义理想的优越性与先进性，让学生在人文关怀与生活感悟中体会理想信念的特殊作用，增强学生树立远大理想信念的自信心。专业教育课的教育教学内容设计要结合学科、专业和课程的特色，从专业的沿革、现状与前沿的讲解中，激发学生的责任感、使命感与荣誉感，引导学生不断提升专业素养，抓住国家快速发展的战略机遇期，积极寻找实现个人价值与才华抱负的成长舞台和发展机遇，提升学生树立远大理想信念的可行性。思想政治理论课、综合素养课、专业教育课需同向发力，协同育人，不断增强学生的中国特色社会主义道路自信、理论自信、制度自信、文化自信，勇担民族复兴的时代重任。

（二）在引导学生厚植爱国主义情怀上做工作

爱国，是一个公民最起码的素养，也是每位学生应当具备的重要情怀。各门课程教育教学的任务之一，就是要积极引导学生理解爱国主义的内涵，增强爱国主义的情怀，让爱国主义精神在学生心中牢牢扎根。其中，思想政治理论课的教育教学内容设计要重在阐释爱国主义的要义，了解爱国主义的历史意义与当代价值，正确处理好爱国、爱家、爱党与爱人民之间的关系，特别是要科学辨析历史虚无主义等错误思潮；要借助案例

---

❶ 谭晓爽. 课程思政的价值内涵与实践路径探析［J］. 思想政治工作研究，2018（4）：44-45.

分析与典故教学等形式，教育引导学生热爱和拥护中国共产党，听党话、跟党走，立志扎根人民、奉献国家。综合素养课的教育教学内容设计要从不同课程的学科背景出发，为爱国主义提供更多的理论支撑，让爱国主义在学生的心中既能顶天又可立地；特别是要注重结合学生学习生活中出现的各种不合理现象进行分析批判，比如针对"精日"现象，可从社会学、心理学、政治学等不同视角进行辨析，让学生形成更为清晰和更为科学的认知。专业教育课的教育教学内容设计要以学科专业为依托，通过国际间学科专业与产业的发展比较，增强学生们投身专业研究、致力产业发展的危机感、紧迫感，鼓励学生把爱国精神融入为国奉献的实践行动中。比如，结合中美贸易摩擦问题，软件专业的课程教学就可以从芯片技术的发展、我国芯片产业的瓶颈、中美贸易战中的危机与挑战，激发学生们的爱国热情，齐心协力，和全国人民一起推动芯片技术产业大踏步向前发展，加大技术创新研发。

（三）在引导学生加强品德修养上做工作

人们常说，对学生而言，学习成绩不好是次品，身体素质不好是废品，但思想品德不好是危险品。立德树人是中国教育的根本使命，培养品德修养高尚的人才是高职院校教育教学的中心任务。各门课程教育教学的任务之一，就是要积极引导学生理解加强品德修养的必要性，踏踏实实修好品德，成为有大爱、大德、大情怀的人。其中，思想政治理论课的教育教学内容设计要重在阐释品德修养的内涵，理解加强品德修养的重要意义，把真善美作为终身的品德追求；要结合不同时代的要求，教育学生把握当代品德修养的核心内容，特别是把社会主义核心价值观作为当前学生品德修养最重要的任务目标，围绕国家、社会、个人三个层面进行解读和分析，引导学生积极培育、大力践行。综合素养课的教育教学内容设计要从国家道德、社会公德、职业道德、个人道德等视角对社会主义核心价值观进行细化细分，寻找社会主义核心价值观的历史溯源，分析其在伦理、法治、文化等不同领域的表现形态，引导学生科学辨识"社会主义核心价值观"与"西方价值观"的异同，对社会主义核心价值体系形成更为全面的了解。专业课的教育教学内容设计要不拘一格、不搞一刀切，要围绕专业特性，挖掘专业课与社会主义核心价值观的结合点，在培养方案中对"德、能"等方面做出明确的规定，形成有效的指导方案。比如"大学英语"的教学，可在精读短文中，主动选取分别讲述"勇气、诚信、善良、公平、法治、文明、爱国、敬业"等主题的素材，让学生在掌握专业知识的同时，深刻领会社会主义核心价值观的要旨，不断提升修养。

（四）在引导学生增长知识见识上做工作

21世纪的竞争是人才的竞争，人才竞争力的核心之一就是见识与才智的较量。正如我国在全国教育大会上所说的那样，高职院校各门课程教育教学的任务之一，就是要"教育引导学生珍惜学习时光，心无旁骛地求知问学，增长见识，丰富学识，沿着求真理、悟道理、明事理的方向前进"。其中，思想政治理论课的教育教学内容设计要以让学生形成"四个正确认识"为主要任务，重在教育引导学生"正确认识世界和中国发展大势、正确认识中国特色和国际比较、正确认识时代责任和历史使命、正确认识远大抱负和脚踏实地"，将中国情怀和时代特征与世界眼光统一起来，客观看待当代中国和外部世界的关系，让学生知晓个人知识见识的增长对国家和社会的重要作用，增强提升知识见识的自觉性与自主性。

综合素养课的教育教学内容设计要以拓展学生见识为主要任务，整合全校教学资源，开设尽可能多、可供自由选择的不同门类综合素养课程，大力拓展学生知识面，主动加强不同学科间的协同与交叉，让理工科学生增加人文社科知识、让人文社科学生接触理工知识，力争实现文理交融、医工交叉；增加实践教学环节，拓宽学生视野，让学生在实践中提升运用知识的能力。专业教育课的教育教学内容设计要以增长学生知识为主要任务，发挥教学名师的育人效应，鼓励更多的大师走进一线课堂，让学生接触与掌握最前沿的专业知识；要充分调动教师的教学积极性，培训提升课堂教学水平与效果，激发学生的求知欲，教育学生扎实掌握专业知识，让学生学一门会一门、干一行爱一行，努力做到"让勤奋学习成为青春飞扬的动力，让增长本领成为青春搏击的能力"。

（五）在引导学生培养奋斗精神上做工作

"幸福，是靠奋斗出来的"，新时代中国特色社会主义的建设最需要的精神之一就是奋斗精神。高职院校各门课程教育教学的任务之一，就是要教育引导学生培育敢于担当、不懈奋斗的精神，塑造勇于奋斗的精神状态，保持乐观向上的人生态度。其中，思想政治理论课的教育教学内容设计要重在阐释"奋斗精神"的内涵，通过抗日战争、解放战争、新民主主义革命和建设、改革开放以来中国特色社会主义建设的历程梳理，借助"两万五千里长征""南泥湾精神""铁人王进喜精神""深圳特区建设""浦东大开发"等系列案例的教学，让学生深刻理解奋斗精神的实质；要重在阐释新时代中国特色社会主义建设的历史任务与实现中华民族伟大复兴的使命担当，分析凝练奋斗精神的时代属性，与理想信念教育有机结起来，激发学生勇担时代责任。综合素养课的教育教学内容设计要更为注重奋斗情怀教育，可以设立"奋斗精神"专题进行讲解，也可把奋斗精神教育培养与乐观主义、爱国主义等专项教育结合起来，增加对古今中外历史名人的案例教学，让学生在提升综合素养的过程中不断增强勇于奋斗的动力。专业教育课的教育教学内容设计要把专业知识传授与自强不息精神培养结合起来，重在引导学生不怕苦、不怕难，勇于挑战并攻克科技难题、社科难题，立志成为科研研究的生力军与后备军；要大力挖掘科学大师、理论专家不懈奋斗的成长故事，用榜样人物的成长经历激励学生成长，引导学生努力做到刚健有为、自强不息。

（六）在引导学生增强综合素养上做工作

要努力构建德智体美劳全面培养的教育体系，形成更高水平的人才培养体系。培养德智体美劳全面发展的人才，教育引导学生培养综合能力、培养创新思维，是中国教育的重大使命，也是高职院校各门课程教育教学的根本任务。其中，思想政治理论课的教育教学内容设计要重在培养"德"，教育引导学生正确认识国家公德与个人私德的异同，科学处理个人利益与集体利益、国家利益之间的关系，把党和国家的需要、人民的需要作为最崇高的德，树立远大的理想信念和正确的"三观"，增强"四个意识"。综合素养课的教育教学内容设计要重在培养"体美劳"，通过体育、竞赛等课程内容设计，教育引导学生树立健康第一的理念，增强体质、健全人格、锤炼意识；通过音乐、美术、文化、品鉴等课程内容设计，坚持以美育人、以文化人，提高学生审美和人文素养；通过社会实践、志愿服务、生产实习等课程内容设计，在学生中弘扬劳动精神，教育引导学生崇尚劳动、尊重劳动。专业教育课的教育教学内容设计要重在增长"智"，一方面是要抓好课堂知识传授，把基础知识与前沿知识结合起来，让学生习得一身知识、练就一身本领，"知其然，并知其所以然"；另一方面是抓好知识的应用能力，把知识传授与解决问题、书本知识与实践问题结合起来，让学生成为"理论知识高、动手能力强、综合素养好"的高端人才。

二、打造"三位一体"的课程体系

推进课程思政教育教学改革，要从战略高度构建以思想政治理论课为核心、综合素养课程为支撑、专业课为辐射的"三位一体"的思想政治教育课程体系，牢牢抓住课堂育人主渠道、主阵地，将高职院校党委意识形态责任制落实到一线课堂，教师思政工作从宏观抽象要求转化成具体微观的解决方案，找到实现高职院校三全育人的关键枢纽和有效抓手❶。

（一）打造好思想政治理论课，发挥思想政治教育核心课程作用

在高职院校思想政治教育课程体系中，思想政治理论课是核心、是根本、是基石。思想政治理论课质量提升是核心环节，要注重发挥思想政治理论课在大学生社会主义核心价值观教育中的引领作用，着力增强高职院校思想政治理论课的实效性。深入贯彻党的二十大精神和全国高校思想政治工作会议精神，认真学习习近平新时代中国特色社会主义思想，以立德树人为中心环节，聚焦思想政治理论课教学重点、难点问题，推动教材体系向教学体系转化，共建共享思想政治理论课优质教学资源，加强思想政治理论课教师队伍建设，不断提升思想政治理论课教学的亲和力和针对性，切实增强大学生在思想政治理论课上的获得感。

用习近平新时代中国特色社会主义思想武装头脑，全面开展集体备课会，将学习习近平新时代中国特色社会主义思想作为授课内容的重中之重，实现在所有课程、全体教师、教育教学全过程的全覆盖，使青年学生坚定理想信念、坚定"四个自信"。扎实推进领导干部上思想政治理论课，加强高职院校党建和思想政治工作，有利于青年学生从"顶层设计"的高度了解国情、党情、社情、民情。进一步推动领导干部上讲台，使之制度化、常态化，对于加强和改进高职院校党建和思想政治工作，做好大学生思想政治教育，汇聚广大师生同心共筑中国梦的强大力量具有重要意义。加强马克思主义学院建设，为课程思政提供宝贵的资源库，进一步加强学科建设、师资队伍建设、课程建设、教育教学改革，发挥马克思主义理论学科优势，整合力量、联合攻关。打造一系列示范课程，推出一批公开教学观摩课，有利于青年学生全面、正确地理解党的路线、方针、政策，有利于青年学生坚定信仰，增强社会责任感。

（二）发挥综合素养课特色，有机结合时代性与民族性

通识教育旨在现代多元化的社会中，为受教育者提供通行于不同人群

---

❶ 高德毅，宗爱东. 从思政课程到课程思政：从战略高度构建高校思想政治教育课程体系[J]. 中国高等教育，2017（1）：43-46.

之间的知识和价值观。通识教育重在"育"而非"教",因为通识教育没有专业的硬性划分,它提供的选择是多样化的。而学生们通过多样化的选择,得到了自由发挥的成长空间。可以说,通识教育是一种人文教育,它超越功利性与实用性,通识教育是现代教育理念中国化的实践过程。无论是国外与通识教育相关的博雅教育、全人教育、自由教育、能力拓展训练等教育方式;还是中国贯彻多年的素质教育和"德、智、体、美、劳"全面发展教育;以及爱国主义、集体主义、社会主义教育;还有培养一专多能、德才兼备的人才教育;或者弘扬传统文化教育等,都能涵盖在通识教育的范畴之中。这种包容性体现了中国的通识教育既有中国特色,又能对接新时期、面向世界。通识教育的理念有助于整合多样性的现代教育理念和模式,赋予通识教育以中国传统文化内涵,既体现时代性,又保持民族性,把现代科学技术与中国传统的文化典籍结合起来,把现代信息文明与中华优秀历史文化统一起来,对提升育人质量也有很大的帮助。

(三) 加强专业课育人导向,使其与思想政治理论课同向同行

专业课是高职院校根据培养目标所开设的讲授专业知识和培养专门技能的课程,让学生掌握必要的专业基本理论、专业知识和专业技能,培养分析解决本专业范围内一般实际问题的能力。相比思想政治理论课,目前专业课教学中对知识传授更为偏重,育德意识和育德能力相对较弱。要想实现课程思政改革的整体目标,就要充分挖掘专业课的育人功能,深度发挥课堂主渠道的育人作用,在知识传授中强调主流价值引领,提炼专业课中蕴含的文化基因、价值范式以及德育元素,在专业技能知识学习中融入理想信念层面的精神指引。

为此,一方面要积极探究专业课的思政育人内涵和科学的体制机制。专业课的思政育人内涵主要是指在专业课理论知识讲授的基础上,充分结合专业课自身特色和优势,提炼其蕴含的文化底蕴和价值范式,通过具体、生动、有效的课堂教学载体,将专业知识传授与价值引领结合起来,实现在知识传授中提升价值引领,价值引领中牢固知识技能,从而达到培养学生运用马克思主义基本原理分析具体社会问题的能力,教育学生如何做人、如何做事、如何成才的目的。另一方面要不断探求专业课践行课程思政理念的一般规律,总结专业课融入思想政治教育元素的方式方法,不断健全三位一体的课程思政教育体系。专业课践行课程思政理念的关键是实现专业课教学与思想政治教育目标的精准对接,既不生搬硬套强加思想政治教育内容,又能将其润物无声地融入专业教学的全过程。其

中，找准专业课中的思想政治教育元素和资源尤为重要。以思想政治教育元素和资源为切入点，围绕课堂教学这一主线，从课程设置、课程参与主体（教师、学生）两方面入手，逐步实现专业课的思政育人功能，从而最终实现思想政治课、综合素养课与专业课的同向同行、协同育人。概括而言，专业课践行课程思政的机制可以概括为点（专业课中的思想政治教育元素和资源）、线（课堂教学主线）、面（"三位一体"思想政治教育课程体系）的有机结合和统一。

1. 点——挖掘专业课的德育因素点

在专业课教学中践行课程思政的理念，需要在全面关注学生的发展需求基础上，选准思想政治教育在专业课教学中的最佳结合点，使两者有机融合，并以此为抓手推动专业知识学习与价值培育实践的有效结合。要在思想政治教育原则指引之下对专业课进行深度开发，充分挖掘和激发其中的思想政治教育内涵，科学、有序地推动专业课思政教育。因此，在专业课教学中践行课程思政的理念，关键和核心在于找准思想政治教育的元素和资源，以无缝对接和有机互融的方式建立专业知识与思想政治教育目标的内在契合关系。

深入思考每一门专业课，都可以凝练出其在情感培育、态度选择、价值观引领等方面的教育要求，而这些要求也就是思想政治教育与专业课结合的因素点。相对而言，哲学社会科学类的专业课应更多地凸显其在强化社会主义意识形态教育方面的作用，自然科学类的专业课则应更注重对学生科学思维、职业素养的养成教育。具体来说，要根据专业课的教育要求，结合课程自身特点，分别从爱国情怀、社会责任、科学精神、人文精神、品德修养等角度找准思想政治教育的因素点，设置课程思想政治教育目标，有机融入社会主义核心价值观、中国优秀传统文化教育以及理想信念教育、爱国主义教育、道德品质教育，特别是对中国特色社会主义的"道路自信、理论自信、制度自信、文化自信"的教育内容。

2. 线——抓好课堂教学主线

围绕课堂教学这一主线，需要从课程设置、课程参与主体（教师、学生）两方面入手，不断探索课程思政的有效路径和载体。在课程设置上，首先要明确课程总体思想政治教育目标，在思想政治教育目标引领下，结合专业课特点，深入挖掘专业课的思想政治教育的内涵和要素，做好专业课的育人教学设计，从而优化课程设置。课程内容的设置要在立足专业知识的基础上，推动中华优秀传统文化融入教育教学过程，明确课程建设标准，并将思想政治教育路径固化于教学大纲中。其次要结合课程内容创新教学方式方法，探索课堂教学、社会实践、网络运用等多维课程组织形式，在授课过程中结合学生特点进行科学引导。

就教师而言，要针对性地提升专业课教师的育德意识和育德能力。一方面要转变专业教师的传统育人观念，提升专业课教师对课程思政的认知，消除思想误区。在调研中，我们发现，目前仍有一些专业课教师对于课程思政的认识还是停留在思政理论课层面上。因此，要帮助教师明确思想政治教育与专业课之间的关系，认识到思想政治教育不仅不会影响专业课原本的专业知识教学，相反还会提升教学的思想性、人文性，深化教学的内涵。另一方面，教师自身的思想政治教育水平及文化素养也是在专业课教学中践行课程思政的理念能否有效开展的重要因素。专业课中思想政治教育要素的融入，对于教师的思想政治素养和知识积淀提出了更高的要求。如何找准专业课的思想政治教育资源与元素，实现育人目标与专业知识的精准对接，保证专业课知识讲授的同时有效融入思想政治教育，需要专业课教师不断提升自身的思想政治素养。另外，实现思想政治教育与专业课的有机对接，需要教师能够基于思想政治教育核心原则和内化要求，主动结合专业课的设计与教学活动的实施，深度开发教材，挖掘其中的思想政治教育内涵，在专业课中自然而然地融入内容，避免生搬硬套。

对学生而言，要促使学生在专业学习和社会实践中不断接受思想政治教育的内容，提高自身思想政治素养。课程思政的落脚点要放在学生思想政治素养的发展上，引导学生形成正确的世界观、人生观、价值观。为此，对于学生发展的评价要和对课程思政工作质量的评价结合在一起。但思想政治素养的提升是一个循序渐进的过程，因此评价应该更注重过程而不应是唯结果论。可以探索建立学生思想政治素养发展档案，在课程教学过程中记录学生思想政治素养的变化，课程结束时由教师和学生个人对学生的思想政治教育目标实现情况进行双向评价。

3. 面——构建三位一体的思想政治教育课程体系

在坚持以立德树人为根本任务的前提下，通过深入挖掘专业课中的思想政治教育资源与元素，立足学科优势，实现思想政治教育目标与专业课知识点的精准对接。一方面，要围绕课堂教学这一主线，从课程设置、课程参与主体（教师、学生）两方面入手，不断探究课程思政的有效路径和载体，最终构建起专业课与思想政治理论课、综合素养课协同的"三位一体"的高职院校思想政治教育课程体系。另一方面，要根据课程思政基本要素的内在联系，把目标、主体、内容、路径等要素融合为一个有机体，协同推进思想政治理论课的显性价值引领和专业课、综合素养课程的隐性价值渗透的有机融合，保证思想政治理论课的核心地位，同时充分发挥其他课程的育人作用，在实现教育目标的过程中真正做到融会贯通。

第三节 持续推进课程思政师资建设与教学实施

科学推进课程思政工作，要紧紧围绕课程思政所要求的价值塑造、能力培养、知识传授三位一体的教学目标，进行系统梳理和创新思考，深入挖掘各门课程蕴含的思想政治教育资源，修订各学科专业人才的培养方案，完善教学大纲，逐步形成课程思政建设的体系架构。在这个体系架构里，一方面，既有的思想政治理论课显性的思想政治教育功能要进一步强化；另一方面，原有的综合素养课和专业课潜在的思想政治教育功能要得到充分挖掘和深化，要把思想政治教育融入高职院校课程教学的全过程，所有任课教师在课堂教学中既在价值传播中凝聚知识底蕴，又在知识传授中强调价值引领。为此，需要建立一套完整的教学管理体系，健全课堂教学管理办法，完善课程设置管理和课程标准审核制度，优化教师培训和教学评价制度，落实校领导和教学督导听课制度等。

一、持续优化课程思政的教学实施

（一）进行教材编写

教材是课程思政的重要内容，是育人育才的重要依托。建设什么样的教材体系，特别是主干课程传授什么样的教学内容，体现了知识的价值导向。教材建设是国家意志的体现，对意识形态属性较强的哲学社会科学教材和其他课程的教材都要深入研究"教什么""怎样教"等育人的本质问题。要集中骨干教师力量，统筹优势资源，推出高水平的教材。要加强教材建设，创新学科体系、学术体系、话语体系，在内容上应尽力避免脱离实际的"空话""大话"，增强学生成长成才的获得感。每一个学科都应当立足育人根本，用生动活泼的方式培养身心健康、态度积极的学生，在传授知识的过程中加强价值引领。通过集体备课，引入吸引学生的案例，融入时事政治中鲜活的育人元素开展课堂教学。要分步推进计划表，明确责任分工，设计好成果目标，借助教学大纲的编写，融合课程思政、工程认证和应用高职院校专业建设的要求，保持课程与专业建设的共进方向。

针对各类课程的特点，制订课程教学方案，在教学目标、教学内容、教学策略、教学案例等方面融入思想政治教育元素，将知识背后的价值、精神、思想挖掘出来，阐述清楚。在专业课中加强思想政治教育，找好育人的角度，具有较强的说服力和感染力，有助于将课堂主渠道作用发挥到最大化。比如，理科着力于"追求真理、勇攀高峰"的科学精神，工科着力于"精益求精、追求卓越"的工匠精神，医科着力于"珍爱生命、大医精诚"的救死扶伤精神，等等。再如，每一个学科都有其代表性的权威人物，这些人物的奋斗历史就是非常好的思想政治教育资源。在专业课中实现科学教育与人文教育的融通，让科学精神与人文精神走向交融，让德育与智育同频共振，产生最美的育人效果。

（二）进行教学设计

要把思想政治教育有效融入教学全过程，教学组织设计尤为重要。为此，需要主要考虑教学主体、教学内容管理、教学过程管理三方面要素。在教学主体方面，要特别注重发挥高职院校马克思主义学院在课程思政工作中的协同引领作用，构建思想政治理论课与其他哲学社会科学的协同创新机制，形成科学化、标准化、精细化的建设管理办法，不断加强课程思政教育教学过程的科学化、规范化建设。

在教学内容管理方面，要明确学校所有专业课都应有的育人职责和功能，注重在传授专业知识和技能的过程中加强思想政治教育。围绕思想政治教育目标，对照思想政治教育核心内容，全面修订学科专业人才培养方案，针对具体课程编制课程思政教学指南，针对意识形态属性较强的哲学社会科学课程，始终坚持马克思主义的指导地位，充分挖掘其中蕴含的思想政治教育资源。深化哲学社会科学教育教学改革，建立健全符合国情的哲学社会科学人才培养质量标准体系。

在教学过程管理方面，要修订完善教学大纲，健全课堂教学管理办法，完善课程设置管理制度，建立课程标准审核和教案评价制度，落实校领导和教学督导听课制度。要逐一梳理课堂教学所有环节，深入挖掘专业课的思政育人内涵，细化课程思政具体目标，制定高职院校课程思政教学规范，做到有章可循的规范化、制度化。

（三）进行评价反馈

由于思想政治教育的复合性，我们很难将学生思想政治素养上的发展归功于某个单一方面的工作。换言之，思想政治理论课教师、专业课教师、学生工作队伍（辅导员、班主任等）和其他管理服务岗位教师的工作往往会产生叠加效应，很难区分哪些变化是由什么方面带来的。但这并不意味着不可以进行评价，课程思政的评价要围绕教师、学生、教育内容和教学方式等方面，采取特色化的指标进行评价。这就要求评价的指标体系应该全面和多样，以保证评价的客观性、全面性和机制科学性。

1. 合理确定评价主体

课程思政工作的推进，是通过教学活动和管理活动合力推动来开展的。因此，评价主体应该包含学生本人、班级评价小组、专业课教师、思想政治理论课教师、辅导员等。围绕在专业课教学中践行课程思政的理念设定的内容和相关标准，由各个主体独立评价；在协商的基础上，最终形成综合性的评价，并对取得的成效和原因再进行拆分细化。当然，这种做法难免带有武断性，但为了明确在专业课教学中践行课程思政理念的效果，以便不断优化改进，这种分割有时也是十分必要的。

2. 科学设定评价维度

在实施评价的过程中，我们也要根据评价主体的不同而有所侧重，体现出不同的视角，以保证其全面性和科学性。其中，专业课教师主要对学生在学科学习中所表现出来的情感、态度、价值观的变化，对学科专业的忠诚度、学科专业价值的认知、学科专业方面的操守（伦理）、与学科专业相关社会现象的分析能力等进行评价。班主任更为侧重对学生学业理想、学业价值、未来的职业选择、个人学业与社会发展的关系认知等进行评价。思想政治理论课教师更为侧重社会主义核心价值观对学生专业思想引导的评价。辅导员更为关注学生学业行为的变化，如积极性、主动性以及对专业相关活动的参与度、与专业相关的社会活动尤其是公益活动的参与度。最终在评价结论的合成上，多方面的评价最终必须形成一个合议。

3. 系统开展评价活动

对于学生发展的评价，往往和对课程思政自身的评价是结合在一起的，因而这种评价是一个系统性工作，需要同详规划。思想政治素养的提升是一个循序渐进的过程，在评价的原则上，评价首先要注重定性评价而非定量评价，应注重过程而不应该唯结果论；应遵循发展的原则，即关注学生纵向的自我发展，尽量减少横向比较。在评价的标准与方法上，任何课程都有其思想政治教育的诉求，主要包括情感、态度、价值观，课程思政也应该基于这三个层面开展效果评价，并据此制定相关标准；在评价的方法上，可以采取思想政治素养发展档案法、关键事件法、评价量表法等。其中，思想政治素养发展档案法是指为学生建立课程思政档案袋，对于涉及思想政治教育的环节，形成纸质文档存储，便于评价之用。在评价的运用上，最直接的运用就是改进教学、提升教师的思想政治教育能力，同时，结果还可以运用到课程设计的改进、评价标准的改进以及制度的完善等方面。

4. 健全评价督查机制

为保证课程思政工作的持续推进，我们需要在教师评聘考核体系中大力强化思想政治工作的考量，建立健全高职院校课程思政教育教学体系的评估督查机制，将课程改革情况列为学校办学质量评估考核的重要指标，列为评价和衡量学校领导班子工作业绩的重要内容，纳入学校党建和思想政治工作督导评价体系。学术评价体系是学者开展教学和科研的"指挥棒"，高职院校要转变重科研轻教学的评价体系，侧重教学的过程评估，要将评价体系的重心落在"立德树人"的总任务上，以学生成长和发展为标准，完善教师职称聘任的评价体系；要有序淡化文章数、项目量、获领导批示的层级、人才计划头衔等科研考核指标，转向以教学质量为重心、以学生成长发展为标尺的评价指标体系，使得教书育人与实践育人相统一，让思想政治教育内化于心，外化于行。对教师为学生做心理咨询、参与学生竞赛辅导、积极投身教学竞赛等育人实践成果要给予充分的认可，纳入教学评价考核体系中，鼓励广大高职院校教师将育人的使命牢记于心，将更多的精力和热情投身于育人事业。

二、不断推进教师队伍建设

课程思政强调所有的教师都有育人职责，强调团队合作，需要整合思想政治理论课教师、专业课教师、学生辅导员和班主任队伍，组建多学科背景互相支撑、良性互动的顶尖师资课程教学团队，将思想政治教育工作贯穿教育教学全过程，坚持知识传授和价值引领的统一，实现全员育人、全方位育人、全过程育人。2019年3月18日，我国在学校思想政治理论课教师座谈会上发表重要讲话，特别强调教师的重要作用。教师要给学生心灵埋下真善美的种子，引导学生扣好人生第一粒扣子。为此，我们要着力提升教师的育人意识与能力，加强教师队伍建设，使教师做到教书和育人的高度统一。实施课程思政，就是要求所有任课教师不仅要在思想认识上形成全员育人的共识，也要在专业发展上具备有效育人的能力，将育人要求和价值观教育内容融入专业教师的教学体系。

（一）提高专业课教师对课程思政的价值认同

教师是推进课程思政工作的关键因素，课程思政的工作效果直接取决于教师的育德意识和育德能力。为此，教师必须自觉树立牢固的育德意识，时时处处体现育人的职责，扭转重传授知识与能力、轻价值传播与引领的倾向。

一方面，要始终坚持以马克思主义理论为指导，深入推进课程思政工作。课程思政离开了马克思主义理论的指导，就是无源之水。课程思政是将马克思主义理论贯穿教育教学和科学研究全过程、深入挖掘各类学科的思想政治理论教育资源、从战略高度构建"三位一体"的思想政治教育课程体系，能够促使各专业的教育教学，各专业任课教师都乐于、善于运用马克思主义立场、观点和方法，探索实践各类课程与思想政治理论课同向同行，形成协同效应。各学科教师在课程教学中要始终坚持以马克思主义理论为指导，努力发挥马克思主义理论对学科课程的牵引和带动作用，引导教师围绕马克思主义理论学科的创新和发展、马克思主义及其中国化的最新理论成果进行学科交叉的课题研究，并把科研成果转化为教学内容。

另一方面，要消除部分教师对课程思政的误解，帮助教师明确思想政治教育与专业课之间的关系。要通过多种途径，帮助专业课教师明确课程思政对于专业课的知识、能力、情感态度价值观教育一体化的作用，帮助其加深对课程育人要求和价值的理解，明确课程思政对学生科学思维训练、人文素养提升和价值观塑造的重要性。要让专业课教师认识到思想政治教育不仅不会干扰专业课自身的教学活动，减弱教学效果，相反还会提升教学的思想性、人文性，深化教学的内涵，提升教学的效能。最终的目标是要让专业课教师形成一种思想观念，那就是——不能只做传授书本知识的教书匠，而应坚持教书和育人相统一，成为塑造学生品格、品行、品位的大先生，要把知识传授、能力培养、思想引领教育融入每一门课程的教学之中，在每一门课程中体现育人功能。

（二）提高专业课教师对课程思政的教学能力

课程思政的建设实施最终仍需要落实到教学主课堂上，教师队伍的建设尤为关键。从现状来看，专业课教师对于课程思政教学目标的实施仍存在思想政治教育意识和能力的欠缺，为提高课程思政教学质量带来了挑战。如何提升专业课教师对思想政治教育内容的胜任善教，成为课程思政推进中的重大课题。

只有推动专业课教师对课程思政工作的胜任善教，才能真正提升课程思政的育人能力。为此，我们要注重开展对包括专业课教师在内的全体教师的日常培训，将育德意识与能力建设全方位落实到各个相关环节，在新进教师岗前培训、教学督导随堂听课、教学技能竞赛、日常政治学习、研修培训等方面强化"传道"意识、提升"传道"能力，引导广大教师担负起育人责任。每门课的授课教师不仅要传授好书本知识，也要注重塑造学生的品格理想，成为学生健康成长的指导者和引路人。总体来说，专业课教师对课程思政工作的胜任善教要体现在三个方面：一是对思想政治教育体系要具备系统的运用能力。要通过常态化培训、伙伴式学习，帮助教师掌握思想政治教育的内容体系，理解基本内涵与逻辑，使其在提升思想政治素养的同时，逐步具备思想政治教育基本能力与素养，这是专业课教师抓好课程思政的前提和基础。二是对思想政治教育的特征、规律和话语的掌握能力。思想政治教育有其特定的要求和规范，也有其特定的话语系统。相较于生动性、人文性因素而言，思想政治教育活动也有其严肃性。掌握思想政治教育的基本规范和基本要求，帮助教师以合适的方法开展思想政治教育，是推动专业课教师抓好课程思政的重要手段。三是教学设计能力。专业课教师要想抓好课程思政工作，必须在教学设计能力的提升上下功夫，具体包括研究学生的能力、课程与教材设计开发能力、课程思政的教学与管理能力、课程思政的评价能力以及反思与发展能力等。

三、现代学徒制下的高职课程思政创新

现代学徒制是教育部在全国职业院校中推广的一种人才培养模式，它充分体现了产教融合、校企合作的人才培养思路，也能充分挖掘企业资源参与职业教育，并为企业量身定制培养人才，得到了企业的广泛认可。从2015年1月试点以来，高职院校和合作企业在推进现代学徒制联合培养人才过程中，突出"三全育人"理念，注重课程思政创新，既重视学生（学徒）专业理论知识的学习、专业技能的培养，又重视他们思想政治素质、专业职业素质的养成，基本实现了"留得住、用得好、可成长"的高职课程思政创新目标。

（一）融入"工匠精神"，创新课程思政教学内容

课程思政指以构建全员、全程、全课程育人格局的形式，将各类课程与思想政治理论课同向同行，形成协同效应，把"立德树人"作为教育的根本任务的一种综合教育理念。

现代学徒制三年学制基本安排为：第一学年基本在校内学习，穿插到合作企业参观学习，提高对企业的感性认识；第二学年实行工学交替，学生（学徒）在校内进行理论知识学习、基础专业技能实训，到合作企业在岗训练，进一步熟悉企业各岗位工作，了解企业文化，提升专业职业素

质；第三学年到合作企业在岗培养，学校教师送教上门，第六学期末学生（学徒）返校进行毕业答辩，合格者准予毕业，正式成为合作企业员工。课程思政的重点就放在基础课、专业课（企业实践课）上，主要内容为职业道德、各行各业总结提炼形成的"工匠精神"、专业职业素质、合作企业文化及规章制度等，真正培养出一大批立志产业报国、深深扎根企业、助力企业发展的高素质技术技能人才。

（二）线上线下结合，创新课程思政教学方式

在信息技术发展的大背景下，线上线下教学相结合将成为高职院校开展教学工作的主要方式。学生（学徒）在合作企业在岗培养期间，线上教学也将成为学校教师为他们上课的重要教学方式。

一是线下课堂教学。教师要精心备课，将思政元素与自己所上的课程巧妙结合，制作多媒体课件，将思政内容用图文并茂的方式呈现在学生（学徒）面前，做到"润物细无声"。二是线上课堂教学。依靠信息化教学手段，根据讲授的课程思政内容，在云教学平台中布置课中作业、课后作业；在轻直播中直接提问，让学生（学徒）回答问题等。三是专业实践课教学。对现代学徒制班级而言，专业实践课一般在校内实训室和企业实训室进行。校内实训室一般模拟企业真实生产环境进行设计、建造，可让学生（学徒）感受到一定的企业氛围。同时还强调对学生（学徒）进行思政教育，在"学"和"做"中融入工匠精神、敬业精神、企业责任感、团结协作精神、工作作风、工作习惯等专业职业素质内容。学生（学徒）在合作企业在岗培养期间，一般会先接受专门的课程思政教育，如企业文化、企业精神、企业规章制度、企业发展史、企业劳模面对面等，以培养学生（学徒）对企业的认同感、归属感。

（三）重视企业评价，创新课程思政评价办法

要确保课程思政行稳致远，高职院校必须将课程思政教学效果融入课程考核中统一进行评价。一是要注重校内课程思政评价。对于基础课、专业课，在平时成绩和期末成绩中，分别设定一定比例的课程思政考核分值，结合学生（学徒）平时上课的表现和期末考试中课程思政内容得分，得出其相应的分数，最终体现在学生（学徒）的学期课程综合总成绩之中。二是要注重企业课程思政评价。学生（学徒）在第二学年工学交替培养中的企业训练期间和第三学年的企业在岗培养期间，对其所上的企业岗位训练课也进行相应的课程思政考核，主要包括协作精神、纪律观念、工作态度、职业认同等。

第四章　高职院校课程思政与红色教育资源挖掘探索

随着全球化的持续推进和现代媒体技术的不断发展，传统教育业面临一系列新的机遇与挑战。全球化时代，各国之间的相互依存空前加强，跨国界的人员、商品、资本和信息流动显著增多，国际交往急剧增加。进入21世纪以来，经济全球化加速深入发展，已经对教育业产生深刻影响。特别是人员的跨国界流动激增，更多的学生选择到国外留学，院校之间进行学术交流和人才流动。这就意味着，全球教育资源进行跨国界合理分配，教育要素在国际间自由流动，各国间的教育相互竞争、共存。由此而带来的一个结果是，教育共性样式得到大力普及和推广，教育广度与深度逐渐增加，从而为更多的参与主体赢得了展示自我的机会，优化了教育资源配置，推动了教育国际分工的发展。

总之，全球化对教育的影响广泛而又深远，现代教育正面临前所未有的机遇，也正经历前所未有的挑战。信息技术的发展为现代教育提供必要的技术支持，信息技术在现代教育中的广泛应用，逐步打造了一个网络化、多媒体化和智能化的教育平台。

第一节　高职院校课程思政融入红色教育资源的育人机制探索

"办好教育事业，学校、政府、社会都有责任"，在全国教育大会上，我国准确把握教育事业发展面临的新形势、新任务，为深化教育领域改革、释放教育事业发展生机活力指明了方向。以红色文化资源为依托，充分发挥学校、政府和社会等不同育人主体的作用，实现全员育人，有助于培养学生树立正确的世界观、人生观和价值观，也有助于学生顺利成为担当民族复兴大任的时代新人。

一、红色文化全员育人机制

(一) 全员育人的概念解读

全员育人是指由不同的育人主体对育人对象进行教育和培养，强化育人意识和责任担当。学校和社会以及国家组成"四位一体"的育人主体，不同主体对学生实施直接或间接的思想价值引领，均在学生成长过程中扮演着不可或缺的角色。任一角色的缺位，都会对学生的健康成长带来巨大隐患。

全员育人概念的提出源于现代社会教育主体的多元性。随着社会信息化、文化多样化的深入发展，传统的思想政治教育模式表现出越来越明显的局限性，思想政治工作的系统性、整体性和相关性不够，造成德育缺位、低效现象突出。学校教育功能呈现总体弱化态势，互联网对学生世界观、人生观和价值观的影响凸显，思想政治教育面临新的严峻挑战。在这种情况下，在确保学校作为思想政治教育主体地位的同时，充分发挥国家、社会对学校教育的补充作用，把思想政治教育贯穿于学生成长的全过程，有助于营造合力育人、协同育人的良好氛围。

(二) 红色文化全员育人机制建设的瓶颈与短板

打造红色文化全员育人机制，是构建完善的思想政治工作体系的重要内容之一。从目前来看，学校、政府、社会对红色文化资源在引导学生健康成长方面的作用日益重视，支持社会各界对红色文化资源的挖掘与开发工作，并注重通过媒体、网络、影视等多种形式弘扬和宣传革命精神，能够激发学生对红色文化的兴趣，从而为实现红色文化育人目标创造有利条件。广大学生对红色文化的了解越来越多，《建国大业》《建党伟业》等影视作品深深吸引和感染广大学生，红色文化对学生树立正确的世界观、人生观和价值观起的作用越加突出。但总体来看，红色文化全员育人机制建设短板显著，仍存在一系列亟待解决的突出问题。

1. 红色文化进学校缺少强有力的制度支撑

基于红色文化对学生树立正确的世界观、人生观和价值观所具有的突出促进作用，相关部门也开始呼吁学校重视将红色文化资源引入思想政治教育活动。部分学校也已采取实质性的行动将红色文化资源作为加强和改进思想政治理论课教学的生动载体，将红色文化融入教材，提高思想政治理论课教学的亲和力、感染力和针对性。在井冈山、西柏坡、沂蒙老区、大别山区等红色文化资源较为丰富的地区，地方学校将红色文化与思想政治教学结合的探索和尝试就比较多，也探索出了非常多的丰富经验。但就全国范围来看，红色文化进学校、进课堂仍是少数学校的自发行为，既缺少宏观层面的政策引导，也缺少微观层面的学校积极响应。红色文化进校园受制于一系列历史及现实因素，效果并不明显。总体来看，红色文化资源在我国的各类教材体系中呈零散分布状态。在课程思政中，有关于红色文化资源的相关内容介绍，但同样呈现碎片化状态。

课程体系和教材体系的缺陷，造成红色文化在现有教学中的边缘化状态，在学生育人过程中无法充分发挥其作用。红色文化资源全国分布及开发不均的现象十分突出，不同地区所展现出的红色文化资源也不尽相同，客观上加大了红色文化资源融入课程思政教学的难度。在红色文化资源较为匮乏的地区，地方学校缺乏足够的资源来推进红色文化与思想政治教学的结合。从目前来看，红色文化融入课程思政教育除了教材体系需要做大的改动外，实践教学环节必须跟上。而恰恰是在这一环节，全国红色文化资源的分布不均衡状态造成了部分地区学校实践教学的困难，他们无法通过现场教学方式来推进红色文化进学校、进课堂。从大环境来看，红色文化进校园也面临诸多不利因素。无论家长还是学校，对学生学习成绩的重视客观上加剧了红色文化育人的边缘化趋势。在现有的教育教学考评体系中，成绩是关键性的考评指标，这一指标使得无论是家长还是教师，都将重心放在学生成绩提升上，对学生德育、对红色文化育人漠不关心。学校也没有动力来推进红色文化进校园，只是将红色文化资源作为在特定时间、特定场合时的宣传素材。一般来说，在国家重大节日或重大纪念日时，各学校会开展红色文化资源进校园的相关活动，学校会制作相关标语、黑板报等来推广红色文化资源，学生会受到一定的红色文化熏陶。在迎接上级部门的相关检查时，学校会在短时间内大量增加校园内的红色文化要素。一旦纪念日过去，学校宣传素材亦会恢复常态，红色文化资源的痕迹很快会变淡或消失。而且，即便在重大纪念日期间，红色文化进校园也更多是体现在标语、宣传彩报等形式上，真正推动红色文化进课堂、进头脑的教学行为也鲜有体现。校园中举办的个别红色文化讲座活动也无法掩盖红色文化进校园整体无力无为的尴尬现状。实事求是地来看，在缺乏国家层面的法律规定和政策引导的情况下，红色文化进学校、进课堂效果并不突出。

2. 红色文化进社区面临一系列困境

社会作为学生成长的沃土，是学生锻炼与洗礼的大舞台，也是其健康成长的外部环境。在社会这个大熔炉中，学生如果经历红色文化的熏陶，无疑对其树立正确的世界观、人生观和价值观有积极意义。但从现实来看，社会层面红色文化资源的开发和利用存在明显不足，最突出的表现就是红色文化进社区存在一系列的障碍，极大地影响了红色文化的育人成效。首先，政府各级管理部门普遍存在着定位不准、权责不明、行政化作风严重、重视程度不够等问题，使得以红色文化资源为载体开展的社区思想教育工作遇阻。由于缺乏制度和政策保障，各级政府管理部门对红色文化进社区的重要性认识不到位，仅仅是将红色文化资源作为重大节日或纪念日的宣传素材之一加以利用，而对于红色文化资源在育人方面的长效作用缺乏深刻认识。红色文化进社区因而具有明显的随意性，即在纪念日需要之时以横幅和宣传彩报等形式体现，事后红色文化要素则会迅速淡化，横幅会撤掉、彩报也会被摘下，社区宣传活动恢复常态。而社区基层工作人员作为社区开展思想政治教育工作的主体，普遍存在知识文化水平较低、专业素养不高、对红色文化育人作用重视不足等情况，对如何推进红色文化资源和谐地融入社区的精神文明活动中缺少全面和深刻的认识。由此而造成的一个局面就是，红色文化进社区缺少强有力的基层人员支持，红色文化宣传流于形式，无法深入社区居民的内心，进一步凸显了红色文化进社区的困境。

  与此同时，作为红色文化教育对象和客体的社区居民，其教育背景、成长过程、工作经历等存在明显不同，对于推广红色文化进社区的相关活动态度不一，普遍存在参与意识薄弱、思想认识不到位、重视程度不够等问题，往往是看热闹的多而实际参与的少，使得相关工作事倍而功半。当然，社区居民对红色文化进社区的淡漠除了自身因素外，更多是社区相关管理、宣传方面的缺位造成的。缺少社区方面的积极宣传与正确引导，社区居民参与红色文化育人的积极性不高也是正常现象。客观来看，红色文化进社区存在突出的形式主义问题。在社区开展思想政治教育工作时，方法简单、针对性不强，搞"一锅端"，社区开展的文化活动形式单一、内容重复，看似热闹非常，实则流于形式而效果不彰。

  基层居委会和社区保障机制的缺失也导致红色文化进社区面临诸多困难。基层政府经费投入明显不足，缺少专项经费支持，融资渠道相对单一。基层政府的经费投入存在着地区间不平衡、制度性拨款等问题，并不能完全满足开展红色文化进社区相关工作的需要，这就意味着红色文化进社区不能全靠政府部门的支持，要探索建立多渠道资金投入体系，鼓励企事业单位与社会团体积极参与，利用一切可以利用的资源。而从目前来看，企事业单位和社会团体在红色文化资源的开发利用方面积极性不高、参与度较低，客观上造成了红色文化进社区参与主体的单一化，制约了多元社会主体的主动性。在目前状况下，企事业单位和社会团体，特别是社会团体参与的意愿不强，有效激发其参与的积极性是推动社区红色文化发展的重要驱动力。

3. 红色文化全员育人机制缺乏顶层设计

红色文化全员育人机制的打造，离不开国家层面的宏观规划。目前，我国缺少红色文化教育的相关法律法规，缺乏红色文化全员育人机制的顶层设计，使得红色文化及其所彰显的爱国主义等高尚精神无法融入相关法律法规和政策制度，无法渗透到各级学校思想政治教学工作中，也无法体现到市民公约、村规民约、行业规范中，从而无法发挥红色文化对学生健康成长的指引、约束和规范作用。相关法律法规的缺位，对红色文化进学校、进社区都会产生不利影响。相关法律法规的缺位，造成红色文化资源的开发不到位、宣传不到位，造成部分红色文化资源流失和对红色文化资源育人重要性的认识不足。部分红色文化景点和设施因呈现零散分布状态，缺少专人维护，以至于杂草丛生、设施损毁较为严重。因部分红色文化资源宣传开发不到位，造成哪怕附近学校、附近居民也不了解相关红色文化资源，更谈不上利用当地红色文化资源育人了。而且，更让人痛心的是，因缺少相应的政策法规保障，社会上侵害英雄烈士姓名、肖像、名誉、荣誉的行为时有发生，相关部门无法依法对破坏污损爱国主义教育场所设施、宣扬、美化侵略战争和侵略行为等的做法进行严肃处理，在一定程度上助长了不良社会风气，对广大学生正确认识和评价红色文化产生消极影响。

（三）"四位一体"红色文化全员育人机制的构建

我们要发扬光荣传统、传承红色基因，不忘初心、继续前进，努力在坚持和发展中国特色社会主义伟大进程中创造无愧于时代、无愧于人民、无愧于先辈的业绩。红色文化因其突出的教育功能而使其在全员育人过程中发挥不可替代的重要作用。以红色文化资源为载体，以国家、社会、学校等为不同育人主体。

1. 建立健全红色文化学校教育机制，并将其纳入学生正常考评体系

红色文化融入学校教育特别是高等学校教育，是新时代开创"大思政"格局的重要抓手之一。中国在长期的革命过程中，形成了大量的红色文化资源，如带有红色文化烙印的革命根据地、纪念馆、战争遗址、领袖

人物故居、带有红色符号的历史文物、文献资料、革命传统、革命精神等，它们都是十分宝贵的思想政治教育资源，都是鲜活的教材，都折射着革命先辈的伟大人格和高尚情操。让红色文化进课堂、进头脑，充分发掘各类红色文化资源，充分发挥红色文化蕴含的革命情感教育，以革命先辈的示范，来激发学生内心的情感共鸣，促进学生参照学习，达到内化于心、外化于行的教育效果。

红色文化资源只有经过深度挖掘和有效转化才能成为优质的教育资源。全国各地许多学校开始探索依托区域红色文化，充分挖掘区域红色文化资源，探索红色文化融入课程思政教学的具体路径。某高职院校依托区域红色指定必修和选修课程，对思想政治课程的教授内容加以创新。在教学方式上，改变传统教学模式，开设红色文化专题学习班，组织思想政治课教师参与研究和讨论如何进一步统筹红色文化精神内涵与课堂"理论联系实际"教学方式，在课堂讲授中融合当代大学生乐于接受的手段，达到寓教于乐、传播红色文化的功效。在课程文本上，围绕"红色文化发展"等经典著作、故事集、历史文本来编印校本教材，简明扼要，深入浅出，形成富有区域红色文化特色的课程文本，让教师讲授红色文化内容时有章可依，让学生传承红色文化精神有路可循。某高职院校依托区红色文化资源，开展"廉政教育进校园"活动，通过追寻红色记忆、重温红色经典、宣讲红色榜样、开展红色实践、构建红色网站、打造红色课堂等方式，使全院师生受到廉政思想的滋养，增强了拒腐防变的能力。

2. 构建红色文化社区教育机制

以红色文化作为推手，将红色文化内含的道德文化素材和思想遗产真正地融入社区居民的生活中，促使社区居民于社区生活中潜移默化地感悟红色精神，有利于社区群众把社会主义核心价值观内化为精神追求、外化为自觉行动，推动和谐社区建设。构建以政府部门为主导、社会组织和民间志愿者等多方联动的红色文化社区思想政治教育工作机制。相关政府部门要根据自身实际制定具体的开展社区思想政治教育工作的政策，深入挖掘当地红色文化资源，发挥基层人员的主动性与创造性，采取树立典型社区、定期考核、嘉奖激励等措施来增强基层各单位对这项工作的重视度。在社区开展思想政治教育工作，普及红色文化教育，努力打造具有红色基因的社区文化景观；重视红色资源设施的建设，建设社区红色资源文化活动阵地；建设新型数字社区，打造社区服务信息化平台，利用好微博微信等新媒体平台，在社区服务的基础上，注入红色文化的新鲜血液，譬如在社区公众号里增加红色文化专栏、在社区服务网站上开辟红色文化版块等，潜移默化地影响社区居民的道德修养；开展多种形式的红色文化思想政治教育活动。利用红色资源开展社区思想政治教育工作，要加强价值引导与方向主导，以人民群众为中心，切实关注人民群众的精神文化需求。

一些政府部门、教育机构开始积极探索红色文化进社区的渠道与路径。2019年5月，赣州市开展了为期7个月的以"传承红色基因弘扬苏区精神"为主题的赣南红色文化进社区、进广场活动。活动期间，赣州市通过开展赣南红歌演唱、舞蹈、读红色家书、讲红色故事、朗诵、说唱、快板、情景剧等形式多样的活动，让群众在欢乐的氛围中接受红色文化洗礼，感悟浓浓的爱国情怀。四川师范大学历史文化与旅游学院组建"爱国教育宣讲团"红色主题调研社会实践队，到社区内部宣传红色文化，传承爱国精神。丰富多彩的红色文化宣传活动，既在很大程度上满足了广大人民群众的精神文化需求，也促进了广大群众特别是学生潜移默化地感悟红色精神、传承红色基因。

3. 打造红色文化政府引导机制

政府和教育部门应整合区域内的红色文化资源，建好用好爱国主义教育基地和国防教育基地。各级各类爱国主义教育基地，是宣传红色文化、激发爱国热情、培育民族精神的重要场所。要加强内容建设，着力打造主题突出、导向鲜明、内涵丰富的红色文化精品陈列，强化爱国主义教育和红色教育功能，为社会各界群众参观学习提供更好的服务。健全全国爱国主义教育示范基地动态管理机制，进一步完善落实免费开放政策和保障机制，对爱国主义教育基地免费开放财政补助进行重新核定。依托军地资源，优化结构布局，提升质量水平，建设一批国防特色鲜明、功能设施配套、作用发挥明显的国防教育基地。

充分挖掘重大纪念日、重大历史事件蕴含的爱国主义教育资源，组织开展系列庆祝或纪念活动和群众性主题教育。抓住国庆节这一重要时间节点，广泛开展"我和我的祖国"系列主题活动，通过主题宣讲、大合唱、共和国故事汇、快闪、灯光秀、游园活动等形式，引导人们歌唱祖国、致敬祖国、祝福祖国，使国庆黄金周成为爱国活动周。充分运用"七一"党的生日、"八一"建军节等时间节点，广泛深入组织各种纪念活动，唱响共产党好、人民军队好的主旋律。在中国人民抗日战争胜利纪念日、烈士纪念日、南京大屠杀死难者国家公祭日期间，精心组织公祭、瞻仰纪念碑、祭扫烈士墓等，引导人们牢记历史、不忘过去，缅怀先烈、面向未来，激发爱国热情、凝聚奋进力量。

建立红色文化资源的开发利用机制。用好报刊、广播、影视等大众传媒。各级各类媒体要聚焦爱国主义主题，创新方法手段，使爱国主义宣传报道接地气、有生气、聚人气，有情感、有深度、有温度。把爱国主义主题融入媒体融合发展，打通网上网下，推出系列专题专栏、新闻报道、言论评论以及融媒体产品，生动讲好爱国故事、大力传播主流价值观。制作、刊播爱国主义优秀公益广告作品，在街头户外张贴悬挂展示标语口号、宣传挂图，生动形象地做好宣传。坚持正确舆论导向，对虚无历史、消解主流价值的错误思想言论，及时进行批驳和辨析引导。

为加强对英雄烈士的保护，传承和弘扬英雄烈士精神、爱国主义精神，培育和践行社会主义核心价值观，激发实现中华民族伟大复兴中国梦的强大精神力量，我国于2018年4月出台了《中华人民共和国英雄烈士保护法》。该法强调国家保护英雄烈士，加强对英雄烈士事迹和精神的宣传、教育，维护英雄烈士的尊严和合法权益。各级人民政府应当加强对英雄烈士的保护，将宣传、弘扬英雄烈士事迹和精神作为社会主义精神文明建设的重要内容。县级以上人民政府应当将英雄烈士保护工作经费列入本级预算。该法强调英雄烈士的名誉、荣誉受法律保护，任何组织和个人不得侵害英雄烈士的名誉、荣誉。针对侵占、破坏、污损英雄烈士纪念设施的行为，要依法给予严惩。❶《中华人民共和国英雄烈士保护法》的出台，为传承爱国主义精神和增强民族凝聚力提供强有力的法律和制度保障，有助于进一步推动红色文化资源的有效开发和利用。

二、红色文化全程育人机制

（一）全程育人的概念解读

全程育人是指将立德树人贯穿学校教育教学全过程和学生成长成才全过程，融入课程设置、教材选择、备课授课、质量验收等各个环节，以及学生从入学到毕业的整个过程，并向后拓展为终身教育，形成全领域、长时段、持续性的育人机制。从时间维度来看，全程育人贯穿学生从入学到毕业的整个过程，时间上包括课上课下、工作日、假期等。从空间维度来看，全程育人涉及教室、自习室、实验室、实习单位等。全程育人的教育理念主张，各级教育主体要根据时间和空间的改变、根据学生成长的客观规律和学生发展的自身要求分阶段、有步骤地系统开展育人工作。

---

❶ 《中华人民共和国英雄烈士保护法》。

（二）全程育人教育理念及其在现代教育中的应用

全程育人是学无止境、终身学习的理念在现代教育中的具体应用。无论各国的教育文化如何冲突，教育学习的理念还是一致的，为了更好的理解这个世界与自己，清晰自己的定位。

1. 全程育人理念的提出

（1）社会信息化时代的到来

我们身处一个信息大"爆炸"的时代，人类的知识信息总量呈几何级数增长，知识的更新迭代速度也在不断加快。在这样一个时代，人类很容易被知识"淹没"，人的知识结构的"碎片化"特质表现得愈加突出。终身教育强调人的一生必须不间断地接受教育和学习，以不断地接受新的知识和新的技术，不断更新自己的教育观念、专业知识和能力结构，与时俱进，使自己的教育观念、知识体系和教学方法等跟上时代的变化，从而避免自身被快速发展的信息社会所淘汰。

终身学习是指社会成员为适应信息社会发展的需要，贯穿于人的一生的、持续的学习过程。终身学习的理论在联合国教科文组织的大力提倡、推广和普及下，逐渐在世界范围内得到广泛传播和认可。西方教育发达国家纷纷出台相应的方针、政策，积极构建以终身教育为突出特征的国民教育体系框架。而信息技术飞速发展促进了教育内容、形式、方法发生根本性变革，促进了跨越时空的远程教育的发展，为真正实现人的终身教育提供可能。当前，中国特色社会主义进入新时代，经济社会发展对人力资源开发提出新需求，5G（第五代移动通信技术）、大数据、人工智能等高新技术正在对教育产生革命性影响，我国高等教育正从大众化快速迈向普及化，全民学习、终身学习的学习型社会加速形成，为推进教育体制改革和构建服务全民终身学习的教育体系创造有利条件。全员育人是实现终身教育发展目标的重要举措，通过将立德树人贯穿学生从入学到毕业的整个过程，并向后拓展为终身教育，形成持续性的育人机制。

（2）学习教育发达国家的基本经验

终身教育理念受到教育发达国家的普遍重视。这些国家基于终身教育的目标，努力寻求打造一个终身教育体系。具体来看，教育发达国家注重以立法的形式来确保终身教育理念在本国的教育改革与实践中的应用。美国通过设立专门的教育机构——终身教育局，来主导推进终身教育的发展，并颁布《终身学习法》作为终身教育的有效法律保障。法国出台《终身职业教育法》和《职业继续教育法》来规范和引导本国终身教育事业的发展。我们的近邻日本和韩国也意识到终身教育在国家可持续发展中的重要作用,日本设立终身教育局,出台《终身学习振兴整备法》,引领亚洲终身教育事业发展。韩国虽未出台专门的终身教育法,但仍将终身教育写入宪法,并在国内大力推进终身教育政策的落实。德国、加拿大等国也制定了相应的法律来推进本国终身教育的发展。以法律为保障,各国大力推进终身教育事业发展,将成人教育视为推动终身教育进程的先导,高度重视成人教育。挪威是第一个以立法形式将成人教育视为终身学习体制基础的国家,大力推动成人教育发展。德国、韩国等国家出台了相应的措施来保障成人教育的实施,极大地推动了成人教育事业的发展。

建立开放且富有弹性的教育结构,是各国应形势变化来推动终身教育发展的重要举措。首先要做的就是改变学校的封闭结构,使其向社会开放。日本成立"终身学习审议会",推动高职院校机构向社会敞开大门,鼓励在职成年人进入高等教育机构继续学习,充分发挥学校文化和教育中心作用。美国则积极创建以社区发展为目标的社会学院,采取极具开放性的政策吸引成人参与。英国许多大学设立专门的成人教育部,专司成人教育工作,为人们提供继续教育和回归教育的机会。为实现资源的优化配置,各国还有意识地把文化组织、社区组织等部门纳入终身教育系统,充分利用社会上存在的各种教育力量和教育资源,使终身教育具备更广泛的社会基础。日本高度重视利用终身教育提高国民文化素质和工作技能,提出"向终身教育体系过渡"的政策建议,大力发展社会教育团体和组织,建立学校、社会教育一体化的终身教育体系,将图书馆、博物馆、文化活动中心等文化设施都纳入教育体系。教育发达国家提倡终身教育的实践为我国教育事业的改革创新提供了借鉴,为全程育人理念的推广和普及提供了实践基础。

2. 全程育人理念的应用

全程育人理念是适应经济全球化和社会信息化的时代需求、推进教育事业改革创新发展的重要理论和实践创新。全程育人主张将育人工作贯穿学校教育教学全过程和学生成长成才全过程,贯穿于学生从入学到毕业的整个过程,贯穿于从家庭教育到社会教育的全过程,根据学生成长的客观规律分阶段、有步骤地系统开展育人工作,逐步形成长效育人机制。

教育发达国家大力发展终身教育以推动全程育人理念的落实,为中国大力推动全程育人提供经验借鉴。事实上,中国十分重视在尊重学生成长规律的基础上开展全程育人工作,基于特定的育人目标,通过灵活设置教学体系,合理筛选教学内容,积极采用多媒体教学方式,从而让学生能够切实感知教学内容、激发学习兴趣,最终达成育人目标。在育人的不同阶段,设立不同的指标体系来评估育人效果,并根据具体评估情况适时调整教育内容、教育方式,从而达到最佳育人效果。以德育为例,中国打造了分阶段育人体系,根据个体成长的基础规律,在不同的学习阶段提出不同的育人目标、育人内容、育人形式、育人效果评价体系。仅从课程目标建设来看,不同育人阶段的教材的侧重点存在明显不同,以循序渐进的方式逐步引导和培养学生形成正确的世界观、人生观和价值观。

2020 年 8 月 31 日,教育部出台《国家开放大学综合改革方案》,推动全国省级广播电视大学统一更名为地方开放大学,其出发点在于积极构建服务全民终身学习的教育体系,为地方全民终身学习提供公共服务平台。❶全程育人适应了我国教育现代化需要,是践行终身教育理念的重要举措,为实现"时时可学"的教育目标创造有利外部环境。全程育人在充分尊重学生认知和成长规律的基础上,按照循序渐进、螺旋式上升的规律有序开展育人工作,注重育人过程的阶段性和系统性,有助于提高育人成效。

(三) 红色文化全程育人机制建设的瓶颈与短板

大学思想政治教育缺乏吸引力,红色文化进课堂渠道不畅。思想政治理论课是高职院校开展红色文化育人的主渠道和主阵地。然而实际教学中,红色文化育人鉴于一系列原因,无法充分融入高新课程思政教学,从而无法充分利用课程思政舞台来达到自身的育人效果和育人目标。首先,红色文化育人理念与思想政治理论课育人模式或多或少存在一定的冲突。由于学科本身突出理论性,思想政治理论课呈现出抽象化程度高、通俗化程度低的特点,这一课程特点对红色文化资源融入课程思政教学产生了一定的障碍。革命人物的英雄事迹、革命先烈的高尚精神都是红色文化资源的重要内容,通过还原其历史面貌,从而打动学生,通俗化程度相对较高。事实上,如果过于突出红色文化育人的理论属性,提高其抽象化程度,反而不利于激发学生的学习兴趣,从而无法达到红色文化育人的效果。其次,当下红色文化教育教学内容未能与时俱进。红色文化育人过于注重政治导向性,没有充分挖掘红色文化的时代内涵与价值,红色文化诠释仅停留在表面,由此导致的一个结果是,红色文化被简单地理解为热爱

---

❶ 教育部关于印发《国家开放大学综合改革方案》的通知,http://www.moc.gov.cn/src-site/A07/zcs_zhgg/202009/t202(X)907__486014.html。

党、热爱祖国，缅怀革命先烈，珍惜今天来之不易的生活。这种说教式的教学内容不注重内在精神的升华，更与大学生现实生活相脱节，忽视了对大学生的人文关怀，从而造成大学生对红色文化育人的冷漠。调查显示，当代大学生选择和认同红色文化存在一定危机。

对红色文化诠释的表面化、简单化造成理论与现实的相对脱节，无法打动大学生，无法吸引大学生的学习兴趣，从而影响了红色文化的育人效果。最后，红色文化育人渠道相对单一，思想政治理论课是大学生接触红色文化教育的主要阵地，红色文化育人的任务只限定在思想政治理论课教师、辅导员等专业教师队伍上，忽视学校全员育人的重要作用，使得高职院校红色文化育人工作单薄乏力、效果不佳。更值得我们警惕的是，思想政治理论课教师的理论素养极大地影响红色文化育人的成效，特别是"部分教师理论功底不够深厚，对红色文化的实质精髓理解不到位，对实践意义的挖掘和解释不充分，容易误导大学生对红色文化价值内涵的判断"。如果这一情况不能及时得到纠正和改进，可能会对红色文化育人产生一定反作用。

（四）红色文化全程育人机制的打造

1. 完善育人教学机制

高职院校要根据国家和教育部发布的相关法律法规和政策规定，制定学校红色文化育人的指导意见或者实施方案，实行全过程育人。高职院校要建立党委统一领导下的大学生红色文化教育体系，健全领导和管理体制，为大学红色文化教育进学校、进课堂奠定基础。高职院校红色文化育人要充分利用好思想政治理论课这一主阵地，利用思想政治理论课的课堂教学、实践教学对当代大学生进行全面和系统的红色文化教育。制定完善的红色文化教育培训机制，对高职院校红色文化育人的引导者进行系统培训，将红色文化融入师资队伍建设，加强对教育者队伍红色文化知识的培训，增强教育者在思想政治理论课上熟练运用红色文化专业知识进行课堂教学的能力。

2. 建立教学课程体系改革机制

高职院校红色文化育人不仅要利用好思想政治理论课这一主渠道，还要努力融入高职院校文化建设，融入其他专业课程，融入社会实践教学中，拓宽大学生红色文化教育渠道。按照国家课程方案开齐、开足课程思政必修课，大力推动以"课程思政"为目标的课堂教学改革，增强专业课程的育人功能，建立"大思政"的工作理念。既要完善"课程思政"的机制，激发教师的思政意识，提升教师的思政素质和思政能力，又要鼓励和推动专业课教师和课程思政教师密切合作，深入挖掘专业课中的思政因素，并立足于学科的特殊视野、理论和方法，实现"思政"与专业的"基因式"融合。具体来看，就是要推动课程体系改革，系统梳理并深入挖掘各门专业课程所蕴含的红色文化教育资源和所承载的思想政治教育功能，利用学科渗透模式围绕红色文化开展有意义的教育活动。

3. 制定完善的教育评估机制

红色文化教育评估机制的确立对推进高职院校红色文化育人的持续健康发展具有重要意义。构建红色文化教育评估机制的目的在于对红色文化的育人效果做出评价，分析整个教学过程是否按照教学计划有序开展并取得预期效果，是否激发了学习的兴趣。一些高职院校红色文化育人评估考核机制缺失或不够健全，影响了教学质量的提升，也不利于一些长期积累问题的及时有效解决。为此，高职院校应成立红色文化育人教学督导小组，采取听课、记录、课后反馈等形式对教学过程进行评估，定期走访课堂，重点考察相关教师的教学态度、教学方法、教学成效。红色文化育人评估体系的建立使高职院校有效把控教师、学生以及整个育人过程并及时做出科学合理的评估，对教师课程教学存在的不足提出有针对性的意见，对学生的培养方案及时做出调整。

4. 推进实践教学规范机制

红色文化育人的有效开展离不开实践教学的有力推进，通过系统的红色文化实践活动可以极大地深化学生对红色文化精神的认识和理解。具体来看，要制定相应制度保障红色文化育人实践活动的顺利开展，使红色文化育人实践常态化、规范化、制度化，提高实践教育计划的可操作性，为红色文化资源融入思想政治理论课实践教学提供制度保障。创造条件让教师到实践基地现场教学，让学生接触大量鲜活生动的案例，使学生对红色文化的认识更有情感、有深度、有温度，从而实现从感性认识到理性认识的飞跃，形成红色文化课程教育和实践教育相辅相成的态势，提高实践教学质量，力戒形式主义，防止出现"有活动却无体会"的现象。积极探索红色文化的专题式教育模式，切实提高红色文化教育的针对性和实效性。构建假期红色文化育人社会实践制度，鼓励学生利用寒暑假深入红色文化资源丰富的区域开展调查，为其提供相应的资金支持，加深大学生对红色经典文化的了解。

三、红色文化全方位育人机制

（一）全方位育人概念解读

全方位育人指通过充分地利用、系统地设计多种载体来开展育人工作，将思想政治教育工作渗透在学生综合测评、奖学金评定、诚信教育、学风建设、创新创业教育、社会实践等方面，将显性育人与隐性育人相结合，有针对性地把思想政治教育渗透到学习、生活、社会实践等环节，构筑多维并进、互补互动、综合融通的"大思政"格局。全方位育人有助于加强思想政治教育内容的多样性，帮助学生养成良好的思想道德素质。红色文化资源作为思想政治教育资源中的有效载体和重要的隐性教育资源，在全方位、立体化、多渠道综合育人方面扮演着不可或缺的角色，对学生树立正确的世界观、人生观和价值观起着重要的促进作用。

（二）全方位育人教育理念及其在现代教育中的应用

1. 全方位育人理念的提出

人的全面发展是指人的体力、智力、道德等方面的全面、和谐、充分发展。马克思在《资本论》等著作中阐述了关于人的全面发展的学说，这一学说是我国确立教育目的的理论依据，也是全方位育人的重要理论依据。

机器大工业为人的全面发展提供可能。机器大工业生产对人的全面发展提出了客观需要，同时为人的全面发展提供了可能和条件。因为机器大工业生产创造了极高的劳动生产率和社会财富，缩短了劳动时间，使工人有物质条件、时间、精力去从事学习并发展自己。随着经济全球化的持续推进，人们的生活方式、生产方式和思维方式受到前所未有的冲击，为人的全面发展创造了物质前提和更广阔的自由空间。

目前，中国特色社会主义进入新时代，新时代衍生新标准，努力培养担当民族复兴大任的时代新人、培养德智体美劳全面发展的社会主义建设者和接班人是中国教育的重要任务。德智体美劳全面发展，是新时代人才的重要标准。而要建设这样全面发展的时代新人，离不开教育事业的改革与创新，也提出了全方位育人的时代要求。

2. 全方位育人理念的应用

全方位育人强调利用多种载体开展育人工作，将育人过程渗透到学习、生活、社会实践等环节，构筑多维并进、互补互动、综合融通的育人格局。全方位育人理念是应新时代人的全面发展而提出的育人新理念。全方位育人理论，突出体现在"全"上。"全"指的是从不同的视角和维度来影响教育对象，使其具备现代社会人才所应具备的各项素质，最终成为德智体美劳全面发展的社会主义建设者和接班人。为实现全方位育人目标，就需要努力打造全方位育人体系，培养适应时代需求的新型人才，解决好"培养什么人"的根本问题。国内高职院校已经认识到新时代人才的全面性、复合型特征，开始探索推进教育体系的改革创新，特别是努力打造全方位育人体系。

实现全方位育人，需要各门课程、各个环节协同发力，实现教学资源的有效配置。要在尊重教学规律的基础上，充分发挥课堂教学的主渠道作用，不断增强课程思政的思想性、理论性和亲和力。要以透彻的学理分析、高超的教学艺术来不断强化学生对中国特色社会主义的信念和对实现中华民族伟大复兴中国梦的信心。充分挖掘和利用其他课程和教学活动中蕴含的思想政治教育资源，合理嵌入育人要素，形成协同育人效应。应把思政小课堂与社会大课堂、理论教学与实践教学结合起来，引导学生走出校门、接触社会、了解国情，做到学以致用、用以促学，培养担当民族复兴大任的时代新人，培养德智体美劳全面发展的社会主义建设者和接班人。

（三）红色文化全方位育人机制建设的瓶颈与短板

1. 红色文化教育与思想政治教育和专业教育脱节，缺少协同效用

红色文化教育只有融入思想政治教育，并与专业教育密切结合，才能获得顽强的生命力，才能获得长足的发展。但从目前来看，红色文化融入课程思政教学尚存在一系列障碍，效果并不突出，而红色文化融入专业课教学，则处于探索和起步阶段。

第一，红色文化资源进入思想政治教材已在很大程度上得以实现，红色文化进课堂也已成为可能，但红色精神进头脑的目标追求却遇到一系列阻力而无法在短期内实现。有些学生在接受教育的过程中，对于一些照本宣科、纯说教式"满堂灌"的红色文化教育教学方式，会存在一定的逆反心理和认知差异，加大了教育教学的难度。事实上，这恰恰是对红色文化资源属性的认识不足和挖掘不深入的结果。因为红色文化资源内含大量的英雄人物、英雄事迹，富于故事性，而广大学生往往都具有英雄情结，对富于传奇色彩的故事兴趣较大，通过充分挖掘红色文化资源、鲜活生动的具体案例，以讲故事的方式来对学生进行隐性教育，往往能激发学生的学

习兴趣，引导其树立忧国忧民、勇于为国牺牲的精神和志向，从而达到事半功倍的效果。尽管部分红色文化资源较为丰富地区的学校开设专门的红色文化课程，积极探索红色文化育人渠道，推进其融入学校课程思政教学体系。但就大部分地区和学校而言，在当下课程思政必修和选修课程的学时学分本就极为有限的情况下，红色文化教育方面的课程极为稀缺，不能覆盖学校教育教学的所有环节，在一定程度上影响了红色文化育人成效。

第二，红色文化育人思想政治理论课与专业课程，课程思政教师、辅导员与专业课教师、工作人员相对割裂，课程思政与专业课程之间更是存在显著的"鸿沟"，这种育人模式已远远不能满足新时代青年学生求新、求变的现实需求。从目前来看，中国大部分高职院校都没有解决好思政教学和专业教育"两张皮"的问题，更不用说把思想政治教育贯穿整个人才培养体系了。事实上，各类专业课程中也或多或少蕴含部分思想政治教育资源或红色文化资源，如果能充分挖掘上述教育资源，让学生通过学习，掌握事物发展规律、塑造品格，将会为培养德智体美劳全面发展的社会主义建设者和接班人提供极大助力。很多专业课就蕴含大量的红色文化育人资源和要素，如果与思想政治教育相结合，则将极大地推动人才培养目标的实现。

2. 红色文化教育与社会实践相脱节，缺少认识深度

红色文化是中国共产党在革命、建设和改革的实践过程中形成和发展的，是中国革命、建设和改革实践的成果。将红色文化融入实践育人，以红色文化实践活动来深化学生对红色文化精神的认识和理解，是我国红色文化育人的重要路径。我国拥有十分丰富的红色文化资源，大量战争遗址、革命烈士纪念馆、革命人物故居等都可作为广大学生爱国主义教育的实践基地和开展红色文化的育人的重要场所。但我国红色文化教育与社会实践脱节，严重制约了红色文化的育人成效。

第一，红色文化资源进校园遇到重重阻力。阻力来自方方面面，既有家庭方面的阻力，也有社会方面的阻力，学校方面往往面临巨大压力。高校学生家庭对红色文化育人相对冷漠，对红色文化育人成效缺乏认可，参与度不高。社会方面缺乏对红色文化育人的理解与认同，革命纪念馆、烈士陵园等红色文化育人基地呈现纪念日热闹而平时冷清的局面。学校方面由于升学压力和社会评价，没有动力和意愿来花时间推进红色文化进校园。在社会、学校多方都对红色文化进校园不热心的情况下，红色文化要想在校园生根发芽并充分发挥育人成效，既不可能也不现实。由于缺乏社会、学校、家庭之间的联动效应，学校对红色文化资源的利用效率较低。

第二，红色文化资源地域分布不均的现象十分突出，造成红色文化育人效果呈现明显地域差异。如赣州、延安、临沂等地区的高职院校能够利用所在区域的红色文化资源优势，开展丰富多彩的育人实践活动，推动思想政治理论课教学改革创新。这既丰富了思想政治理论课的教学素材，又推动了思想政治理论课的教学模式有所创新，还促进了思想政治理论课实践教学的发展。但中国大部分地区的高职院校则面临红色文化资源相对匮乏的现状，这既增加了相关高职院校对红色文化资源挖掘和开发的难度，也不利于思想政治理论课改革创新和实践教学的发展。因此，尽管部分高职院校意识到红色文化蕴含十分丰富的思想政治教育资源，也并未大力推动红色文化资源的开发和利用。

第三，大量红色文化实践活动流于形式。从目前来看，多数高职院校组织的红色文化教育实践活动只是简单组织学生参加，瞻仰革命纪念馆、参观名人故居等，整个过程往往只是走马观花、浅尝辄止，并没有深入地了解和体会红色文化的精髓，不重视挖掘和提炼红色文化资源的实质性内涵，忽视了实践教育活动的目的是更好地把红色文化精神入脑入心，造成"有活动却无体会"的现象。而且，在红色文化资源并不丰富的地区，即便是组织学生赴革命纪念馆、名人故居等设施参观学习，对于大多数高职院校来说也是费时费力的行为，既占用大量时间，教学效果也并不突出，因而不为相关高职院校所青睐。总体来看，学校红色文化实践教学普遍存在重视程度还不够、经费来源受限、形式主义突出等问题，造成红色文化育人重理论、轻实践的局面。

（四）打造红色文化全方位育人机制

1. 红色文化育人融入学校人才培养方案，实施课程体系拓展行动

红色文化育人功能的实现有赖于红色文化育人理念转变为可操作性的教育实践，有赖于教育过程的常态化和制度化。近些年来，"一些地处革命老区的高职院校将红色资源教育教学的实践又大大推进了一步，即将红色资源教育教学融入学校的人才培养方案，制订教学计划，规定学时学分，开发基于红色资源教育教学的校本课程，编写相应的校本教材，组建独立的教学科研机构，配置专业教师等"。客观来看，部分学校逐步建立红色文化育人保障机制，有效推动了学校红色文化教育发展。但多数学校仍缺乏红色文化育人的长效机制，红色文化教育难以持续有效开展。部分学校虽建立红色文化教学制度，但普遍存在原则性要求多而实践性和可操作性不强的现象，显著影响了红色文化教育的成效。因此，加强大学生红

色文化教育，要着重强化育人的长期发展规划和保障机制建设，有效引导和保障红色文化育人的常态化和制度化。

实施课程体系拓展行动。构建并完善整体性与层次性相统一、必修与选修相结合的课程思政体系。充分发挥课堂教学的主渠道作用，不断增强课程思政的思想性、理论性和亲和力。同时，将思政小课堂与社会大课堂、理论教学与实践教学结合起来，引导学生走出校门、接触社会、了解国情世情，在社会这个大熔炉中锻造品格、增长才干、积累智慧，做到学以致用、用以促学，实现知与行有机统一。强化课程思政建设，打破长期以来思想政治教育与专业教育相互隔绝的"孤岛效应"，深入挖掘专业课程和教学活动中蕴含的红色文化资源，根据不同课程特色，合理嵌入红色文化育人要素，进行主流价值引领，使各类课程与课程思政形成协同育人效应。教学育人各环节间的协同发展，对于推进学生思想政治教育至关重要，有助于培养担当民族复兴大任的时代新人，培养德智体美劳全面发展的社会主义建设者和接班人。

地处沂蒙老区的临沂大学依托革命老区的红色文化资源，注重传承红色基因，弘扬沂蒙精神。临沂大学把沂蒙红色文化资源融入学校人才培养体系，开发了具有本土特色的必修课"沂蒙文化与沂蒙精神"，将沂蒙精神融入思想政治理论课中。临沂大学还编写了《沂蒙精神大学生读本》《临沂简史》《沂蒙文化史》《沂蒙红色文化概论》等多本关于沂蒙精神的校本教材，将沂蒙精神作为加强和改进思想政治理论课的生动载体，将沂蒙精神融会贯通进教材。临沂大学用好用活沂蒙精神案例，讲好"中国故事""沂蒙故事""临大故事"；弘扬沂蒙精神、传承红色基因，创建新平台，拓展第二课堂，使思想政治理论课教学内容"实起来"、教学方法"活起来"、实践教学"动起来"，提高思想政治理论课教学的亲和力、感染力和针对性。

2. 加强校园红色文化建设，弘扬红色主旋律

立足第二课堂，通过开展主题教育、社会实践、志愿服务、校园文化等活动，推动红色文化在校园生根发芽。校园文化活动作为大学生的"第二课堂"，可以弥补红色文化教育渠道单一、课堂教学枯燥、空间上的限制，促进课堂知识的吸收，提高教学的有效性和学生的参与度，充分发挥红色文化育人"润物细无声"的隐性特点。建设健康向上的红色校园文化，"让红色文化成为校园文化主流载体"，既有利于丰富红色文化实践活动的形式，又激发学生参与活动的积极性，使学生在潜移默化中接受教育，从而避免红色文化实践活动流于形式，使学生真正在活动中提高科学

文化素质，促进自身全面发展。将红色文化精神融入校园文化艺术节，定期举办红色主题艺术展演活动。在革命伟人的诞辰纪念日、重大革命历史事件纪念日、国庆、校庆等特殊节日开展以红色精神为主题的征文活动。开展红色文化主题讲座，邀请红色文化专家、抗战老兵或者老一辈无产阶级革命家的后代回顾中国共产党革命实践的艰辛历程，讲述红色故事，重温红色经典。定期举办红色诗歌朗诵比赛、红歌大合唱比赛、革命历史知识比赛以及红色故事会等丰富多彩的文艺活动。创新红色文化育人形式，推动红色文化与不同的艺术表现形式结合，使学生在极具艺术表现力的氛围中感受红色文化丰富而深刻的思想内涵。2018年1月10日，"红色文化进校园革命精神代代传"——李建生同志红色教育讲座主题文化活动在山东东营金盾司法学校举办。中国共产党创始人之一李大钊之孙李建生同志为全校师生做红色文化专题讲座。李建生同志详细介绍了李大钊同志的生平，以及他为了理想舍身奋斗的革命经历、勤俭节约的生活作风。全体师生受到了深刻的品德教育和体会了优良传统。

充分运用新媒体提升校园红色文化的传播力和影响力。学校可依据自身情况创办大学生校园文化网站，建立红色文化微信公众号、微博等新媒体平台传播红色文化，充分利用新媒介信息传播速度快、受众多、互动性强的特点，将校园打造成弘扬红色主旋律的意识形态高地。

3. 建立红色文化育人引导、激励保障机制

构建红色文化育人的实施引导机制。要建立学校党委统一领导和各部门之间齐抓共管的育人工作机制，明确各部门、各学院的职责和分工，协调育人资源的分配。出台红色文化育人的制度规定，明确思想政治教师、辅导员、党团组织、学生组织在红色文化教育中的责任，推动红色文化进课堂。引导教师和学生广泛参与各类红色文化的实践活动，鼓励学生积极参加校园红色文化活动，运用现代传媒技术建立多种红色文化宣传平台，引领校园红色文化蓬勃发展。

建立健全红色文化教育的激励保障机制。学校要加大资金投入，修订和完善已有的规章制度，及时更新教学技术设备和校园基础设施，确保高职院校红色文化育人工作的顺利开展。通过举办红色诗歌朗诵比赛、红歌大合唱比赛、革命历史知识比赛等各类活动，给予参与者奖金、奖品、奖状、证书等物质奖励和精神奖励，激发大学生学习红色文化的积极性和主动性。对红色文化教育队伍中的先进工作者给予表彰，增加教育工作者的成就感。积极拓展校外红色文化资源和红色文化育人实践基地，搭建可靠稳定的教育实践平台，保障红色文化教育实践活动的长期进行。在日常教

学过程中,有计划、有目的地定期组织教师和学生到爱国主义实践基地参观学习,避免革命纪念馆、革命烈士陵园等场所特定时间里人来人往,平时门可罗雀现象的出现。充分利用红色文化资源的育人功能,使实践教育基地成为学生常去的第二、第三课堂。将红色文化融入日常教育,形成常态化、制度化教学实践"需要从政策扶持、经费投入、师资力量、教学条件、文化环境等各方面统筹协调,订立制度和规矩,还要扫除一切主客观障碍和束缚,极大地释放校园红色文化生产力,为长期科学实施红色文化教育提供源源不断的动力"。通过建立红色文化育人引导机制和激励保障机制,实现红色文化全方位育人的目标定位。

4. 构建学校、社会、家庭"三位一体"的相互协调、相互合作的红色文化育人联动工作机制

学校是文化育人的主要场所和主要渠道。各部门、各学院之间首先要明确职能、合理分工、齐心协力做好红色文化育人工作。打造校园各部门、各学院间联动工作机制,强化资源与信息共享,完善合作渠道。学校党委和领导班子要高度重视红色文化教育,担负起巩固马克思主义在意识形态领域指导地位的责任。宣传部门和组织部门要根据学校实际情况制定可操作性的红色文化育人方案,各部门、各学院之间要加强合作,共同推动学校红色文化育人工作的开展。学校之间要加强交流合作,互相学习和借鉴彼此的育人工作经验。"高职院校宣传部、学工部、马院、团委等职能部门协同地方党委宣传部门、文化部门,联合建立相互协调、紧密配合、齐抓共管的红色教育协同中心,负责红色教育目标制定、开发实施、评价反馈等工作,确保红色教育有序有效推进。""遵义师范学院采取学科联动方式把红色资源融入各专业建设实践教学之中,在创作和演绎《四渡赤水出奇兵》舞台剧过程中,马克思主义学院高屋建瓴地提出选题的高度,音舞学院因地制宜地设计舞蹈形式与舞美音乐,美术学院大气恢弘地设计舞蹈背景,体育学院科学有效地配合音舞学院组建参演队伍等,通过不同学院和学科的相互联动,努力实践,方成正果。"可见只有各部门、各学院之间发挥自身的优势,才能发挥红色文化育人的最大效能。

建立完善党政机关、企事业单位和学校协同合作的课程思政实践教学机制。依托爱国主义教育基地,推动红色文化育人实践教学与学生社会实践活动、志愿服务和研学旅行结合,实现思政小课堂与社会大课堂的有机融合。各高职院校应制定课程思政实践教学大纲,整合红色文化实践教学资源,拓展实践教学形式,提高实践教学效果。高职院校还可以依托当地的红色文化资源,加强与地方党史部门、档案馆、纪念馆、博物馆的联系

与合作，签订合作协议，建立爱国主义教育和革命传统教育基地以及专业实习社会实践基地。高职院校要主动挖掘本校及周边区域红色教育教学资源，与当地及周边红色革命教育基地挂钩签约，确立双方的互动共建关系，把这些红色教育基地作为高职院校开展红色教育教学的实践基地。政府部门和社会各界也要树立责任意识和担当，传播主流价值观，传递正面文化信息，旗帜鲜明地抵制反党反人民、宣扬西方价值观、鼓吹历史虚无主义等错误言行，为学生健康成长营造良好的文化氛围。

高职院校红色文化育人也离不开家庭教育的支持。家庭成员要重视与配合学校对学生红色文化价值观的培养，不能与学校和家庭所灌输的理念相背离，否则学校红色文化育人的信服力和有效性会大打折扣。高职院校可在学生入学时召开家长会，向家长宣传学校意识形态教育的重要性以及正面的家庭教育对学生成长成才的重要性。同时学校也可以利用现代传媒科技的发展，让家长关注学校以及各学院的微信公众号，平时抽空多浏览学校的官方网站，及时了解学校的各项教育活动，使家长成为高职院校红色文化育人工作的好帮手。

第二节　高职院校课程思政融入红色教育资源的教学路径研究

文化是社会意识的重要组成部分，可以为社会发展提供精神动力。中华民族在长期的历史发展中形成了博大精深的中华文化，这为中华民族的生生不息提供了强大精神支撑。党的十八大以来，中国特色社会主义进入新时代，面对国内外形势变化所提出的新的时代课题，我们需要坚定中国特色社会主义的"四个自信"，其中，"文化自信是更基本、更深沉、更持久的力量"。文化自信不仅包括对中华优秀传统文化的自信，还包括对红色文化和中国特色社会主义文化的自信。红色文化植根于中华优秀传统文化的沃土，形成于革命实践的洪流，发展于社会主义建设和改革的浪潮，具有重要的历史意义和时代价值，应该加以传承和弘扬。高职院校肩负着人才培养、文化传承创新的重要使命，需要高度重视红色文化资源在思想政治工作中的运用。当前，许多高职院校已积极开展红色文化资源育人实践，但由于红色文化资源与高职院校思想政治教育是两个具有自身独立性、互不统属的系统，红色文化资源在融入高职院校思想政治教育时常表现出种种不适应，存在融入难题，因此，有必要进一步研究并创新红色文化资源融入高职院校思想政治教育的路径，以提升高职院校思想政治教育的实效性。本节试图从三个方面探讨红色文化资源融入高职院校思想政治的教育的路径。

一、发挥红色文化在课程思政课堂授课中的重要作用

高职院校肩负着人才培养、科学研究、社会服务、文化传承创新等重要使命。高职院校的教育教学活动是一项纷繁而复杂的工作，其中，课堂教学是学校教育活动的主体部分。课堂教学是指"在一定的课堂情境中，教学主体与教学主体之间以共同客体（主要是课程和教材等教学文本）为中介，借助于言语或者非言语符号系统而实现的一种以建构学生完满的精神世界为目标的实践活动"。课堂教学的主体包括教师和学生，课堂教学的客体是指教学主体共同面对的认识对象，比如以文本形式呈现的教学内容（教材）。课堂教学作为一个系统，是由诸多要素构成的。一般认为，课堂教学的要素包括教师、教学内容、教学方法、学生等。课堂教学的根本目的是促进学生发展，既要求学生掌握相关的专业知识、锻炼思维，又引导学生树立正确的价值观。课堂教学等学校教育活动坚持德育为先，五育并举。

思想政治理论课是高职院校落实立德树人根本任务的关键课程，承担着"培养什么人、怎样培养人、为谁培养人"的重任，课程思政课堂是对学生进行思想政治教育的主阵地。课程思政课堂教学的实效性离不开师生的共同努力，也需要优质教学资源的支撑。红色文化蕴含着中华民族宝贵的精神财富和优质的文化基因，红色文化教育有利于学生树立正确的世界观、人生观和价值观。因此，课程思政课堂教学应积极将红色文化融入其中，推进教师队伍建设、教学内容和方法等方面的综合改革创新，给学生以人生启迪和精神力量。

（一）红色文化融入课程思政教师队伍建设

教师是立教之本，是课堂教学活动的发起者、组织者和引导者，在课堂教学中起主导作用。教师作为实施课堂教学实践活动的主体，需要具备一定的能力结构，比如坚定的政治立场、正确的价值观、丰富的学科知识、过硬的教学能力等。2019年3月，在学校思想政治理论课教师座谈会上，我国对广大教师寄予殷切期望，提出"六要"要求——政治要强、情怀要深、思维要新、视野要广、自律要严、人格要正，为加强课程思政教师队伍建设指明了方向。教育者要先受教育，讲信仰者自己要有信仰。高职院校要利用红色文化这一优质的教育资源育人，培养有理想、有本领、

有担当的时代新人，必须首先加强课程思政教师队伍建设，注重用红色文化加以引领。只有这样才能不辜负党的嘱托、人民的期待和学生们的期盼。

1. 利用红色文化加强师德师风建设

广义的师德即教师的道德，是对教师道德的全面要求，包含教师职业道德、社会公德和家庭美德等方面。狭义的师德是指教师的职业道德，即教师在从事教育活动时必须遵守的道德规范和呈现出的道德情操、道德观念等。

师风可以理解为教师的工作作风以及教师行业整体的风气。师德师风建设关乎教师队伍素质和高职院校立德树人根本任务的落实。2018年5月2日，我国在北京大学师生座谈会上的讲话中强调："评价教师队伍素质的第一标准应该是师德师风。师德师风建设应该是每一所学校常抓不懈的工作，既要有严格制度规定，也要有日常教育督导。我们的教师队伍师德师风总体是好的，绝大多数老师都敬重学问、关爱学生、严于律己、为人师表，受到学生尊重和爱戴。同时，也要看到教师队伍中存在的一些问题。对出现的问题，我们要高度重视，认真解决。"为全面提升教师思想政治素质和职业道德水平，教育部等七部门于2019年12月15日印发《关于加强和改进新时代师德师风建设的意见》，明确了师德师风建设的指导思想、基本原则、工作目标及任务举措，强调充分发挥文化涵养师德师风功能，红色文化是涵养师德师风的优质资源，因此，新时代高职院校应深入挖掘红色文化的精神内涵，激励广大课程思政教师进一步坚定理想信念、提高理论素养，以德立身、以德立学、以德施教，做"四有"好老师。红色文化融入师德师风建设可以从以下方面入手。

第一，定期开展红色文化培训，用红色文化铸魂。课程思政教师要讲信仰，自己首先要坚定理想信念，在大是大非面前保持政治清醒。坚定的理想信念是教师教书育人的指路明灯。中国的新时期走过了四十多年的历程，取得了举世瞩目的成就，但随着市场经济的发展，在物质利益面前，有些教师过分注重个人利益的满足，发生了理想信念的动摇。高职院校定期组织课程思政教师参加红色文化学习培训，接受红色文化的熏陶、洗礼，有利于广大课程思政教师坚定理想信念，增强对中国特色社会主义的政治认同、思想认同、理论认同和情感认同，在育人实践中做到以心育心、以德育德、以人格育人格。

第二，经常组织红色文化活动，提升思想觉悟和道德情操。从学术活动来看，高职院校可以举办红色主题的学术讲座和学术研讨会，邀请知名专家学者宣讲红色传统、红色精神，增强课程思政教师对红色文化的认同，激发课程思政教师宣传红色文化的自觉性。此外，高职院校还可以利用一些重大节庆日、纪念日举办形式多样的红色校园文化活动，如组织课程思政教师参加红色经典诵读活动、红色文化知识竞赛、唱红歌活动等，提升教师的思想觉悟和道德情操。近年来，全国各地陆续建立了许多各具特色的红色教育基地，如井冈山精神研究中心、大庆师范学院的大庆精神研究基地、大别山红色文化研究中心等。高职院校定期组织教师到红色教育基地培训，通过现场体验式教学、激情教学、沿途教学等形式，加深课程思政教师对红色精神的认识，增强课程思政教师讲好红色故事、传承红色精神的自觉性和使命感。

2. 利用红色文化丰富教师的知识结构

教师作为教学实践活动的主体，其能力结构的一个重要组成部分就是体系化的、丰富的学科知识。"才高八斗""学富五车"是传统教师的典型特征。教师所拥有的学科知识，从量上来讲应当是大量的、丰富的，从质上来讲应当是系统化的。苏联教育家苏霍姆林斯基曾经说过："教师所知道的东西，就应当比他在课堂上要讲的东西多十倍、多二十倍，以便能够应付自如地掌握教材，到了课堂上，能从大量的事实中选出最重要的来讲。"随着社会的发展、文化的进步，教师也要通过不断学习进而丰富、完善自己的知识结构，改变长期以来形成的教师"教书匠"的刻板印象。我国在学校思想政治理论课教师座谈会上强调指出，课程思政教师"视野要广，有知识视野、国际视野、历史视野，通过生动、深入、具体的纵横比较，把一些道理讲明白、讲清楚"[1]。课程思政教师要通过拓展知识结构、改善学科背景来夯实知识基础，红色文化就是可利用的宝贵资源。

定期举办红色文化专题教育培训是丰富教师知识结构的重要途径。课程思政教师要通过课堂传播红色文化、解码红色基因，就需要自己先充分认识红色文化的内涵和精神实质，在真学、真懂的基础上才能将红色文化的种子播撒进青年学生的心灵。课程思政的课程内容涵盖面广，涉及政治、经济、哲学、法律等诸多方面，以马克思主义理论教育为主要内容，包括马克思主义哲学、马克思主义政治经济学、科学社会主义等马克思主义基本原理，马克思主义中国化的理论成果，中国社会主义现代化建设过程中的一系列现实问题等。课程思政教师大多有不同的学科背景，对

---

[1] В. А. 苏霍姆林斯基. 给教师的建议 [M]. 于长霖, 译. 杭州：浙江人民出版社, 2022：1.

红色文化也有不同程度的研究领悟，因此，有必要定期举办面向课程思政教师特别是青年教师的红色文化专题教育培训，进一步提升广大课程思政教师的红色理论素养。此外，在新的时代背景下，随着国内外形势的变化，社会上出现了历史虚无主义等错误的社会思潮，否定历史真相、否定英雄、抹黑历史人物。要抵制历史虚无主义等错误思潮，就迫切需要进一步加强对课程思政教师的红色文化教育培训，建设一支致力于为党育人、为国育才的可信、可靠的课程思政教师队伍。

3. 在红色文化教育中创新教师的教学理念

教学理念是教师对教学活动的基本态度和观念，是教学实践的先导，可转化为具体的教学行为。教师树立科学先进的教学理念，有助于增强教学的实效性。在全国高校思想政治工作会议上，我国提出思想政治理论课要坚持在改进中加强，提升思想政治教育的亲和力和针对性，满足学生的成长发展需求和期待。目前，课程思政教学质量总体上呈现不断提高的良好态势，同时也还有很大的努力空间。2018年度的调查显示，有近两成大学生对课程思政教学评价"一般"，在日常教学中，照本宣科、内容陈旧、方法呆板、简单重复，或应付差事、空洞说教等现象依然存在，影响着课程思政的"到课率""抬头率"，更影响着课程思政"入脑率""走心率"，课程思政教学质量有待进一步提高。课程思政教学质量的提高需要教师教学理念的创新。红色文化教育融入课程思政课堂，最终是要唤起青年大学生的情感认同，为他们成长为堪当民族复兴大任的时代新人提供精神动力。因此，红色文化教育融入课程思政课堂，需要改革以教师为中心的旧的教学理念，打破课堂教学"满堂灌"的传统模式，更加注重因材施教，更加注重全面发展，更加注重知行合一。

红色文化教育中教师教学理念的创新，需要遵循我国在学校思想政治理论课教师座谈会上提出的"六要"和"八个相统一"的要求。我国"六要"要求中的"思维要新"，即"学会辩证唯物主义和历史唯物主义，创新课堂教学，给学生深刻的学习体验，引导学生树立正确的理想信念，学会正确的思维方法"。比如，在红色文化教育中，教师注重培养学生的历史思维能力，教育学生知古鉴今，运用历史眼光认识发展规律并指导现实生活。我国还强调，推动课程思政改革创新，要坚持政治性和学理性相统一、价值性和知识性相统一、建设性和批判性相统一、理论性和实践性相统一、统一性和多样性相统一、主导性和主体性相统一、灌输性和启发性相统一、显性教育和隐形教育相统一。"八个相统一"深刻阐释出课程思政教育教学的规律，为课程思政教师将红色文化融入课堂教学、落实立德树人根本任务提供了理念和方法。广大课程思政教师要努力践行习总书记的要求，推动新时代课程思政持续改革创新，打造"金课"，努力把思想政治理论课建设成为学生真心喜爱、终身受益、毕生难忘的优秀课程。

（二）红色文化融入课程思政教学内容

内容是贮存于一定媒介中有待加工转化为教学目标的信息，是教师和学生共同认识的客体，解决的是教学过程中"教什么"的问题。按照马克思主义哲学的观点，内容与形式是对立统一的关系，内容决定形式，形式反作用于内容。在教学过程中，教师也要更加注重教学内容，传播知识、传播思想、传播真理，反对形式主义。高质量的教学内容是高质量教学效果的基础和保障。长期以来，许多人习惯片面地将教学内容等同于教材，而实际上教材只是教学内容的一部分，是教学内容的主要载体。除了教材之外，教学内容还涉及课程设置、课程计划等，它们都是教学内容的具体化。红色文化融入课程思政教学内容可以从以下方面入手。

1. 开设红色文化特色课程

从课程思政课程的设置来看。课程设置是为了实现培养目标而对课程进行的总体规划，包括选择课程内容、确定学科门类和教学时数等。科学、合理的课程设置有利于加强课程思政教学的实效性。我国在学校思想政治理论课教师座谈会上提出了"八个相统一"的要求，强调增强课程思政的思想性、理论性和亲和力，"要坚持统一性和多样性相统一，落实教学目标、课程设置、教材使用、教学管理等方面的统一要求，又因地制宜、因时制宜、因材施教"。其中涉及课程设置的统一性与多样性。思想政治教育涉及思想、政治、道德等方面的内容，致力于教育学生树立正确的世界观、人生观、价值观，坚定政治立场，提升道德素养，养成科学思维习惯。

红色文化是中国特色社会主义文化的重要组成部分，是优质的课程思政教育资源。"受限于授课内容和授课时间，高职院校思想政治理论课程对红色文化资源的融合有限，不能完全展现、挖掘红色文化资源的内涵，发挥其育人功能。"因此，课程思政课程设置可以单独开设红色文化特色课程。目前，许多高职院校已成功开发了一批红色文化精品课程。为使沂蒙精神融入思想政治理论课，临沂大学专门开发了具有本土特色的必修课《沂蒙精神与沂蒙红色文化》，该课程已开发出《案例教学——沂蒙精神代代传》《研究教学——沂蒙文化与沂蒙精神》《拓展教学——基于沂蒙精神育人的社会主义核心价值观》等系列配套教材，并成为临沂大学最有活力、最受学生欢迎的课程之一。此外，百色学院开设了系列"红微课"，深受学生欢迎。复旦大学还开设了面向高职院校学生的通识教育核心课程"治国理政的理论与实践"。

2. 推进红色文化融入教材体系建设

我国在哲学社会科学工作座谈会上的讲话强调："培养出好的哲学社会科学有用之才，就要有好的教材。"高质量的教材可以更好地助力教学活动的开展，为高质量的教学奠定基础。教材是课堂教学内容的主要载体，是教学的基本依据。教师在教学过程要尊重教材，但又不能照本宣科。"教师不是教材的执行者，而是教材的开发者。在尊重教材的基础上，教师根据学生的具体情况和实际需要，创造性地对教材进行调整和拓展，能够显著地提升教学效果。"因此，教师应充分发挥自己的积极性、主动性和创造性，努力参与教材体系的建设。2020年5月，教育部等八部门印发《关于加快构建高校思想政治工作体系的意见》，强调按照"八个相统一"的要求，"扎实推进课程思政建设思路创优、师资创优、教材创优、教法创优、机制创优、环境创优"。课程思政建设中的教材创优，要践行习总书记的要求，在使用高职院校四本统编教材的同时，加快课程思政教材体系建设，实现统一性与多样性相统一。

从课程思政教材体系的建设来看。编写教师参考用书、学生辅学读本、教学指导资料和理论普及读物等教学系列用书，构建面向教师和学生不同对象，涵盖纸质和数字化等多种载体，体现思想性、科学性、可读性相统一的立体化教材体系。在构建立体化教材体系的过程中，红色文化资源作为优质教育资源可以融入其中。以教材内容为基础，不断挖掘教材本身所蕴含的红色文化并不断加以丰富，或者在教材内容之外增加红色文化素材以拓展教材视野，并使之呈现在与统编教材相配套的教师参考书、学生辅学读本、教学案例解析等教学用书中，这是红色文化"进教材"的主要途径。

（三）红色文化的融入促进课程思政教学方法的创新

教学方法是教师为了实现教学目标而采用的手段，解决"怎样教"的问题，包括教师的工作方式、学生的活动方式和教学手段的运用。教学方法是教学系统中必不可少的要素。教学有法，教无定法，贵在得法，合适的教学方法才能保证教学目标的实现。教学方法的运用在于引起学生的注意，激发学生的学习兴趣，满足学生的学习需要，教学方法贯穿课堂教学的全过程。课程思政作为立德树人的关键课程，需要教师采用合适的教学方法，调动学生的积极性，增强其亲和力和针对性，使教学内容真正入耳、入脑、入心，提高教学实效性。广大课程思政教师应积极探索教学方法改革，优化教学手段，找到既遵循教学规律，又有个性色彩的教学方法。

1. 坚持主导性和主体性相统一，创新讲授法

课程思政教学实践是以教师为主导、学生为主体的，即教师是教学活动的组织者、实施者，在课堂教学中处于主导地位，学生是学习的主体。"要坚持主导性和主体性相统一，课程思政教学离不开教师的主导，同时要加大对学生的认知规律和接受特点的研究，发挥学生主体性作用。"课程思政教师在课堂教学中的主导地位，主要体现在知识传授、思想传播、价值引领等方面。就教学方法而言，最能体现教师在课堂教学中主导地位的是讲授法。"讲授教学法是指由知识更渊博的教师面向知识不够渊博的学生进行的传递信息的谈话。"这是最为传统、应用最广泛的一种教学方法，其优点是可以使学生在较短时间内了解较多的系统连贯的知识，其缺点是容易出现学生"被动学"的局面。随着时代的发展，教师在课程思政课堂教学中的主导地位没有变，但教师主导性的形式可以通过运用新媒体手段、变换具体的教学设计而实现创新。

就讲授法而言。从课堂导入环节来看，俗话说"良好的开端是成功的一半"，导课质量直接影响整堂课的教学效果。红色文化融入课程思政教学过程的点，需巧妙而非生硬地融入。导课的具体方法可以是红色歌曲导课、红色故事导课、红色影视作品导课等。红色歌曲、视频等学生喜闻乐见的形式可以缓解理论的沉重感，活跃课堂气氛，调动学生的学习积极性，提升教学效果。从课堂展开环节来看，教师需要精心设计教学内容，恰当融入红色文化。比如，可采用红色案例教学法。教师结合教材内容，将红色人物故事、历史事件等作为教学案例加以呈现，引发学生思考，触动学生心灵。这样，学生既掌握了相关知识点，又接受了红色文化的熏陶。从课堂结束环节来看，教师可结合教材内容布置红色文化相关的作业，比如学唱红歌、学讲红色故事、写红色影片观后感等，以加深学生对红色文化的认知和感悟。

2. 坚持灌输性和启发性相统一，探索探究式教学法

课程思政在教育中具有明显的灌输性和启发性。灌输性是课程思政的功能体现。教师通过课程思政课堂系统地将马克思主义理论灌输给青年学生，有助于巩固马克思主义在意识形态领域的指导地位，有助于帮助学生

坚定政治立场、提升理论素养。同时,课程思政还要注重启发性,结合社会热点和学生的需求,注重培养学生的问题意识,增进学生的学习兴趣,增强学生的思维能力。"要坚持灌输性和启发性相统一,注重启发性教育,引导学生发现问题、分析问题、思考问题,在不断启发中让学生水到渠成得出结论。"课程思政教学既要发挥教师主导作用,又要发挥学生主体作用。教师要积极探索教学方法的创新,注重探究式、启发式教学,避免填鸭式教学。

探究式教学法是指教师通过创设问题情境,引导学生通过自主学习来探索答案,实现对课程内容的深入理解,进而锻炼思维能力的教学方法。与传统的讲授法不同,探究式教学法不是直接把知识、答案塞入学生头脑,而是引导学生自己搜集、整理、分析资料,开展讨论,进而解决问题。也就是说,传统的讲授法侧重教师和教学内容,而探究式教学侧重学生和教学内容。红色文化融入课程思政教学的过程中,教师需要积极探索运用探究式教学法,调动学生的积极性、主动性。首先,教师要结合教材内容创设问题情境,将知识转化为问题,以问题引导学生,激发学生探究的兴趣。其次,教师要引导学生围绕问题进行探究,学生可以独立完成,也可以小组合作完成,学生的主体性得以充分体现。最后,学生经过探究得出结论后,教师要及时归纳、总结并加以拓展,引导学生明辨是非。比如,在教学中,可将红色精神融入课堂教学,教师可提出问题"革命精神对当代大学生的启示",引导学生分组讨论。学生通过回顾历史事件,概括出精神内涵和实质,思考该精神对自己的启示。在此过程中,学生获得了深刻的学习体验,学生的主体地位得以体现。教师的引导启发有助于学生树立正确的"三观",使学生在接受红色文化教育中提高理论思维能力,增强了致力于成为堪当民族复兴大任的时代新人的使命感。

二、以红色传统、红色精神绘就校园文化底色

红色是中华人民共和国的底色。红色文化资源中蕴含着中华民族宝贵的精神财富、精神基因,是高职院校思想政治工作的优质教育资源。从广义上理解,红色文化资源包含红色传统、红色精神等组成部分,涵盖了中国共产党领导中国人民不懈奋斗的全过程。红色文化中的红色传统主要包括"独立自主""艰苦奋斗""谦虚谨慎""戒骄戒躁""敢于牺牲"等在内的优良传统,以及"理论联系实际""密切联系群众""批评与自我批评"在内的"三大作风"。红色文化中的红色精神,从最早的红船精神,到井冈山精神、古田会议精神等,再到中华人民共和国成立以后的大

庆精神、抗震救灾精神等，共同构成了我党战胜各种风险挑战的强大精神力量和宝贵精神财富。红色文化资源具有多维功能，包括历史鉴证功能、政治教育功能和文明传承功能等。党的十八大以来，我国多次强调要把红色资源利用好、把红色传统发扬好、把红色基因传承好。

校园是育人的主阵地，校园文化具有重要的德育功能。高职院校校园文化是指高职院校人（高职院校师生员工及校友）在长期的学术活动、办学实践过程中形成的，其以社会先进文化为主导，以师生文化活动为载体，以校园为主要活动空间，以校园精神、价值观念为底蕴，以育人为根本目的，具有学校特色的制度文化、校园行为文化等基本内容，具有价值引导、规范、激励等功能，可以潜移默化地提升学生的思想政治素质，帮助学生树立正确的世界观、人生观、价值观。高职院校校园文化建设是高职院校"三全育人"工作的重要组成部分，是高职院校对大学生进行全面教育的有效载体。

（一）红色文化融入校园物质文化建设

加强校园人文环境和自然环境建设，建造精神内涵丰富的物质文化环境，努力营造良好的育人氛围。这为高职院校校园物质文化建设提供了指导，推动了校园文化建设的理论探讨和实践探索。高职院校校园物质文化有广义和狭义之分。广义的高职院校校园物质文化是指高职院校校园中一切看得见摸得着的、可以向学生传递积极向上的思想和价值观的物质存在，是高职院校校园文化的物化形态，是校园文化功能得以实现的物质基础，其存在形式多种多样，包括校园环境、教学设施、人文景观、学科结构、师资队伍等。狭义的校园物质文化一般包括两类：自然文化环境和设施文化环境。自然文化环境是以物质的客观存在形式表现出来的学校特有的文化氛围，它包括校园的整体规划、绿化、美化和校园的布局结构等。设施文化环境包括校园的各种建筑设施（如图书馆、博物馆、学校礼堂、文化长廊等）、教学设备、科研设备、文化娱乐设施以及生活设施等。这些物质条件提供了高职院校育人的环境和氛围，体现着一所高职院校的价值观念和精神风貌。古希腊哲学家柏拉图认为："一个人从他与环境的相互作用中学习。好的行为是一个有好的本性倾向的人与好的环境接触的结果。"因此，优化校园物质文化环境、有选择地将红色文化资源融入高职院校物质文化建设，是红色校园文化建设的重要途径，也是高职院校坚持社会主义办学方向，培养又红又专、德才兼备、全面发展的中国特色社会主义合格建设者和可靠接班人的迫切需要。校园红色物质文化的构建可以从以下两个方面入手。

第一,在校园自然文化环境中融入。高职院校物质文化主要通过校园环境的创设而实现育人效果。要创造清洁优美、幽静宜人的良好校园环境;从高职院校校园的规划与布局来看,在进行学校建筑的设计时应尊重历史,注意校园建筑的整体和谐;从校园的绿化和净化来看,校园的绿化应结合当地实际,反映本地区的特点,校园净化主要是指清除垃圾杂物,减轻噪声,做好环境卫生工作。高职院校在校园自然景观中可以适当融入红色元素,挖掘校园自然环境的育人功能。红色文化融入校园自然文化环境要有选择性、契合性。高职院校要根据自身的办学传统、立德树人的总体部署有选择性地将红色文化元素融入校园总体规划之中;红色文化元素的融入要与校园已有的布局相协调,不能强行"楔入",否则会显得突兀、生涩。

第二,在校园设施文化环境中融入。设施文化环境包括校园的各种建筑设施、教研设备、生活设施,如校园雕塑、图书馆等。这些设施可以融入红色元素,成为红色文化的形象载体,便于学生感知。就校园雕塑而言,高职院校可以在图书馆、体育馆、宿舍区等树立英雄人物、先进人物的雕像,介绍他们的先进事迹;也可以创作展现重大历史事件的系列雕塑作品,以艺术的形式生动形象地呈现出党领导人民进行革命、建设和改革的奋斗历程,激发学生对党的忠诚感和为国家富强而努力奋斗的激情。就图书馆而言,作为校园文化的重要基础设施,图书馆可以为师生提供丰富的馆藏资源和良好的学习环境,是传播红色文化和对学生进行红色文化熏陶的重要场所;图书馆要优化馆藏结构,有针对性地适时补充红色书籍、红色音像资料及相关的电子馆藏,充分发挥图书馆在红色校园文化建设中的积极作用。此外,高职院校可以在教学楼、宿舍区、食堂等区域设立红色文化墙、红色文化宣传橱窗,悬挂红色名言,营造红色文化氛围,实现浸润式教育的效果,潜移默化地使红色基因浸润于学生心灵。

(二) 红色文化融入校园精神文化建设

高职院校校园精神文化是高职院校发展过程中,经过长期的积淀、选择、凝聚、发展而成的,集中反映一所学校的办学宗旨、培养目标及其独特个性,是广大师生员工所认同的精神财富。校园精神文化是校园文化的精神内核,是校园文化的灵魂和核心,是校园文化中最深层次、最本质的部分,往往以校风、校训等外在形式表现出来。校风主要体现在校训、校歌、校徽和校旗上。

高职院校在坚持社会主义办学方向、培养社会主义合格建设者和可靠接班人的过程中，需要以红色文化引领校园精神文化建设，发挥红色文化对学生良好品德和行为的价值导向作用。高职院校以红色文化引领校园精神文化建设，可以从以下方面入手。

第一，红色文化融入校训。1995年版《现代汉语词典》对校训的解释是："学校规定的对学生有指导意义的词语。"它是一所学校办学理念和特色的集中反映，是学校要求师生共同遵守的行为规范和道德规范，对师生具有导向、规范、激励作用。好的校训蕴含了中华文化的基本精神，体现了对科学精神和人文精神的追求，能够激励师生追求真理、服务社会。大学的校训是在长期办学实践的基础上凝练而成的，植根于中华优秀传统文化的土壤，深受红色文化的滋养，又是时代精神的体现。如上海交通大学校训中的"爱国荣校"；国防科技大学校训中的"强军兴国"；中国农业大学校训中的"解民生之多艰"都是从革命时代来的，有红色文化的元素。对于这些深受红色文化滋养的校训，高职院校应当准确加以阐释，挖掘其中的民族精神和革命精神，加强对学生的爱国主义教育和理想信念教育，提高大学生的思想道德素养。为此，高职院校需要加大校训的宣传力度，营造润物无声的良好的校训教育氛围，使广大师生在了解和熟悉校训的基础上，接受、认同校训精神，并主动将其内化于心、外化于行，发挥红色校训的思想政治教育作用。

第二，红色文化融入校风、学风。一所高职院校的校风和学风，犹如阳光和空气决定万物生长一样，直接影响着学生学习成长。好的校风和学风，能够为学生学习成长营造好气候、创造好生态，思想政治工作就能润物细无声地给学生以人生启迪、智慧光芒、精神力量。要坚持不懈培育优良校风和学风，使高职院校发展做到治理有方、管理到位、风清气正。红色文化资源是高职院校思想政治教育的优质资源，其中蕴含着"独立自主""艰苦奋斗"等红色优良传统和红船精神、井冈山精神、长征精神等宝贵的红色精神财富。以红色传统、红色精神引领校风、学风建设，是高职院校落实立德树人根本任务的重要途径。比如长征精神渗透于校风、学风建设，用以引领校园风尚，可以培养学生脚踏实地、不怕吃苦、识大体、顾大局、乐观向上的优秀品格。

（三）红色文化融入校园行为文化建设

行为文化是指人们在生活、工作之中所贡献的，有价值的，促进文明、文化以及人类社会发展的经验及创造性活动，它通过组织成员的具体行为来体现。高职院校校园行为文化是指高职院校广大师生员工在教育教学、科学研究和学习生活中所表现出的精神状态、行为操守和文化品位，是高职院校校园文化的具体体现。校园行为文化主要通过丰富多彩的社团活动、学术活动等校园文化活动体现出来，是校园精神文化的重要载体和外在体现。高职院校要"积极开展校园文化活动，把德育与智育、体育、美育有机结合起来，寓教育于文化活动之中，促进大学生思想道德素质、科学文化素质和健康素质协调发展。"内容丰富、形式新颖、吸引力强的校园文化活动可以使学生在潜移默化中接受正确的价值观，实现"蓬生麻中，不扶自直"的教育效果。高职院校作为传承红色基因、弘扬红色文化的主阵地，要将红色文化资源融入校园行为文化建设，可以从以下方面入手。

1. 红色文化融入学术活动

高职院校的学术活动主要是指高职院校师生在学科前沿领域和新理论方面进行研究和学术交流的活动，具体包括举办学术论坛、学术报告会、专题研讨会、学术讲座等形式。近年来，许多高职院校开始注重将红色文化融入学术活动，推动了红色传统、红色精神的传承与创新。2019年围绕纪念中华人民共和国成立70周年召开多场学术研讨会。此外，从红色研究专栏的创设和红色专业刊物的创办来看，许多高职院校以学术期刊为载体开展思想政治教育，创办了许多以红色文化为主要内容的学术期刊，引导当代大学生对红色文化的研究与思考。这些学术活动的开展有利于高职院校师生深入了解红色文化，激发研究红色文化的兴趣和传承红色基因的动力。同时，学生在参与学术活动的过程中可以潜移默化地接受思想政治教育，使思想感情得到熏陶、精神生活得到充实、道德境界得到升华。

2. 红色文化融入社团活动

社团活动是大学生喜闻乐见的校园文化活动。大学生社团是由高职院校学生依据兴趣爱好自愿组成、按照章程自主开展活动的学生组织。高职院校学生社团活动是实施素质教育的重要途径和有效方式，在加强校园文化建设、提高学生综合素质、引导学生适应社会、促进学生成才就业等方面发挥着重要作用，是新形势下有效凝聚学生、开展思想政治教育的重要组织动员方式，是以班级年级为主开展学生思想政治教育的必要补充。可见，社团是高职院校开展思想政治教育工作的重要平台，可以作为红色文化教育的载体。近年来，许多高职院校注重将红色文化融入社团建设，将红色文化与社团文化融合，开展了一系列特色活动，如红色经典读书会、红色理论知识竞赛、红色主题征文活动、红色主题社会调研活动、唱红歌歌咏比赛等。就红色主题征文活动的开展而言，高职院校社团可以充分利用五四青年节、七一建党纪念日、十一国庆节、一二·九运动纪念日等重大节庆日和纪念日，开展主题征文活动等，唱响爱国主义、集体主义、社会主义主旋律。就红色主题社会调研活动而言，高职院校社团可以开展"重走长征路、感悟长征精神""重走革命路、重温爱国情"等活动，对学生进行理想信念教育，引导学生树立正确的世界观、人生观和价值观，增强学生的社会责任感。丰富多彩的社团活动有利于大学生深入了解红色文化，认真践行红色文化，广泛宣传红色文化。

此外，其他形式的红色主题系列校园文化活动也在高职院校如火如荼地开展着，如"升旗仪式""微信爱国说"、党支部的"爱国主题组织生活会"、红色摄影展、红色主题的手抄报大赛、经典红色电影放映、"红色飞扬"迎新晚会、校园红色广播等。这些活动有利于弘扬爱国主义，增强学生对红色文化的认识和感悟，推动红色文化的传承和弘扬，把红色基因一代代传下去。

（四）红色文化融入校园制度文化建设

制度是为了规范和约束成员的行为而制定出来的、要求成员共同遵守的办事规程或行动准则。"制度文化是介于有形的物质文化和无形的精神文化之间的物化了的心理和意识化的物质。它对主体的社会行为以及价值取向有重大影响，决定人们的行为选择和对事物的评判标准。"校园制度文化是校园内各种具有科学性、思想性、教育性的规章制度的总和，以及通过规章制度的贯彻、实施而产生于师生员工内心的制度意识。研究、管理、生活、活动中，为了规范和约束师生员工的行为，维护正常的教学秩序和生活秩序而制定出的各种规章制度中体现出的文化，既包括反映学校校园制度文化共性的法律法规，也包括体现不同学校制度文化个性的管理制度，具有强制性、规范性的特征。具体来说，校园制度文化包括学校的传统、仪式和规章制度等。可见，校园制度文化是校园文化的重要组成部分，是大学文化在制度层面的反映，能够体现高职院校的办学理念、办学目标、发展战略等。"校园制度文化建设是指学校和各级组织对校园内各种规章制度的制定、实施以及由这种外在制度内化为师生个体意识的过程。校园制度文化建设是高职院校教育教学质量的有效保障，其最终目的是通过制度的制定、实施来引导人的价值取向，从而实现制度的内化，即由外在的约束变为个人的自觉行为。红色文化融入高职院校校园文化建设需要相应的制度保障，以便形成红色文化教育的合力，进而确保红色文化教育的可持续性。

其一，建立高职院校红色文化教育的领导和管理制度。高职院校党委对本校工作实行全面领导，是高职院校的领导核心。高职院校党委书记主持党委全面工作，履行高职院校思想政治工作和党的建设第一责任人的职责。校长是学校的法人代表，在党委领导下组织实施党委有关决议，行使高等教育法等规定的各项职权。其他党委班子成员履行"一岗双责"，结合业务分工抓好思想政治工作和党的建设工作。要强化院（系）党的领导，发挥院（系）党委（党总支）的政治核心作用，履行政治责任，保证监督党的路线方针政策及上级党组织决定的贯彻执行。因此，高职院校党委要充分认识高职院校红色文化教育的重要性，把这项任务摆到重要位置，把握方向，制定政策，营造环境，切实负起政治责任和领导责任。高职院校应积极探索，统筹各方面的资源和力量，建立健全由高职院校党委书记担任第一责任人、分管领导协同管理的红色文化教育领导体制和工作机制，实现高职院校党委统一领导、院（系）党委配合、党政工团等相关部门齐抓共管、协同合作的管理格局。高职院校在红色文化育人的过程中，通过加强统筹协调、组织实施、督促落实，增强广大师生对红色文化的认同感，坚定文化自信，确保红色文化教育的实效性。

其二，建立健全红色文化教育的相关保障制度和评价制度。制度保障是传承红色文化的重要基础。就经费保障制度而言，高职院校应设立合理的经费分配制度，强化经费投入的红色育人导向，按照一定标准设立针对红色文化教育工作和教师队伍建设的专项经费。就红色教育的评价制度而言，高职院校要健全红色文化教育的评价机制，从第一课堂到第二课堂，从理论教学到实践体验都要有完善的预警机制、调节机制、反馈机制、奖惩机制，科学设置评价方法，做到评价过程制度化、评价结果公开化、评价手段具体化、评价方法科学化，充分体现评价机制的权威性和针对性，促进红色教育的规范化。此外，就仪式教育的制度化而言，红色文化融入校园文化的仪式教育就是将红色文化的宣传教育与重大纪念日、重大活动等相结合，让学生在集体氛围中接受红色文化的熏陶，让红色基因渗进学生血液、浸入学生心扉。比如，高职院校可定期举行集体升国旗、唱国歌仪式，有效利用重大活动如开学典礼、毕业典礼、重大纪念日、主题党团日等契机开展爱国主义教育，通过仪式教育，厚植学生的爱国情怀。2019年9月3日，"排雷英雄战士"杜富国为北京大学3700余名新生作先进事迹报告，为同学们呈现了一堂感人至深的课程思政。杜富国"让我来"的英雄气概和革命精神，给刚刚踏入北大校门的新同学刻下了深深的心灵烙印。2019年9月5日,"向祖国报告"首都大学生庆祝中华人民共和国成立70周年诗诵会在北京大学百周年纪念讲堂举行。首都大学生以诵读青春诗歌的方式,表达奋斗意志、致敬伟大祖国。仪式教育要持久有效地开展下去,就必须制度化,防止出现形式主义。

高职院校在将红色文化融入校园文化的过程中,需要注重将红色文化融入校园物质文化建设、精神文化建设、行为文化建设和制度文化建设,而这四个层次不是彼此割裂的,而是相互联系、相辅相成的。其中,物质文化是校园文化的外在表现,校园红色自然景观和人文景观构成了红色文化的形象载体,可以使学生在潜移默化中接受红色文化的洗礼;精神文化是校园文化的核心与灵魂,以红色传统、红色精神引领校风、学风建设,可以激励学生加固精神支柱,形成优良作风;行为文化是校园文化其他要素的实现途径,内容丰富、形式新颖的校园红色文化活动可以使学生在潜移默化中接受正确的价值观,在学思践悟中增强对红色文化的情感认同;制度文化是校园文化建设的规范和保障,建立健全红色文化教育的领导、管理制度以及保障、评价制度,可以确保红色文化教育的可持续性。

此外,在互联网信息技术迅猛发展的新时代,高职院校还应积极推动红色文化教育的创新发展,积极开拓红色校园文化建设的新载体,充分发挥网络等新型媒体在红色校园文化建设中的重要作用,使网络成为红色校园文化建设的新阵地。校园网络文化是大学生喜闻乐见的文化形态,高职院校应努力将互联网打造成传播和弘扬红色文化的新载体、新平台,增强红色文化传播的灵活性、趣味性和有效性。比如,建立红色文化主题的教育网站,建立"两微一端"(微博、微信及新闻客户端)红色文化公众平台,制作红色文化短视频、网络动漫、网络歌曲等网络红色文化作品。上述生动形象、寓教于乐的方式,增强了红色文化的吸引力、传播力和感染力,可以使青年学生通过网络传播的途径接受红色文化的熏陶和洗礼。总之,红色文化融入校园文化建设是一项长期的系统工程,需要高职院校广大师生员工共同努力,以形成红色文化教育的合力,发挥红色文化铸魂育人的功能。

三、实践教学中实现高职院校与地方红色资源的常态化联系

(一)地方红色资源融入高职院校课程思政实践教学的必要性

红色是中华人民共和国的底色,在这片红色热土上,各地都有各具地方特色的红色文化资源。地方红色资源是中国共产党领导人民群众在当地

进行革命、改革和建设的过程中形成的宝贵的历史遗存和精神财富，它们都是我国红色资源的必不可少的组成部分。地方红色资源包括物质形态和非物质形态，可以界定为"在革命战争中遗留的作战场所、烈士陵园，用于革命宣传的标语、口号等，这些红色遗址、遗迹、革命精神是红色文化资源的主要内容"。在中国共产党领导中国革命的过程中，涌现出了许多以地方命名的革命精神，如"军民团结、艰苦奋斗"的井冈山精神，"改变作风、提高素质"的延安精神，"谦虚谨慎、戒骄戒躁、艰苦奋斗"的西柏坡精神，"爱党爱军、开拓奋进、艰苦创业、无私奉献"的沂蒙精神等。这些各具地方特色的红色故事以及蕴含其中的地方革命精神使得红色文化更为鲜活、生动，更容易引起人们情感的共鸣，是可利用的优质教育资源。我国人民到各地特别是革命老区考察调研时，经常实地缅怀革命先烈、参观纪念场馆，并强调"讲好党的故事、革命的故事、根据地的故事、英雄和烈士的故事，加强革命传统教育、爱国主义教育、学生思想道德教育，把红色基因传承好，确保红色江山永不变色"。

地方红色资源具有鲜明的地域性和实践性的特征。就地域性而言，中国红色文化与地方红色资源是共性与个性的关系，共性存在于个性之中，个性包含和体现着共性。中国红色文化和红色精神在抽象和提炼的过程中，离不开各个地方生动的革命实践的支撑。某一地域的红色文化是在各个地方支持和参与全国革命的过程中形成的，是各个地方以不同的方式发动组织群众支持全国革命的理念和实践的体现。中华大地幅员辽阔，每一地域的人民群众在生产生活实践中都要受到当地地理环境、历史文化传统、民俗民情等因素的影响，由此形成不同的生活方式和思维观念。革命实践也是如此，因而形成了各具地域特色的地方红色文化，涌现出了不同的英雄人物和英雄事迹，演绎出了带有乡音乡情的红色故事。"如中国东部、西部、北方和南方在革命年代发展过程中都有不同的历史积淀，区域民族性差异使得各地红色文化资源在自然风光、文物古迹、风俗民情、文化形态呈现等方面各具特色。""由于历史文化和政治地理的差异，一个东北或西南的县市的人民，不一定都能感同身受地去理解基于东南或西北一个县市的革命之艰难，而气候、山水、语言、文化地理等因素的差别，都会在一定程度上阻碍大家的理解和想象，尤其是认同的情感。"

就实践性而言，实践性是中国特色社会主义文化的重要特征。地方红色文化作为中华优秀传统文化的重要组成部分，也具有较强的实践性，渗透到当地人民群众生产、生活的方方面面。实践性是地方红色文化的重要特征，也是其具有强大生命力的源泉。地方红色资源本身来源于中国共产党领导人民群众革命、改革和建设的实践，它从实践中来，在实践中接受检验、得以宣传和弘扬并随实践发展而不断发展和完善，最终服务于革命、改革和建设的实践。比如，革命圣地延安，曾是我们党的指挥中心和战略后方，孕育了伟大的延安精神。延安精神根植于延安时期党领导人民群众经过血雨腥风的洗礼、经受军事包围和经济封锁的考验、争取民族独立和人民解放的实践。

鉴于上述地域性和实践性特征，地方红色文化资源具有许多独特的育人功能，更适合课程思政实践教学。课程思政实践教学主要是通过组织学生广泛参与社会实践活动，加深学生对马克思主义理论体系的认知和理解，在实践中唤起学生的情感共鸣和价值认同，进而促使学生将理论知识内化于心、外化于行，实现课程思政立德树人的目标。地方红色文化资源作为课程思政实践教学的优质资源，其育人功能主要体现在对学生知识、情感、意志和行为等方面的影响。从知识的获取和理解来看，课堂教学更侧重知识的讲授，理论知识比较抽象，历史故事也多以文字表述的方式加以呈现，而地方红色资源作为中国红色文化的具体体现，其物质形态的呈现方式更加鲜活，往往是以革命遗址、遗迹、革命人物故居、纪念馆等形态存在，因而克服了仅仅通过静态的形式将知识灌输给学生的局限，拉近了历史与现实的距离，拉近了红色资源与青年学生的时空距离。对青年学生来说，红色文化不再是抽象的存在，而是变得可触摸、可感知，通过学生的直观感受和亲身体验，红色文化在"入眼、入耳"的同时，可以更好地"入脑、入心"，真正达到铸魂育人的效果。从情感的升华和认同以及意志品质的锻炼来说，青年学生作为实践和认识活动的主体，是知、情、意相统一的整体。主体的情感和意志是主体实践活动的精神因素，在获取一定知识的基础上，主体的情感体验和意志努力对实践活动的开展和实践能力的发挥起着重要的调节和控制作用。在课程思政红色文化育人的过程中，教师不能仅局限于让学生了解当地的历史人物、历史事件和历史故事等知识，而更为重要的是要通过组织学生参观革命遗址、现场体验式教学等方式，使学生切身感受革命先烈、英雄人物的大无畏的革命精神和无私奉献的高尚品格。红色场馆中一个个感人的故事、一幕幕振奋人心的情景都可以激发青年学生对红色资源的情感体验和认同，发挥红色文化潜移默化的激励、规范和导向作用，引导学生树立正确的三观，达到润物无声、滋养心灵的效果，提升学生课程思政的获得感。在情感认同的基础上，红色资源所包含的价值观念、道德情操、行为规范等就可以转化为青年学生坚定的理想信念和强烈的爱国情怀，为青年学生的成长提供信念支撑和精神动力。从行为的涵养来说,课程思政的教学实效最终要通过学生的行为来检验。地方红色资源融入课程思政实践教学的过程中,学生在身临其境、亲身体验中深化了对红色文化的认知并将其内化于心,激发起情感的认同和共鸣,进而可以把红色文化中英勇、乐观、奉献、进取的精神同自己的学习、生活结合在一起,切实感受这些精神对自己成长的意义。在实践中学生就会树立这样的人生态度,将其外化为自己的行为习惯和日常实践,在实践中锻炼担当社会责任感,努力"成为中国特色社会主义共同理想的坚定信仰者,社会主义核心价值观的忠实践行者,社会和谐稳定的热情维护者"。

(二) 地方红色资源融入高职院校课程思政实践教学的路径

中国各地丰富的、各具特色的红色资源是课程思政实践教学可以利用的优质资源,通过适当的教学路径和方式将其融入课程思政实践教学,可以提高教学的亲和力和实效性。

1. 打造一支精干的红色文化素养高的教师队伍

教师是课程思政实践教学的设计者和直接组织者,在实践教学中处于主导地位,发挥主导作用。教师的实践教学组织能力、对实践教学的认识水平等都直接关系到课程思政实践教学的质量和实效。因而,地方红色文化融入课程思政实践教学,需要打造一支精干的红色文化素养高、适合红色文化实践教学的教师队伍。教师的红色文化素养主要表现为拥有"深厚的红色文化知识力、突出的红色文化传播力、娴熟的红色文化实践力、扎实的红色文化研究力"。"师者,所以传道、授业、解惑也。"就知识力而言,教师作为知识的传递者,其教学能力和教学效果需要以深厚、广博的知识作为基础。教师要给学生一杯水,自己要有一桶水,惟其如此,才能真正赢得学生的信任。课程思政教师在对学生进行红色文化教育的过程中,需要克服知识面窄、只专不博的情况,需要具备深厚的红色文化知识储备,对红色人物、红色故事、红色精神等都应了然于心。而深厚的红色文化知识储备离不开大量的时间投入和专业训练,需要阅读和实践加以保障。课程思政教师首先要提高自身的阅读力,成为真正的阅读者,要多读红色经典,做到真学、真懂,提升自身的红色文化知识素养。

2. 课程思政教师需要经常参加高质量的理论培训和实践研修

就传播力而言,教师的传播力是指"教师使用多种传播渠道,在多元化的教学场域中,面向受众所进行的各类知识传播的综合素质"。在红色文化教育的过程中,课程思政教师作为红色文化的传播主体,需要将搜集到的红色文化资料进行去粗存精、去伪存真、由此及彼、由表及里的整理、加工和建构,提取有效信息,进而将知识传播出去,得到学生的接受和认可,使红色文化知识得以传播、扩散和传承。就实践力而言,"教师实践力是指身处教育情境中的教师以策略性思维驾驭教育实践并与之协调、持续发展的职业能力、教育的建设力"。在红色文化育人的过程中,课程思政教师要在深厚的红色文化知识储备基础上,利用实践研修的机会,实地考察红色革命遗址、纪念场馆等,用红色精神铸师魂,坚定理想信念、坚守道德情操,对红色文化真懂、真信、真用。

(三)建立地方红色文化实践教学基地

红色文化教育基地"真实记录了中华民族悠久的历史文化,展现了近代中国人民英勇奋斗的壮丽篇章,反映了中国共产党人的丰功伟业和社会主义现代化建设的丰硕成果"❶,是以各类纪念馆、博物馆、烈士纪念设施、革命战争中重要战役或战斗纪念设施、历史遗迹等为主要载体,激发人们爱国热情、培养民族精神、凝聚人民力量的重要阵地,是"陶冶道德情操、提升品德修养的重要场所,了解祖国灿烂文明、掌握历史知识的重要课堂"。全国各地的各类红色文化教育基地都是高职院校可利用的优质教育资源和实践教学平台,是对学生进行红色文化教育、爱国主义教育,引导广大青年学生树立正确理想信念、人生观、价值观的重要场所。

2019年11月,中共中央、国务院印发的《新时代爱国主义教育实施纲要》再次强调:"广泛组织开展实践活动,组织高职院校学生参观纪念馆、展览馆、博物馆、烈士纪念设施,参加军事训练、冬令营、夏令营、文化科技卫生'三下乡'、学雷锋志愿服务、创新创业、公益活动等,更好地了解国情民情,强化责任担当。密切与社区、农村、企业、部队、社会机构等的联系,丰富拓展爱国主义教育校外实践领域。"这些文件和讲话精神是新时代加强和改进红色文化教育基地建设的根本遵循,也为高职院校红色文化实践教学基地建设指明了方向。各地丰富的、具有地域特色的红色文化资源为高职院校设立红色文化实践教学基地提供了良好的基础。高职院校应充分利用好学校所在地的红色文化资源,就近取材,对相关红色资源教育成果加强推广和应用,与本地的博物馆、纪念馆等红色文化教育基地建立常态化联系,使之成为高职院校课程思政教学长期稳定的

---

❶ 中宣部等:《关于加强和改进爱国主义教育基地工作的意见》,载《中华人民共和国教育部公报》,2004年第Ⅱ期,第24页。

实践教学基地和校外实践平台，充分发挥红色文化教育基地在高职院校课程思政实践教学中的作用。目前，许多高职院校已纷纷与本地的博物馆、纪念馆、烈士陵园、烈士故居等签订长期合作协议，成为红色文化教育基地的挂牌高职院校。高职院校与地方红色文化教育基地建立常态化联系，可以实现二者的优势互补、资源共享。以高职院校为依托，地方红色文化可以更好地得到研究、传播和弘扬，实现创造性转化、创新性发展。同时，红色文化教育基地可以为高职院校课程思政教学提供鲜活、生动的教学素材和便利的校外实践平台，有利于高职院校实现对学生"知识的普及、心灵的震撼、精神的激励和思想的启迪"，有利于红色基因落地生根、红色文化开花结果。

（四）探索地方红色文化实践教学模式

思想政治理论课实践教学是"在教师的指导下，在课堂理论教学的基础上，依据预定的实践教学目标、内容和要求，以组织和引导大学生主动了解、参与实际生活和社会实践、获得思想政治道德方面的直接体验为主要内容，以提高大学生综合素质为目标的多种教学方式或教学环节的总和，是思想政治理论课教学的一个重要组成部分和重要环节"。地方红色文化资源为高职院校课程思政实践教学提供了优质的资源和平台，有利于学生在校园以外的场所进行社会实践锻炼，而如何将其充分利用并转化为教学的实际效果，离不开高职院校对实践教学模式的创新和探索。高职院校应立足自身特色，充分利用本地独特的红色文化资源优势，探索切实可行的红色文化实践教学模式。在教师发挥主导作用的基础上，充分调动青年学生的积极性、主动性，促进学生的全面发展。目前，许多高职院校经过不懈努力和实践探索，形成了访谈式教学法、体验式教学法、实践锻炼法等相对稳定的实践教学模式。

1. 访谈式教学法

课程思政访谈式教学是指在课程思政教学过程中，围绕特定的教学内容或主题，通过教师或学生与受访者的交谈，满足学习者对相关知识的渴求，实现对学习者情感的感染和熏陶，达到坚定学习者理想信念、涵养行为习惯的目的的一种教学方式。课程思政访谈式教学包括课堂访谈和实践访谈等形式。在课程思政实践教学中，实践访谈主要体现为学生或教师对革命后代或英雄模范人物的访谈，倾听革命后代或英雄模范人物真情讲述革命先烈或英雄模范人物催人奋进的英勇表现和可歌可泣的感人事迹。课程思政访谈式教学融合了探究式教学、互动式教学、辩论式教学等多种教学方式的优点，可以增强课程思政的针对性、吸引力和感染力，让学生在积极参与中有更多的获得感，提高学生的综合素质，有利于学生的全面发展。

在进行访谈式教学设计时，教师首先要在"选"上下功夫，包括教学内容的选择和教学目的的设定。教师要围绕与课程内容密切相关的人物来选择受访者（革命后代或英雄模范人物），并围绕课程内容设计相关话题。教师或学生都可以作为访谈者，且教师应多鼓励学生主持访谈。在访谈前的准备阶段，教师或学生要围绕教学内容，提前查阅相关资料，做好知识方面的铺垫和准备，并选择恰当的访谈话题，以便在访谈环节更好地引导受访者围绕相关话题展开交流，达到教学目的。实践访谈可以极大地调动学生的主动性，发挥学生的主体性作用。

2. 认同体验式教学法

体验式教学法是指在一定的情景中，学生通过身临其境、亲身经历获取知识，获得充分的情感体验和感悟，实现全面发展的一种教学方式。体验式教学"以学生的生命发展为宗旨，以学生的生命世界为基本内容，以体验为主要方式"。它包含三个构成要素，即情景、体验和发展，其中，一定的情境是教学的基本条件，学生的亲身体验是教学手段，学生主动而非被迫参与学习过程，真正落实教学过程中以教师为主导、以学生为主体的原则。课程思政是落实立德树人根本任务的关键课程，在课程思政红色文化育人的过程中，体验式教学方式的运用有利于激发学生的学习兴趣和情感投入，促进学生自身知、情、意、言、行的转化，从而提高教学的实效性。

情境是体验式教学的基本要素，地方红色文化资源在物质形态上体现为博物馆、纪念馆、革命遗址、名人故居等物质载体，它们恰好可以作为课程思政体验式教学的情境。"要探索实践育人的长效机制，提供制度、条件和环境保障，确保不流于形式。各类博物馆、纪念馆、展览馆、烈士陵园等有教育意义的场所，要对开展思想政治理论课实践教学实行免票，教师要充分利用好高职院校所在地的红色资源，就近有计划地组织学生进行实地参观。红色纪念场馆内逼真的情境可以达到重现历史人物、还原历史事件的效果。在参观过程中，学生通过五官直接感知而获得了相关信息，加深了对相关历史人物和历史事件的认识。因而，书本上的知识变得不再抽象，历史变得可感知、可触摸，这些鲜活、生动的素材在加深学生对知识的理解的同时，又可以触动学生的心灵，激发学生情感的认同。通过亲身体验就近接受本土的红色文化教育，学生在致敬先烈的同时强化了自身的责任担当，有利于自身爱国之情的培养、强国之志的砥砺，有利于学生化爱国信念为力量，从而实践爱国之行，争做有理想、有本领、有担当的时代新人，切实提高课程思政教学的亲和力和实效性。

3. 实践锻炼法

"所谓实践锻炼法，又称实践教育法，是指在教育者的指导下，通过有目的、有计划、有组织的实践活动，训练和培养受教育者的优良品德和行为习惯的方法。"实践锻炼法与理论灌输法相对应，是思想政治教育的基本方法之一，其实质是通过改造客观世界的实践，更加深入地改造受教育者的主观世界。实践锻炼法具有主体性、参与性、综合性等特征。就主体性和参与性而言，实践锻炼法注重大学生的亲身实践参与和自我探索，有助于大学生在实践体验和感悟中加深对理论知识的认识，树立正确的三观，增强社会责任感。就综合性而言，实践锻炼法不仅关注学生对相关知识的理解和掌握，而且注重学生相关技能、态度、价值观等方面综合素质的提高，提高大学生的实践能力，达到"真学、真会、真用"，实现课程思政立德树人的目标。

实践锻炼法的具体形式多种多样，包括志愿服务、社会考察等形式。在课程思政红色文化育人的过程中，组织学生参加志愿服务是经常采用的一种实践教育形式。例如，利用节假日、重大活动纪念日等时机，教师可以组织学生到红色场馆开展志愿服务活动。学生可以就近到红色场馆、红色旅游景点等场所兼职担任红色文化讲解员，通过熟悉讲解词以及现场讲解，学生积极主动地学习、传承、传播红色文化，增强了对红色文化的情感认同。与此同时，地方红色文化资源为课程思政实践教学提供了鲜活的素材，为大学生提供了有利的实践平台。教师还可以带领学生参与地方红色文化资源的整理和研究。在实际工作过程中，学生能够获得红色文化相关的一手资料，更好地把红色文化、红色精神转化为情感认同和行为习惯。

除了上述形式外，还有激情教学、现场教学和社会调研等多种形式。但不论采用何种形式，实践教学最终都应坚持以学生为主体的原则，应充分了解学生的需求，找准学生思想上的兴奋点，充分调动学生的积极性、主动性和参与性，以鲜活、生动的素材和便利且富有特色的实践平台激发学生情感的认同，活化红色基因，传承红色文化。此外，高职院校还应加强教师队伍建设、完善制度保障、加大资金投入，确保红色文化实践教学的实效性，避免开展形式化的社会实践。

红色文化作为一种高雅的、公正的文化，需要有进入高职院校思政教学的现实路径。为了能够让红色文化融入高职院校思政教学体系，高职院校需要积极构建红色教学体系，着重建设红色校园文化、创新教育方法、丰富红色文化的教育形式和传播途径，大学生也要加强自我教育和提升自我修养，全方面实现红色文化教育的示范和引领价值。

第五章　新时代高职院校课程思政教学方式的创新

课程思政的本质是立德树人，中国的教育必须扎根中国大地，坚持社会主义方向，必须在教学体系、教材体系、学科体系、管理体系等方面渗透思政教育，把政治认同、国家意识、文化自信、人格养成等思想政治教育导向与各类课程固有的知识、技能传授有机融合，实现灌输教育与渗透教育、隐形教育与显性教育、刚性教育与柔性教育及 PBL 教学模式与 CBL 教学模式的有机结合。在课程思政中，要学会将这些方法加以辩证统一使用，根据实际情况不断加以创新，使其适合课程思政建设目标。

第一节　灌输教育与渗透教育的思政融合创新教学

灌输教育和渗透教育是我国长期以来使用的两种教育方式，历史悠久。思政内容由于其政治性强、理论性强的特点，人们无法自觉产生，必须采用理论灌输。而价值的塑造也需要进一步巩固，渗透教育就是灌输教育的补充，能进一步起到加固作用。

一、灌输教育与渗透教育概述

在长期社会发展中，灌输教育和渗透教育在培养人、塑造人中发挥着重要作用，在新的历史条件下仍然具有现实的价值。

（一）灌输教育概述

"灌输"对应于英文中的 inculcate 和 indoctrinate 两词。inculcate 原义为"用脚后跟踩进，压进，印进，后引申为通过强式劝告或不断重复向一个人头脑中压印（某种东西），特别是指强迫性地教授一个原则、观点或一种信念"。工人群众由于局限性，原本不了解和掌握先进意识，必须依靠无产阶级中的先进分子来引导他们从政治高度和经济根源深刻认识无产阶级与资产阶级的对立，从而明确无产阶级的历史使命。工人群众依靠自身是不会产生社会主义民主意识的，但通过采取一定的策略，由外到内、由上到下地灌输，他们就能够发挥出自身的优越性，达到革命的要求和目标。

我们所讲的灌输教育，主要是指在思想政治工作中对广大人民群众进行的科学社会主义的宣传教育，也就是用马克思主义的基本理论，马克思主义的立场、观点、方法去宣传群众、教育群众、武装群众，使工人阶级和广大人民群众懂得社会发展的基本规律，认清工人阶级的根本利益和历史使命，坚定社会主义信念，树立共产主义的远大理想，并为此而努力奋斗。在传统灌输教学中，教师处于中心地位，学生是知识的接受者，一般是教师讲、学生听。传统灌输式教学具有强制性，强调学生无条件地服从、强调教师对学生的控制、强调知识对学生的控制，学生无须过多地进行判断和选择。教学过程呈现封闭式特点，教学方法呈现机械性特征。由于传统灌输式教学不关心学生的实际需求，没有针对性，所以难以取得良好的教育效果。而在现代灌输式教学中，教师与学生，知识与学生的关系转变为一种相互认同、相互尊重的关系，教学过程呈现开放式特点，教学过程更具启发性和引导性。通过在教学中教师和学习主体的有效互动，实现理论灌输与主体接受的有效结合。

作为思想政治教育中的一个重要教育方式，灌输的重要性是不容置疑的，始终贯穿于思想政治教育的产生和发展之中。对于灌输的误解和滥用我们也应该谨慎对待，正确认识灌输理论的科学性，实现马克思主义灌输理论与当下的视域融合，这样既能遵循思想政治教育灌输的规律，又能根据时代变化解决思想政治理论课灌输式教学的新问题。

（二）渗透教育概述

"渗透教育"中的"渗透"在《现代汉语辞海》中解释为："比喻一种事物或势力逐渐进入到其他方面。"而对渗透教育我们理解为：教育者依据一定的教育目的，通过营造一定的氛围，借助一定的载体，引导受教育者去感受和体会，使其自觉或不自觉地生成教育者所倡导的世界观、人生观、价值观，从而使受教育者的思想品行在感染和陶冶中得到优化。渗透教育存在一定的隐蔽性、间接性、渐近性和广泛性。它的具体形式服从于教育者的教育目的和教育内容的需要。与灌输教育的强制性和封闭性相比，它是一种含而不露、开放式的教育，将教育的意向与目的隐藏在一定载体之中，论道而不说教，述理而不生硬，人人都是教育者。人人也都是被教育者，并且渗透教育可以脱离时空的限制，可以完全脱离书本、课堂，将教育目的借助于日常生活环境获得实现，更加贴近生活、贴近实际、贴近群众。要增强思想政治教育的实效性，我们不仅要进行专门的思想政治理论课教育，更要把思想政治教育渗透到每门课程之中，用社会主义核心价值观体系引领社会思想，形成全员、全过程、全方位育人的氛围。仅仅依靠思想政治教育课程进行理论说教容易使学生产生疲惫感和厌烦感，所以把思想政治教育渗透到其他各专业课程之中，能让他们在不知不觉中受到教育，在自然熏陶下得到提高，可以取得"润物细无声"的成效。

渗透教育对于受教育者来说多半处在不自觉的状态（但并非被动的状态），对教育者来说则是有意识的、有目的的培养，不能把渗透教育单纯地理解为无目的、无方向、无计划、无组织的任其自由发展的教育。渗透教育是隐性的教育，欲使受教育者不自觉地朝着教育者的教育目标发展，教育者必须精心巧妙地选择一定的载体、营造一定的氛围，尽量淡化教育痕迹，引起受教育者的兴趣，激发受教育者的参与感，从而接受正确的思想引导，学会自由地观察、分析、解决问题。载体的选择和氛围的营造是渗透教育的重要环节，课程思政建设要将专业性、思想性、知识性、趣味性、娱乐性熔于一炉，使课程思政成为一种人们喜闻乐见的活动。

二、高职院校课程思政灌输教育与渗透教育相结合的必要性

灌输教育和渗透教育风格迥异、各有所长，在进行思想政治教育中有着不同的特征和功能，但它们之间彼此又有联系，是辩证统一的关系。因此，在课程思政建设中要将灌输教育与渗透教育相结合，发挥各自优势，共同促进立德树人目标的完成。

（一）灌输教育与渗透教育在运用中区别大

第一，从两者实施的态度看。灌输教育具有统一性与权威性，教育者在知识传授中占据主动地位，以传授、服从、执行为特征，在灌输教育中多以正向教育为主，教育者从众多繁杂的知识中，经过分析甄别提取出符合政治认同、家国情怀、文化素养、宪法法治意识、道德修养的内容，系统传授给受教育者，受教育者无须甄别评判好坏，只需服从接受即可。而在渗透教育中则讲究多样性和平等性，强调"尊重人、理解人、关心人"，受教育者可以自由选择、评判、接受，充分发挥受教育者的主动性、积极性和自主选择性，教育者与受教育者处于平等地位，可以双向自由互动，互相交流观点，力求在潜移默化中达到渗透式启发效果。

第二，从两者的工作模式看。灌输教育是一种显性的、集中的、系统

的、直接的和输入性的宣传教育。它的教育内容已经提前收集整理好并且已形成一个完整的体系，通过发挥教育者的主导作用，将社会所倡导的先进思想借助一定的教学中介系统而直接传授给受教育者。渗透教育则是一种隐性的、分散的、间接的和自主性的熏陶教育，更加强调春风化雨的功效，注重教育的隐蔽性。正如苏霍姆林斯基所说，教育者的教育意图越是隐蔽，就越能为教育的对象所接受，就越能转化成为教育对象自己的内心要求。通过设置一定的环境和氛围熏陶，在众多影响因素中引导受教育者自动选择，使他们在自主意识的支配下，不知不觉中接受教育的内容。

第三，从两者实施的内容和过程看。灌输教育的内容系统而具体，以系统的马克思主义理论为主，通过语言和文字传授知识，能在短时间内使受教育者接受大量知识。而渗透教育的内容隐秘。藏在一定环境之中，无固定形式，强调春风化雨、循序渐进，过程缓慢，是一项长期工程。教师要引导和调动教育对象自觉参与、独立思考、体验品味，使他们逐渐明白什么是真善美、什么是假丑恶，并一步一步地将各种政治意识内化为信念，进而转化为自觉的行动，达到水到渠成的效果。

第四，从两者实施的结果看。灌输教育理论程度较深、信息量大，对受教育者的个人素质要求较高，效益明显、见效快，但也有可能因为过程枯燥而影响实施结果。而渗透教育见效慢但效果好，它不受时间空间限制，具有广泛性，全方位、多维度对受教育者进行潜移默化的影响，使受教育者从中得到切实体验，从内心中彻底认同，持久力强，使人终身受益。

（二）灌输教育与渗透教育有密切联系

第一，两者目标具有共同性——培养社会主义合格的建设者和接班人。无论是灌输教育还是渗透教育，在课程思政中都体现了我国教育教学的基本目标，都服务于培养我国社会主义合格的建设者和接班人，使广大人民群众掌握革命理论，树立科学世界观、人生观、价值观，提高认识世界和改造世界的能力。

第二，两者的方向具有一致性，始终坚持社会主义方向。灌输教育和渗透教育是我国教育教学的基本方法，我国的教育首先要高举中国特色社会主义的旗帜，要坚决拥护党的领导，坚持社会主义的办学方向。实践已经证明只有社会主义才能救中国，那么中国的教育大方向，一定是拥有社会主义特色的教育。中国教育之人才，务必是社会主义坚定的支持者和拥护者，务必是社会主义的建设者和接班者，也务必是社会主义的继承者和弘扬者。

第三，两者的功能具有同向性，都发挥育人功能。全面推进课程思政建设是落实立德树人根本任务的战略举措。教师的任务是引导学生寻找自己生命的意义，实现人生应有的价值追求，塑造自身完美的人格。而学生本身具有一定的个体差异性，有的适合理论灌输教育方式，有的则适合渗透教育的方法，关心每个学生，促进每个学生主动的、生动活泼的发展，尊重教育规律和学生身心发展规律，为每个学生提供适合其特点的教育是教育的生命和灵魂。

总而言之，灌输教育和渗透教育是并行不悖、互为补充、互相促进的关系。一般来说，灌输教育的理论性、系统性、原则性较强，以直接、显见的方式教育对象，这种教育方式在思想政治教育中包含了更广泛的层面，更注重于人们的社会性、共性的发展，有利于突出其特有的导向意义。而渗透教育通过特定的情境起到潜移默化、滴水穿石的积极作用，以间接、隐蔽的方式陶冶对象，通过形象化的手段感染受教育者，可以起到灌输教育无法达到的作用。和灌输教育相比，渗透教育具有更为形象、生动、具体而自然的特点，更有利于个性化的发展，正好可以弥补灌输教育的不足。课程思政教育过程以及具体教育活动的组织，必须针对人们的思想实际，合乎人的思想道德活动规律和思想政治教育规律的客观要求。

同时，要把方向性要求贯穿在课程思政的全过程和课程思政的具体活动中，要坚持弘扬爱国主义、集体主义、社会主义主旋律，鲜明地体现出社会主义课程思政教育的价值选择，做到科学性与方向性相结合，规律性与合目的性、价值性相统一。

三、实现课程思政灌输教育与渗透教育的有效结合

灌输教育和渗透教育既有区别又有联系，必须充分发挥它们的各自优势，统一运用在课程教育实践之中，实现它们的有效结合。

（一）坚持灌输教育——利用课程思政创新灌输教育的方式

当今国际国内社会形势发展千变万化，社会热点问题层出不穷，传统的灌输教育方法与当代大学生自身发展需求出现冲突，必须突破传统教育的局限性，赋予灌输教育新生命。

1. "灌输论"与当代大学生自身发展需求出现冲突

随着社会环境和时代背景的变化，当代大学生面临的社会背景愈加复杂，国际国内信息接收量大，观点交流联系日益方便，当代大学生思想也

越加活跃，他们个性独立、主观性强，对社会热点问题表现出极大热情。灌输教育一直是我国高职院校思想政治教育的主要教学方法，其内容多为思想政治理论，内容深奥难懂，往往难与社会实践相结合，学生大多是为拿学分或奖学金而学，这种方式的教育并未能解决学生日常面临的疑惑和困难，未能与大学生实际生活联系起来。况且，当前处于信息技术和网络技术高速发展的时代，学生习惯于微信、QQ聊天，喜欢用博客或微博表达情绪、交流感情，而我们的思想政治理论课依然固守传统的教学方法和教学手段，教学内容也未得到及时更新，已经不适用于处在当今时代的青年大学生。而且，当今大学生也有自身的新特点，当今大学生多为独生子女，社会物质生活水平极大提高，在家养尊处优，一旦接触社会，又无法应对社会中的种种问题，如人际交往、就业、两性关系等。大学生所学专业不同，以后走上的岗位也有所不同，所接触到的社会问题也有所不同，如果大学生不能在大学教育中树立起适合本人发展的正确的世界观、人生观、价值观，走上社会后遇到问题时将无所适从。

2. 高职院校思政教育"灌输"的内容不能适应时代发展

目前，我国思政教育灌输的理论基础仍然是马克思主义经典著作。一方面，高职院校思想政治教育强调马克思主义的逻辑性、完整性和系统性，教育者过于强调对理论的阐发和理解，未能与多姿多彩的日常生活相结合。众所周知，马克思主义是关于人类、社会和思维一般规律的学说，随着时代的发展，马克思主义也必然注入新内容。马克思主义有阶级性，但是以实践为基础的科学性和革命性的统一是马克思主义的本质属性，它不是教条而是行动的指南，人们应根据其基本原理和方法不断解决实际探索中出现的新问题，并总结经验来发展马克思主义本身。也正如马克思主义理论中的"实践是检验真理的唯一标准"一样，马克思主义产生于社会实践也需要实践来验证，而当前我国高职院校思政教育灌输的内容空洞化和教条化，被一些学生所排斥。另外，思想政治教育中的理论创新未能跟上时代步伐。当今国际国内社会形势发展突飞猛进、社会热点问题层出不穷，当代大学生面临的社会环境也越加复杂，影响着大学生的生活，也造成大学生求新求异、不断追逐热点、富于创造力的心理特点。传统的思政教育内容明显跟不上大学生适应时代发展的需要，导致教育效果和理论说服力受到影响。

3. 课程思政赋予灌输教育新生命

课程思政突破传统思政教学的局限性，赋予灌输教育新的生命。首先，课程思政拓宽了灌输教育的内容。灌输教育是思想政治教育的主要手段，在课程思政中主要灌输的是马克思主义理论，偏重对马克思主义理论的系统性和完整性的阐述，而课程思政中的灌输教育不仅有马克思主义理论导向，还有学科专业知识，能将政治性和专业性结合起来，从而弥补了课程思政重政治性、轻专业性的不足。其次，课程思政拓宽了灌输教育的手段，传统的灌输教育主要有理论讲授法、讨论法、谈话法等，方式较为单一，主要形式有直接灌输、间接灌输、自我灌输、迂回灌输等。课程思政主要采用直接灌输，体现单向性、说理性。而课程思政能更好地将间接灌输、迂回灌输融为一体，体现出灌输教育的双向性、引导性、说理性的特征。最后，课程思政给予灌输教育更大的发展空间，保持社会主义思想政治教育的本质特色，切实把思政教育贯穿全员、全课程、全过程。在具体的教学实践中，要以正面教育为主，强调在教育的过程中坚持用马克思主义的理论进行必要的灌输，同时注意做到实事求是、坚持群众路线、自觉运用科学有效的教育引导方法，引导大学生思想观念的转化和思想道德水平的提升。

（二）加强渗透教育——发挥课程思政的渗透性

在坚持灌输教育的同时，要进一步发挥渗透教育的作用，使之适应时代发展潮流。课程思政将思想政治教育内容融入其他课程，体现的是灌输教育与渗透教育相结合，渗透教育在课程思政中有着特殊地位。

1. 时代渗透教育的工作背景分析

新时期带来的不仅是经济体制的改革和市场经济的推进，还有各种利益主体和利益观念的多样化，各种国际国内文化思潮相互碰撞；科学技术飞速发展，信息获取渠道也日益多元化，受教育者在思想政治教育方面的主体性进一步加强，由此使思想政治教育者信息传达的权威性受到一定影响。由此，传统灌输教育模式暴露出一系列弊端，如在内容上，教育信息内容片面、过于直白，体现出急功近利性；在方法上，教育者主导地位明显，教学内容设置过于主观化，存在主客体差异预设，对受教育者身心健康变化方面重视度不够，未充分发挥受教育者的积极性和主动性，无法真正将教育要求转化为受教育者的内在信念和行为品质。因此，改进灌输教育势在必行。渗透教育的加强，并不是否定灌输教育，而是在灌输教育效果不明显、动力不足的情况下，为进一步加强思想政治教育所采取的特殊手段，有其固有的特征和特有的功效。

2. 渗透教育在课程思政中的独特地位

第一，渗透教育采用灵活多样的方法，活跃了课程思政的教学氛围。渗透教育不再是长篇大论的理论说教，而是一次讨论、一次案例分析、一个实验的灵活多样、化整为零的教育形式。课程思政集知识传授、价值塑造和能力培养为一体。将思想政治教育寓于专业课程之中，与不同教育内容相结合，在把握专业知识的同时，渗透价值观教育，思维更加活跃。根据不同层次、不同专业的教育对象进行有针对性的教育。把思想政治教育的信息融于专业实践活动中，从课堂到课外、从物质环境到人文氛围，在创设情境和氛围之中使个体产生内在的需要和情感的共鸣，从而主动接受教育内容。

第二，从过程看，渗透教育实现了从单向灌输向双向交流的转变。过去由于获取信息不便，只有少数人能及时掌握信息，为了实现思想政治教育目的，必须有信息掌握者向信息匮乏者、信念坚定者向信仰模糊者进行灌输教育；在课程思政中，既基于时代背景转换，信息可以自由交换获取、自主选择，又由于不同专业的学生都需在一定团体中接受有针对性的内容灌输，因此在课程思政中必须增强沟通交流，由单项灌输走向双向互动，增强平等氛围，达到春风化雨的境界。

第三，渗透教育建立起全方位的教育网络，课程思政是一个多层次、多领域、多形式、多功能的大系统，思政教育不再是课程思政教师的个人责任，各类课程都要与课程思政同向同行、协同育人，渗透教育更是无时无刻不在，能够将各类课程与课程思政融于立德树人的大集体。

（三）走向统一——实现灌输教育和渗透教育的结合

实现灌输教育与渗透教育的统一，是课程思政的必然要求。我们要从创新课程思政内容、提高教师主体素质、丰富课程思政载体上入手。

1. 创新课程思政内容是实现灌输教育和渗透教育有效结合的前提

一是课程思政内容必须科学化、合理化。思政教育必须坚持正确的理论导向，必须坚持以马克思主义为指导，坚持以社会主义意识形态为核心内容进行灌输教育。否则，我们的思想政治教育工作就会迷失方向。方向性、根源性问题，必须以正面的灌输式教育方法来进行，其他问题可以利用渗透式教育方法来进行。这就要求我们在内容的设计上要做到科学化、合理化，为方法的选择奠定基础。二是课程思政内容要注意专业性、针对性。课程思政的根本任务是立德树人，全面推进课程思政建设，就是要寓价值观引导于知识传授和能力培养之中，帮助学生塑造正确的世界观、人生观、价值观。正如《中共中央关于社会主义精神文明建设指导方针的决议》中所指出的，我们从事意识形态教育要把马克思主义基本理论的教育同党的路线、方针、政策和形势教育、革命传统教育结合起来，同各种历史文化科学知识的学习结合起来，同群众的思想状况结合起来。课程思政建设涉及各学科专业、各类课程，教育对象也具有层次性，要针对教育对象的差异性设置课程思政内容的层次性，深入挖掘各类课程和教学方式中蕴含的思想政治教育资源，构建全面覆盖、类型丰富、层次递进、相互支撑的课程思政体系。

2. 提高课程思政教师主体素质是实现灌输教育和渗透教育有效结合的关键

《中华人民共和国教师法》规定，教师是履行教育教学职责的专业人员，承担教书育人、培养社会主义事业建设者和接班人、提高民族素质的使命。教师在教学活动中起主导作用，是学生们身心发展过程的教育者、领导者、组织者。教师的个人素质高，在实施灌输教育时能得到更高的认同感，教师的个人素养在渗透教育中能起到榜样作用。因此，第一，课程思政教师要具备较高的政治素质。课程思政相比普通课程增加了思想政治理论方面的知识，对教师提出了更多政治性要求，教师的政治立场必须坚定。第二，课程思政教师要具备扎实的理论知识。这是教师的本质要求，也是灌输教育的基本要求，教师是教书育人的职业，如果自身理论不强，那只会误人子弟，并不是一个合格教师。第三，课程思政教师要具备高尚的道德情操。课程思政教师不仅在教学过程中传授知识，而且要在与学生交往的过程中，以自己的模范言行进行点点滴滴的影响和渗透。育人的关键是教师，帮助学生塑造正确的世界观、人生观、价值观，需要老师的传、帮、带，老师既是引路人，又是示范者，高尚的师德不仅能够温润学生，而且能够塑造学生。第四，课程思政教师要具备较高的科技素质。要根据科技的不断发展，改进教学方式，使用先进教学设备，大力提高灌输教育和渗透教育技术手段的现代化水平和信息化程度，使灌输教育、渗透教育与时代发展脚步同向前进。

3. 丰富课程思政教育的载体是实现灌输教育和渗透教育相结合的有效手段

第一，要依据不同性质的专业课程，通过收集大量与专业课相关的信息资源、典型案例，结合专业课程本身的特点，提炼出思政教育具体而生动的资料载体，让专业课上出"思政味"，培养大学生的政治认同、家国情怀，提高其文化素养、宪法法治意识、道德修养。第二，坚持理论学习和实践活动相结合，按照理论联系实际、学以致用的原则，结合专业特点开展专题实践活动，合理拓展专业课程的广度、深度和温度，专业实验实践课程能增强大学生勇于探索的创新精神；创新创业教育课程能增强大学生的创新精神、创造意识和创业能力；社会实践类课程能弘扬劳动精神，培养大学生艰苦奋斗的意志品质。第三，坚持日常教育与主题教育相结合。做好平时教育的同时，要不失时机地开展针对性的主题教育活动。分析当前国际、国内形势，宣传最新的党建理论和政治思想，联系中心工作，分不同专题进行辅导讲座，让全体学生保持清醒的政治头脑。同时，更加注重在专题辅导的基础上组织座谈讨论。通过谈体会、说感受、讲收获、相互学习、相互启发，分享学习成果，在互相交流中提高，在思想碰撞中升华，锻炼了大学生归纳总结、理性思辨和表达能力，达到自我教育、互相学习、共同提高、共同进步的效果。另外，校园文化载体、网络载体、传媒载体、人际关系载体也是实现灌输教育和渗透教育相结合的有效形式。

第二节 刚性教育与柔性教育的思政融合创新教学

"太刚易折，太柔则靡"，刚性教育和柔性教育是课程思政中的两种重要方式，相辅相成，缺一不可。要深刻认识各自的特点和优势，根据时代背景、教育内容、思想状况的不同进行辩证分析，使它们在课程思政中扬长避短、协调发力。

一、刚性教育与柔性教育概述

刚性教育与柔性教育是相对于教育方式的可转换程度来划分的。刚性教育具有权威性、固定性、原则性，不可更改。而柔性教育是根据实际情况，因时、因地、因人灵活采用不同的教学方法。

（一）刚性教育概述

"刚性"指坚硬不易变化的，是不能改变或通融的。刚性教育指运用一种强制方式和手段，使学生的行为符合一定的规范，具有明确性、固定性和原则性等特征。像中国古代法家思想主张的"以法治国、以法律民"，其实就是一种刚性教育。学校刚性教育主要表现为三大方面：一是学校管理工作的刚性。学校管理体现为以规章制度为中心，通过明确的规章制度来发布指令，进行纪律监督，实现赏罚分明。二是高职院校教育内容的刚性。高职院校是弘扬社会主义意识形态的主阵地，牢牢以马克思主义为指导进行思想政治教育，在内容上呈现出严肃性、深刻性、严谨性等刚性特征。三是高职院校教育方式和方法的刚性。如理论教育多采用机械的填鸭式说教方法；解决问题多采用惩罚批评的消极教育方式；教育语言多采用命令指令式；教育评价盲目追求指标；教师与学生地位不平等导致师生关系紧张等。高职院校思想政治教育有些刚性是必要的，如教育内容的刚性。但传统的高职院校思想政治教育刚性模式缺乏对"以人为本"观念的坚持，忽略了学生的主体性，缺失人文关怀。在我国高等教育改革逐步深化的今天，刚性教育在教育实践中的一些弊端日渐显露，如可能造成学生情感的缺失、激化学生的叛逆心理、使学生养成被动教育的习惯，等等。

（二）柔性教育概述

"柔性"在英文里为flexible，与"灵活性"是同一个词。在《当代汉语词典》中，"柔性"的解释为：柔软而易变形的特性，与弹性不同。弹性是指物体受力后变形，作用力失去之后物体自身能恢复原来形状的一种物理性质。弹性侧重于物体的变形结果，而柔性侧重于物体自身的性质。柔性教育就是在教育教学中引入"柔"的思想，在尊重教师和学生个性以及心理的基础上，采取柔和的、非强制方式，形成潜在的说服力，将教育者以及管理者的意志变为师生自觉行动的一种教育形式。与刚性教育不同，柔性教育更强调教育的灵活性，注重以人为本，能够针对学生的个性化需求，及时调整教学以及管理方法，具有人本性、情感性和非强制性特征。

柔性教育的主要体现包括以下几方面：首先，教学计划的柔性化。教学计划不是一成不变的，具体的课程计划、培养计划、课时安排必须根据实际需要做出调整，根据经济以及社会形势的变化而发生改变，满足市场人才需求，还可根据个人的需求变化，增加选修课比重。其次，教学组织的柔性化。学校教育要根据社会需要确定培养标准，培养社会主义建设者和劳动者，以此来确定具体教授的知识内容、设置专业课程和技术课程比例。再次，深度协调的柔性化。刚性教育的目的性和原则性，主要在于指挥和控制，而柔性教育更加强调师生情感的交流，是对刚性教育的补充，当教学过程中出现小问题、小矛盾时需要柔性教育出来协调解决。最后，激励措施柔性化。激励和奖惩机制并不只是靠物质奖励、制度管理等可以实现的，当奖励仅仅成为一种形式会导致师生麻木，有时候一个小的赞赏和鼓励就可以得到意想不到的效果。

二、高职院校课程思政刚性教育与柔性教育相结合的必要性

刚性教育与柔性教育相互区别又相互联系，在统一的育人目标下，只有坚持刚性教育与柔性教育相结合才能各自取长补短。

（一）刚性教育和柔性教育的区别

刚性教育与柔性教育是一组相对概念，他们的区别主要有以下几点：第一，目的和方式不同。刚性教育是为了完成教学目的和指标，强调制度化；而柔性教育更加关心人的内心感受，注重用情感交流来提高人的凝聚力达到教学目的。第二，影响力持久程度不同。刚性的管理制度是学校教育的原则，正所谓"无规矩不成方圆"，对学生影响力大，但有时学生只是迫于压力的短暂屈服，稳定性不强；而柔性教育关注人的个性和需要，符合个人发展规律，能够被学生主动接受，使学校的目标、规章、制度最终转化为内在的驱动力，并具有持久的功效。第三，整体适应性程度不同。刚性教育下，教师和学生对固有教学环境、组织和教学模式具有服从依靠的心里，适应性强；柔性教育下，教师和学生能够对社会环境的变化做出迅速反应，创造力更强。第四，教学活动的影响不同。刚性教育的教学效果依据一系列制度化的硬性指标来考核，数字明确；而柔性教育，注重于对个人的培养，看中教学目标与个人目标的结合程度，激发个体不断创新，其影响程度深远。

（二）刚性教育和柔性教育的关联

首先，刚性教育和柔性教育教学目的归一，都是为了育人。我国高职院校的教育目的是为了培养德智体美等方面和谐发展的社会主义建设者和接班人，思政教育注重德育，而其他课程主要负责智育、体育、美育，课程思政要求在其他课程中挖掘德育因素，将德育贯穿在其他教育之中。刚性教育强调制度的约束，是总体大纲，起导向作用；而柔性教育是在总方向不变的情况下，对于内部一些不符合发展要求的部分进行调整。两者都不可或缺，培养合格的建设者者和接班人既需要刚性管理也需要柔性约束。其次，刚性教育和柔性教育方向相同，都是为了国家和社会的发展，坚持"四项基本原则"，坚持社会主义方向，培养和践行社会主义核心价值观，用社会主义共同理想和共产主义远大理想来教育人、引导人。

三、坚持课程思政刚性教育与柔性教育的同向同行

课程思政要在传统教育基础上进一步创新刚性教育方式,加强柔性教育,由此才能柔中带刚、刚中带柔、刚柔并济,充分发挥课程思政活力。

(一) 创新刚性教育——课程思政需要创新刚性教育方式

长期以来的传统刚性教育在新时代条件下,随着社会发展状况和学生个人思想状况的改变,需要进一步实现创新性转化、创造性发展。

1. 传统刚性思想政治教育面临困境

长期以来,高职院校教育在管理上习惯采用刚性管理模式,运用规章制度、奖惩措施的手段实施管理,利用制度和纪律来进行约束,在教育上侧重单向填鸭的理论传授方式和批评惩罚的教育方式。随着社会的发展和人们思维方式的转变,这种传统生硬的教学模式,因缺乏人文关怀等弊端而陷入困境。一是"填鸭式"教学引起学生抵触。传统刚性教育不顾时代发展变化、科技纵深发展、信息多元互动、人们思想多元开放等特点,依然采取传统的硬性灌输和空洞的理论说教。而学生由于其自主选择提高、独立思考能力变强、信息获取及时,教育者的优势不突出,权威性下降,开始抵触教育者的单向灌输和说教。二是惩罚方式难以取得长效性。在刚性教育中,学生违纪违规往往是根据规章制度来进行警示和处罚,利用一种强制性制度使学生屈服,虽然能在短暂的时间内使学生做出妥协,但是学生未必能真正认识到错误,导致"口是心非",并且有可能打击到学生的自尊心,使学生出现逆反心理,加剧师生矛盾,难以取得长期的教育效果。三是师生关系紧张。教育者一般是学校教育规章制度和奖惩机制的执行者,很多教师在解决学生问题的时候习惯于采用命令或指令的方式,容易挫伤学生的积极性,激化双方矛盾,造成师生关系紧张。

2. 当代大学生发展出现新特点

经济全球化和信息全球化的浪潮对我国经济、政治、军事、文化都产生了深刻影响。互联网的应用使信息达到的范围、传播的速度和效果都有了显著的增长和提高,使学生的思想状态发生重大改变。第一,大学生主体意识加强。一方面,表现为主体性、自主性增强。其参与社会实践和表达观点的主动性大大加强,对自身主体地位和主体需求的重视程度大大提升,对自我发展和自我价值的提升有更高的追求。另一方面,高职院校大学生在受教育过程中的主体意识进一步加强,他们向教育权利主体演变,对学校教育方式、教育资源和教育质量提出了更高的期待和要求。第

二，大学生价值取向多元化。新时期以及经济全球化带来各国文化交流融合，面对这些纷繁复杂的思想和信息，大学生容易产生思想上的波动和价值观的困惑。大学生作为运用新媒体最广泛和最活跃的人群，获取信息的渠道更加广泛、思维更加开放、独立意识得以强化、选择信息的自由度更高。但与此同时，网络信息内容的日益多元化和复杂化，容易使得认知判断和辨别筛选的能力不足的大学生价值观发生扭曲。第三，大学生个性化追求加强。现在的这一代大学生大多以独生子女为主，独生子女在经济上、物质上往往得到优先的、可靠的保证，他们在学习和生活上渴望自由，在人际交往上追求自由，在各个方面表现出个性大胆的追求，他们希望学校和教育者尊重他们的个性追求。但同时又表现为有些学生全局意识薄弱，不能理解学校规章制度的意义和价值，往往拒绝约束和规范。

3. 在创新中有力发挥刚性教育优势

一是要坚持教育管理的刚性优势，要建立健全多维度的课程思政建设成效考核评价体系和监督检查机制，制定科学多元的课程思政评价标准。把课程思政建设成效作为"双一流"建设监测与成效评价、学科评估、高职院校教学评估、一流专业和一流课程建设、专业认证、"双高计划"评价、高职院校或院系教学绩效考核等的重要内容。把教师参与课程思政建设情况和教学效果作为教师考核评价、岗位聘用、评优奖励、选拔培训的重要内容。二是要坚持教育内容的刚性，课程思政内容不是简单的内容叠加，而是要结合知识、技能和价值培养目标严格确立教育内容，要注意教育内容的严肃性、深刻性、严谨性，在意识形态领域要坚持和维护社会主义意识形态的主导地位。三是要创新刚性教育的方式方法，改变以往的"填鸭式"说教，增加课程内容趣味性，引起学生的兴趣，将课程内容与学生日常生活相结合，使学生愿意听、喜欢听、主动听；改变刚性的惩戒方式，要主动关心学生行为背后的心理动机，结合分析学生的行为特点，以育人为目标，合理采用一定的惩戒方式，增加规章制度的"人情味"。

（二）加强柔性教育——课程思政要着重发挥柔性教育作用

柔性教育能够提高学生对课程思政的认同感，符合学生个性发展需求，注重沟通和疏导，用学生易于接受的方式展开教育，有助于增加课程思政实效。着重发挥柔性教育底色主要有：一是树立柔性课程思政教育理念；二是把握柔性课程思政教育技巧；三是运用柔性课程思政教育方法。

1. 树立柔性课程思政教育理念

柔性教育关注学生个体，我们要把握好课程思政的立德树人理念，将柔性教育融入课程思政之中。首先，要树立以人为本的理念。以人为本是国家对教育的基本要求，实际上就是以学生为本，即关注学生的思想、情感、意识，满足学生的个性需求，注意调动学生的积极性、主动性、创造性，要关注个性、解放天性、尊重人格，采取多种多样的、灵活教育的方法。具体来说，就是要加强对学生的人文关怀，一方面，教育者在教育过程中要切实考虑受教育者的需求和感受，充分考虑学生在教育内容的选取、方式的选择上的意见和建议，创新实践教育活动形式。另一方面，要注重学生思想道德素质的全面发展。柔性教育不能仅仅只是尊重学生、理解学生、满足学生需要，而是要从学生实际出发，帮助学生解决问题和疑惑，树立正确的价值观、培养健全人格。其次，要树立服务学生的理念。在社会主义市场经济条件下，学生的主体意识和维权意识进一步加强，对教育资源、教育质量都提出了更高的要求和期待，所以要从服务学生的角度出发来进行日常教育。一方面，要将教育者和受教育者摆在平等位置上。另一方面，要坚持服务重于管理、服务长远性、服务个性化原则。此外，教育者还要进一步提升个人素质，增强服务本领。

2. 把握柔性课程思政教育技巧

柔性教育的重要技巧一是沟通，二是疏导。首先，要重视与学生的沟通。要拉近距离，增进信任，达成一致认同和活动目标，沟通必不可少。一方面，教育者可以从受教育者那里了解其真实处境和想法，掌握其困惑与需求，从而更有针对性地开展教育。另一方面，受教育者可以从教育者那里获得正确的思想认识。在沟通中要注意几个方面：一是，沟通的语言要富有艺术性，用生动鲜活的故事和事例来感染人心；二是，要注意沟通的连续性和互动性，沟通要强调反复多次，而且也注重双方的表达，实现双向互动；三是，要注意沟通内容的生活化，所沟通的话题要接地气、要与学生的实际生活能够联系起来，避免内容空洞。其次，重视对学生的疏导。交流观点并不是教育的目的，教育不仅要实现双方信息的互动。而且要使受教育者的思想立场朝着教育者所期盼的方向发展。为此要注意：一是疏导的平等性，平等的相互关系是学生愿意接受疏导的前提；二是发挥受教育者的主动性和疏导的交互性，提倡受教育者主动配合；三是具体问题具体分析，每个受教育者所面临的问题各有不同，要根据学生特点和具体问题采取合适的技巧。

3. 运用柔性课程思政教育方法

柔性课程思政教育方法主要有：情感激励法。大学生情感丰富，而情感伴随着认知活动产生，培养正确的思想政治意识必须有情感的参与。情感激励法指的是在教育过程中关注受教育者的个性和心理，采取一定的方法和手段激励受教育者，使他产生一定的情感共鸣，从而接受课程思政教育内容的方法。主要包括关注学生的情感需求、加强师生交流互动、形成情感认同等心理契约法。心理契约是契约双方之间的隐性的双向期盼，是非正式的、隐性的。一方面要与学生建立非正式关系，缔结契约，通过设置不同阶段的奋斗目标、建立人生规划、确立长远目标等达到一种隐性期盼。另一方面，要加强互动与干预，避免契约失灵。不是说让学生自己确定目标后就任其发展，要在适当情况下给予学生一定的指导和干预，使其朝着预期方向发展。柔性课程思政教育方法还有模糊评价法。对教学效果的评价不能只看刚性标准、只看学习成绩，要注重人文关怀，看其教育效果的长期性、稳定性，并注重效果的反馈，不能一次评价了事。柔性课程思政教育方法还有环境熏陶法。利用环境的可创性，不断改变环境设置来适应受教育者的个人状况的改变。包括学校教育教学场所、校园人文环境和同辈群体环境的打造，相应的教学内容的调整也是适应受教育者思想状况的改变的重要条件。

（三）走向统一——课程思政需要实现刚性与柔性结合

刚性和柔性是既对立又统一的，是对立中的统一和统一中的对立，相辅相成，缺一不可。要在课程思政中执行刚性规范的同时更加尊重人文关怀；在坚持规章制度管理的同时达到学生自我教育和自我管理的目标；在确立刚性教育目标的同时增加思想政治教学的柔性，做到"刚柔并济"。

1. 刚中带柔

刚性教育有一定的存在合理性。首先，刚性教育通过制定规章制度、明确行为标准，对个体行为起到规范约束作用。只有个体行为符合社会的行为规范才能实现社会全体成员的自由。课程思政也要制定明确的教育计划、教学目标，建立系统的评估体系、评价标准和激励机制，只有这样才能系统地推进课程思政计划的有序进行。其次，通过建立规章制度，明确教育者和受教育者的权利范围，明确课程思政中哪些行为可以做、哪些行为不可做，这样可以维护学校教育的稳定。最后，确立明确的奖惩机制，将课程思政建设情况作为评估高职院校办学质量的重要标准，将教师参与课程思政建设情况和教学效果作为教师考核的重要内容，从学校和教师方面积极推动课程思政的进行。但是完全刚性教育下的课程思政也会产生一定弊端，因此必须加入柔性部分，即刚性规范、柔性操作。用规章制度、政策法规、奖惩机制等约束教育者和受教育者行为，推进课程思政的有序进行，但也要注意采取柔性的教育方法，如教育疏导、心理说服、沟通对话和氛围营造等推动教育者合理进行课程思政教育、推动受教育者主动接受课程思政内容，从而接受刚性的目标要求。

2. 柔中带刚

柔性教育虽然相对于刚性教育有更多的人本性、情感性特征，但是任何事物都具有两面性，过度的"柔"也会带来严重弊端，如无制度的教学秩序必将混乱、无目标的教学模式将失去方向、无地位的教育者将失去身份。心理契约法和情感激励法强调师生平等地位，但是一旦没把握好尺寸会导致学生目无尊长、弱化评价边线，运用不当会导致评价结果模棱两可。因此，课程思政，也要做到"柔中带刚"。第一，在对学生进行沟通和疏导时要弘扬主旋律。课程思政是宣扬马克思主义理论的主渠道和主阵地，课程思政是"微循环"，即使是在课程思政中采取柔性渗透，对学生进行沟通疏导也要坚持用社会所要求的价值和信仰来进行教育，保证主旋律教育的严肃性和一元主导性，这样才能提升学生的道德品质、思想观念和意志品格。第二，即使是用柔性教育方法对学生进行教育也必须符合刚性规章制度的要求。柔性教育以学生为本，注重对学生的人文关怀，倡导对学生采取灵活教育的方法，但是其方法也必须符合学校规章制度和道德规范的总体要求，必须是在符合学校规章制度的前提下开展柔性教育。课程思政就是柔性教育下的选择，在坚持用课程思政作为思政教育主渠道的同时，也利用其他课程来加强教育。

第三节　隐性教育与显性教育的思政融合创新教学

新时代背景下，坚持显性教育和隐性教育统一是课程思政对当前信息多元化、开放化新时代的积极响应。传统思政教学存在教学效果弱化、载体应用固化、资源开发片面化等问题，亟须从教育模式上对显性教育和隐性教育这两种教育形式加以整合，从而挖掘出其他课程中所蕴含的思想政治教育资源。在"显""隐"统一的实践中对当前高职院校课程思政教学模式加以创新。

一、隐性教育与显性教育概述

隐性教育和显性教育是高职院校课程思政教育的两种具体教学方式，有各自的特点和优势。在过去的思政教学中，采用更多的是显性教育方式，但如今随着时代的变化，隐性教育的优势进一步突出。

(一) 隐性教育概述

隐性教育是指在宏观主导下通过隐目的、无计划、间接、内隐的社会活动使受教育者不知不觉地受到影响的教育过程。具体而言，就是教育者为了改变当前受教育者总是以被动、应付的态度去接受教育的状况，按照预定的教育内容和方案，隐藏教育主题和教育目的，淡化受教育者的角色意识，将教育内容渗透到教育对象所处的环境、文化、娱乐、舆论、服务、制度、管理等日常生活氛围中，引导受教育者去感受和体味，潜移默化地接受预先设定的教育内容的一种教育方式。

由于隐性教育突出强调受教育者在不知不觉中耳濡目染、潜移默化地接受教育信息，因此，它具有以下特点：第一，教育目的和内容的隐蔽性。隐性教育通常把教育目的和内容采取隐蔽的方式隐藏在社会活动和日常生活中，借助一定的环境载体，激发受教育者的兴趣，产生情感共鸣，使受教育者不知不觉、潜移默化地接受教育内容，达到教育目的。第二，教育过程的愉悦性。隐性教育一般由教育者创设一定的环境，在轻松愉快的环境中使受教育者向着教育者所期待的教育目标发展，这一过程基于一定的兴趣爱好和情感体验，是自愿、自主完成的。第三，教育途径的开放性。课程思政发掘各类课程所蕴含的思想政治教育因素，并不单单只是一门课程的专业学习，而是公共课程、专业课程、实践课程等各门课程合力的结果。隐性课程思政教育以各类课程为教育载体，有意或无意地通过直接讲授或间接体验获取一定的知识技能和价值认识。第四，教育主体的自主性。隐性教育的目标和内容不凸显，而是隐藏在一定环境之中，由受教育者自己发掘，是一种完全自愿、自主选择和参与教育活动的自发状态。第五，教育方式的间接性。教育者不是直接开展政治理论、哲学和道德理论等理论灌输，而是通过环境渗透，使受教育者在一定环境中潜移默化地接受教育内容。

(二) 显性教育概述

所谓显性教育，是指教育者充分利用各种公开手段、公共场所，有计划、有组织、系统地开展教育的方法。在高职院校课程思政教育中其主要形式有理论教学活动、专题讲座、大众教育传媒和日常行为规范管理等。具体讲，显性教育是通过正面课堂教育对学生讲授知识和理论，属于理论性、知识性和认知性的课程教学体系，是有目的、有计划、系统的各种教学活动和实践活动。在课程思政教育中，显性教育主要体现为显性课程的开发和应用，显性课程主要是指学校有组织、系统地开展政治理论、哲学和道德理论等知识的传授，主要是以课堂教学作为思想政治教育的载体，是一种有清晰的计划、有明确的目的性和规律性的确切的教育活动。思想政治教育工作者以高职院校课堂作为载体，将思想政治教育的理论知识、价值理念以及精神追求等融入各门课程中去，以直接的、明显的、有意识的授课方式，向受教育者讲授课程，使其掌握知识结构、知识层次和内容。

显性教育具有以下特点：第一，教育目标明确化。显性教育最主要的特点就是教育目标明确化，教育者直接把道理、要求和目的开诚布公地告知受教育者，是一种由来已久的教育方式。第二，教育主客体固定化。教育主体为教育者，是教育的实施者，具有主导性。教育客体为受教育者，是教育的对象，服从、接受教育者所灌输的观念，各自地位和角色清晰明确。第三，教育形式公开化。显性教育明确公开教育意图，并采取各种措施在公共场所声明教育者的主张和要求，扩大教育影响，实现通过说服教育统一人们思想的目的。第四，教育内容整体化。显性教育是有计划、有组织、有目的的教育行为，是根据受教育者的身心发展状况、社会形势需要而进行的教育行为，因此更加注重教育内容的逻辑性、科学性和完整性。第五，教育行为快捷化。显性教育是通过组织集体活动传授系统知识的，能够在短期内让受教育者接触到大量正确、科学、合理的观点，接受教育者的意图，达到迅速教育学生的目的，具有很强的时效性，并能及时反馈效果。

简单来说，显性教育是突显教育自身及其效果的存在感强的教育；隐性教育是以消除教育存在感从而掩蔽教育自身而存在的教育。在高职院校思想政治教育过程中，显性教育和隐性教育的相互配合，可以使思想政治教育资源汲取领域开放化，实现载体多样化。有意识地开发利用隐形教育的潜在功能，能增强思想政治教育显性教育过程中的渗透性。因此，显性教育与隐性教育的区分是相对的，一旦隐性教育的潜在功能被有意识地开发、利用，就转变成了显性教育功能。

二、高职院校课程思政隐性教育与显性教育统一的必要性

隐性教育和显性教育各有特点、各有优势，可以同时应用在教学之中，但是传统的教学往往过多地采用显性教育方式，导致隐性教育资源开发不足。

（一）显性教育和隐性教育的关注度不平衡

高职院校思想政治教育对显性教育模式的应用的重视度明显高于隐性教育模式，在此情形下势必会削弱二者合力作用的发挥。部分教育者依赖于隐性教育的渗透功能、潜隐功能，而导致理论教育被忽视，使得理论教育浮于表面，极大削弱了自身理论的权威性，制约了课程思政的发展。在过于重视隐性教育的同时，隐性教育本身发展不足，较为表面化、缺乏系统性，对隐性课程思政教育的实施缺乏科学的理论指导。同时，高职院校课程思政不单单是对其中一种模式的采用，而是应该根据发展需要，探索两种教育模式的有机结合，增强高职院校思想政治教育的实效性。课程思政类型多样、要求不一，既有显性的类似于形势与政策类的选修课，又有隐性的各种专业理论课和综合性的通识教育课，这说明，课程思政既有显性的方式，也有隐性的方式。但考虑到课程思政主体是各类专业课、通识课，这种显隐结合的方式又往往以隐性方式为主。当然，在发挥课程思政作用的专业课和通识课上，教师要"明道、信道"，旗帜鲜明地站稳立场，针锋相对地批判错误观点、引领社会思潮。

（二）隐性教育资源的开发利用不充分

课程思政的实效性发挥与教育资源的开发利用程度有着必然联系，但目前高职院校课程思政对隐性教育资源的开发利用尚不充分。以往的思想政治教育主要是由课程思政这个主渠道来完成，现在强调的课程思政是从各类课程中挖掘出思想政治教育的内容，融入课堂教学各环节，隐性教育的形式更为开放、灵活，突破时空限制，使得隐性教育易在潜移默化的情境下，向受教育者传达出思想政治教育的核心理念。

（三）隐性教育与显性教育相结合的优势

在课程思政中实现显性教育和隐性教育相结合，既可以正面落实教育目标，又可以降低教育的存在感，提高教育的亲和力和吸引力。隐性教育打破了传统的封闭、枯燥化的灌输教育，使教育方式更加开放和生动，吸引着大学生不知不觉地参与到教育实践中来。显性教育与隐性教育的结合，可以满足大学生不同层次和不同角度的价值需求。面对信息多元化带来的影响，显性教育与隐性教育相结合的运用，可以将学生的学习获得感和学习自主性有效结合起来，坚定学生的价值信念，实现课程思政协同育人的目标。实现显性教育与隐性教育相结合是提高课程思政实效性的必然要求，通过深化课程目标、内容、结构、模式等方面的改革，把政治认同、国家意识、文化自信、人格养成等思想政治教育导向与各类课程固有的知识、技能传授有机融合，实现了理论层面和实践层面的有效结合，促进了学生的自由全面发展，充分发挥了教育立德树人的作用。

三、实现课程思政隐性教育与显性教育的有机结合

2020年6月，教育部印发的《高等学校课程思政建设指导纲要》要求，使各类课程与课程思政同向同行，将显性教育和隐性教育相统一，形成协同效应，构建全员全程全方位育人大格局。长期以来，思政教育一直强调显性教育的教学方式，但课程思政的提出将隐性教育的地位进一步提升，要求实现隐性教育与显性教育的结合。

（一）加强隐性教育——课程思政创新需要系统提升隐性教育作用

隐性教育是课程思政的主要教育方式，课程思政的创新需要系统提升隐性教育作用。我国传统的思想政治教育方式过度依赖显性教育方式，已不符合现在的时代发展潮流，要利用好隐性教育在课程思政中的独特优势。

1. 我国思想政治教育中过度依赖显性教育方式面临新挑战

选择教育方法必须注意针对性，强调的是针对不同教育任务、针对不同对象，选择不同的教育方式方法。课程思政应该针对课程思政的内容、教育对象的特点和思想实际状况来选择适合的方法，但现如今显性教育方法已经不能满足思想政治教育的需要。这种方法主要面临以下挑战：首先，社会环境的改变使思政教育面临多元文化的冲击，环境是思政教育开展的各种条件和外在因素的总和，对思政教育系统其他要素和整体教育效果有重大影响。随着新时期的深入，西方各种文化思想也随之而来，影响人们的观念。另外，经济的发展和科技的进步也促使社会思潮多样化，对主流价值观念形成冲击。其次，教育对象的变化使显性教育吸引力下降。当前的学生借助于网络世界、先进技术，视野更加广阔，接触的信息也越来越多，不再满足于教育者的课堂灌输，教育者的权威性下降。学生更倾向于借助网络自己去寻找"是什么、为什么、怎么办"，传统显性教育课堂面临吸引力不够的压力。

2. 加强隐性教育是实现显性教育和隐性教育相统一的必要前提

隐性教育和显性教育是课程思政的两种重要形式，单独地发展一种并不能达到很好的教育效果，需要实现两者的统一，而统一要求实现两者的

有效均衡，当前隐性教育还存在很多不足有待进一步加强。首先，学理程度有待进一步加深。虽然隐性教育方式一直运用于革命、建设和改革不同时期中，但是一直未作为一门系统的科学来研究，直到 20 世纪 90 年代左右才提出这个较为明确的概念，指代寓于专门的思想政治教育之外的社会实践活动中开展的、不为受教育者焦点关注（或不为受教育者明确感知）的一种思想政治教育存在类型。目前为止，有关隐性教育研究的内容仍然不够丰富，理论深度仍然需要进一步加深。其次，教育实践的系统性仍需提高。与显性教育相比，隐性教育无论是课程目标设计、教学大纲修订、教材编审选用、教案课件编写，还是课堂授课、教学研讨、实验实训、作业论文各环节的投入仍然不够，各高职院校虽然在一定程度上提倡开展"青年红色筑梦之旅""百万师生大实践"等社会实践、志愿服务、实习实训活动，但是如何从顶层设计上来完善这种方式，目前仍未有具体方案，也就是说隐性教育和显性教育的协调性、系统性还有待提高。

3. 利用好隐性教育在课程思政中的独特优势

隐性教育是课程思政的主要教育方式，具有独特优势。首先，要利用好隐性教育的隐蔽性优势。在隐性教育中，教育的主客体并不固定化，教育者和受教育者的角色并不凸显，其所存在的教育环境是主客体相互平等的，虽然思想政治教育包含在教育活动中，但是这在形式上并没有清晰地体现出来，受教育者遵从于自己的本心跟着教学活动走，很少产生抵触心理。其次，利用好教育过程的趣味性。隐性教育过程基于一定的兴趣爱好和情感体验，借助多种载体和轻松的环境实施教育，脱离显性教育的严肃性，使受教育者心情愉悦、易于接受。最后，利用好隐性教育的开放性。课程思政发掘各类课程所蕴含的思想政治教育因素，并不单单只是一门课程的专业学习，是公共课程、专业课程、实践课程等各门课程合力的结果，要结合各类课程特点，将隐性教育寓于教育的全过程、全方位、全领域。

（二）坚持显性教育——课程思政建设应该坚持主旨鲜明的显性底色

加强隐性教育并不意味着放弃显性教育的主导地位，具体使用哪种教育方式应该根据我国实际情况和具体教育内容而定。

1. 显性教育方式当前在我国仍应处于主导地位

显性教育在我国思想政治教育中一直占据主导地位，这是与我国的思想文化、社会制度、教育资源相适应的。首先，我国优秀传统文化流传几千年，靠的主要是课堂和书籍等显性方式，主要以课堂教育为主，而在马克思主义理论教育方面，我们党在理论宣传方面一直是旗帜鲜明地、公开地阐述自己的观点。其次，我国是由中国共产党领导的社会主义国家，具有集中力量办大事的显著制度优势，国家统一、民族团结，更容易形成统一的显性教育基调和实施方案。最后，显性教育将教育资源统一于课堂，教育更加集约化、教育成本更低，而隐性教育载体多样、涉及面广，需要的教育资源也越来越多。虽然在一定程度上会得到更好的教育效果，但结合我国现有的发展水平，区域发展不平衡，我国教育资源还远远不够，综合来看，显性教育为主的教育方式更适合我国的发展。

2. 科学认识显性教育方式主导性的体现

第一，显性教育方式居于主导地位，并不意味着显性教育的"大包大揽"和"一刀切"，显性教育的主导性主要体现在大局层面，显性为主、隐性为辅。在进行马克思主义理论教育方面，列宁说过："工人本来也不可能有社会民主主义的意识。这种意识只能从外面灌输进去。"中国特色社会主义和中国梦教育，增强对党的创新理论的政治认同、思想认同、情感认同，必须采取显性的教育方式。第二，要发挥课堂教学主渠道作用。课堂是学生集中学习的重要场所，课堂思政集知识传授、价值塑造、能力培养于一体，是学生世界观、人生观和价值观形成的重要平台，即使是非专门的思想政治教育课程也担负着协同育人的重要任务，也必须具有主旨鲜明的政治立场和理论观点。我们生活在一个资产阶级意识形态影响仍十分强大的世界，西方资产阶级的意识形态会进入我们的思想理论领域，对人们的思想产生一定的影响。在这种情况下，必须旗帜鲜明地坚持显性教育的主导性、坚持社会主义意识形态的主导地位，否则，就很容易迷失方向。

3. 在改革创新中坚持显性教育方式

新时期以来，经济成分多元化、社会组织的联系日趋松散化、获取信息的渠道多样化，导致思想政治教育出现明显的社会化倾向。经济社会生活的"四个多样化"带来了层出不穷的新情况和新问题，对人们的思想意识和价值观念产生了深刻影响。显性教育虽然具有显著优势，在思想政治教育中发挥重大作用，但任何方法和模式都需要与时俱进，否则容易僵化、失去生命力。首先，显性教育要创新教育模式和方法。传统显性教育主要是老师讲、学生听，以老师说教为主，教学过程容易变得枯燥，学生积极性不强。要改变这种形式就必须调动学生在教学过程中的主动性，如"大班授课、小班讨论"和学生展示汇报等多种尝试。其次，显性教育要利用好新技术、新媒体。互联网有开放性、隐匿性、便捷性的特点，可以优化课程思政的教育环境，也可以利用互联网灵活多变的教育形式进行有效传播。借助网络信息的快捷性可以有效更新课程思政的教育资源，增加共享交流的机会。而且，网络教育突破了课程思政的时间和空间限制，具有高度参与、高效互动和及时有效的重要优势。

（三）走向统一——显性教育和隐性教育实现统一的主要思路

显性教育与隐性教育虽然各有优势，但又是相互联系、相互渗透的，共同服务于课程思政的教育目的。因此，既要发挥显性教育的正面主导作用，又要重视隐性教育的辅助作用，把有意识的注入和无意识的熏陶有机结合起来，发挥出最大合力，达到最佳教育效果。

1. 从理念上认识到显性教育和隐性教育的辩证关系

第一，显性教育和隐性教育是课程思政中的两个方面。有些人认为隐性教育在课程思政中占主要地位，认为课程思政主要是发挥隐性教育的渗透作用。其实不然，即使是在课程思政中也不乏显性教育的发挥，甚至有可能更胜一筹。无论是课程思政还是专业课程，课堂都是进行集中教育的重要场所，进行集中教学时理论灌输仍然是重要方式。第二，隐性教育与显性教育的统一是辩证的统一。有的教育模式是同时采用隐性教育和显性教育，而有的教育内容更适合偏向于其中的某一种，必须根据实践情况加以合理利用，从观念上认识到显性教育与理性教育的辩证统一关系。

2. 从机制上系统安排显性教育和隐性教育的有效衔接

实现显性教育与隐性教育的统一需要机制的安排。第一，要建立系统的长效机制。不同课程在课程思政中挖掘的思想政治教育元素各有不同，担任的作用也各不相同，要灵活采取显性教育和隐性教育，多课程协调推进，齐抓共管，形成协调效应。第二，要建立显性教育与隐性教育协调统一的保障机制。统一不是简单相加，要实现各门课程的有效联合，科学设计课程思政教学体系，结合专业特点分类推进课程思政建设，将课程思政融入课堂教学建设全过程，提升教师课程思政建设的意识和能力，建立健全课程思政建设质量评价体系和激励机制。第三，加强课程思政建设组织实施和条件保障，将显性教育和隐性教育贯穿于课程的全员、全过程，为显性教育和隐性教育提供物质保障、制度保障和精神保障。

3. 在实践中灵活处理好显性教育与隐性教育的相对采用程度

为了提高课程思政的时效性，我们在实践中要灵活处理好显性教育和隐性教育的相对采用程度。"思想政治理论课教学是主渠道，而师生交往、专业课学习、学生社团、校园文化活动等则构成微循环。"我们应该坚持具体情况具体分析。课程思政和其他课程对显性教育与隐性教育的采用程度各有不同，其他具体课程之间的采用也各有不同，单个课程内部的具体内容之间也各有不同，要根据课程特点、具体内容，灵活采用，实现互补。另外，也不排除采用其中一种方式的情况，不要因为强调统一就一直僵化地强调两种方式并行，我们强调的统一是整体的统一，分化到具体的教学里面，只要能达到好的效果，是可以采用其中一种方式的。

第四节　PBL 教学法与 CBL 教学法的思政融合创新

PBL 教学法与 CBL 教学法目前在世界各国教学中广受重视，并成为我国高职院校课改的重要内容，在发挥学生主动性、增强学生实践应用能力上效果显著。有的采用其中一种模式，有的采用双轨教学，但各种教学法各有优势，我们既要在突破传统教学法局限性的同时，也要注重将新兴教学法与传统教学法有效结合，汲取传统教学法的有效因素，在教学事件中实现多种教学法的有效统一。

一、PBL 与 CBL 教学法概述

PBL 与 CBL 教学法从正式提出到应用于教学中的时间并不长，是一种新兴教学法，最开始是在国外提出的，现在中国已逐渐应用在教学实践中。

（一）PBL 教学法概述

PBL 教学法，也称为"基于问题的学习""问题为导向学习"。1969年，美国教授 Barrows 提出学生应早期到病房见习，根据教师联系临床实际病案设计的问题，通过自主学习、小组讨论来解决问题，获得新知识，从而将 PBL 教学法引入了医学教育领域。《教育大辞典》关于"问题"的解释是：问题是指机体不能利用现成反应予以应答的刺激情境；简单的问题可依据已有的知识立即做出应答。《当代教育心理学》中，从心理学角度对"问题"做出定义："问题是给定信息和要到达目标之间有某些障碍需要被克服的刺激情境。"从中我们可以得出结论，解决问题就是根据给定的信息通过不断消除障碍来达到目标的过程。PBL 教学法中的"问题"应该是源于学生现实生活，基于学生已有知识和自身经验，围绕教学内容，通过不断探索、推理、归纳、采取方案来解决，且无固定答案。目前国内外学者对 PBL 教学法的定义仍未达成较为一致的意见，在综

合各位专家意见的基础上，本文给的定义是：PBL教学法是指教师设计一定相关的情境，根据教学内容提出针对性问题（也可由学生自己发现），学生在教师的指导下查阅资料，通过自主学习和小组合作，进行资料的分析、讨论、归纳及整理，进而解决问题、汇报成果，从而实现教学目标的一种教学方法。

PBL教学法主要包括三大构成要素：问题、教师和学生。问题是PBL教学的起点和核心。问题选取是否得当关系到教学效果的好坏，问题的选取应该具有吸引力和针对性，既能为学生提供广阔的探索空间，又能激发学生的内在动力。教师是教学的组织者和督导者，在设计情景、确认问题、呈现问题、组织讨论、观察讨论活动、提出建议等整个教学活动中，教师都发挥着重要组织作用，确保教学活动的顺利进行。学生是学习的主体，承担着学习的主要责任。在整个PBL教学活动中，学生是推动活动进行的主角，根据教师提出的问题，通过自主探索和小组共同讨论学习来求解，需要充分发挥自主能动性。PBL教学一般包括以下五个环节：提出问题、小组学习、解决问题、展示成果、评价反思。

PBL教学法自提出到广泛采用经历了一个长期过程。1983年，Schmidt在《PBL的长期影响：对基于问题的医学院和传统医学院的毕业生所获得的能力进行比较》一文中通过对PBL教学方法和传统教学法比较，论证了PBL教学法的优点，提出要在医学教育中使用PBL教学法，作为传统教学的补充。20世纪80年代末，PBL教学法逐渐被美国和欧洲各个医学院引入，开始实验。20世纪90年代中期，PBL教学法开始被亚洲医学院引进，并在之后开始广泛采用。虽然早期阶段PBL教学法发展缓慢，但在短短50多年的历史中，PBL教学法已经在全球范围内广泛传播。到21世纪，PBL作为一种新的教学法早已跨越了医学教育领域，拓展至社会学、建筑学等多个学科领域，成为一种国际广泛应用于教育管理领域的方法。不同于PBL教学法在医学教学领域的成熟体系，PBL教学法在思政教学中还属于探索阶段，而如何在课程思政中采用这种方法，还有待于进一步研究和发展。

（二）CBL教学法概述

CBL教学法是以案例为基础的学习，根据教学目标设计案例，以教师为主导，发挥学生的主体参与作用，让学生进行思考分析、小组讨论，从而强化知识，挖掘理论深度，提高学生分析问题和解决问题的能力。关于"案例"的初始研究，起于英文单词case，中文译作事例或者实例、情况、状况、诉讼（事件）或判例。不同学科对"案例"一词的理解与命名都不尽相同，例如在医学领域叫"病例"，在法学领域命名为"案件"等。对于"案例"的真实性，不同学者的意见也不尽相同，有些学者认为案例必须是真实存在的事件，但有些学者认为案例可以是真实的，也可以是模拟的，甚至是虚构的。课程思政案例教法是依据本学科的理论知识、目标和任务要求，通过选取特定的包含思政元素的事例，运用课堂讨论、案例分析等多种形式对学生的多种能力进行激发，让学生思考分析，再由教师总结、归纳，使学生获得一定的价值塑造、理论知识和实际操作能力的教学方法。

案例教学法的雏形早已有之。中国古代常常采用民间寓言故事来阐发道理，从而达到育人目的，像"买椟还珠""按图索骥""守株待兔""刻舟求剑"等，也有根据一定的真实事件来总结经验、警示后人的，像《春秋》《战国策》《资治通鉴》《三国志》等。最先明确提出并使用"案例教学法"的是美国哈佛大学法学院教授克里斯托弗·哥伦布，1875年他正式将该方法应用于法学教育领域，使用真实的法院判决案件来进行教学。又有人说案例教学法起源于19世纪20年代，由美国哈佛商学院所倡导，采用商业管理的真实情境或事件来进行教学，透过此种方式，有助于培养和发展学生主动参与课堂讨论，实施之后，颇具绩效。❶ 这种方法作为美国、加拿大等国法学院最基础的教学方法，后开始逐渐在其他学科中被推行，如医学、经济学、管理学等学科。从19世纪70年代到现在，这种教学方法在国外仍在不断的改革、发展中，诸如劳伦斯、柯瓦斯基、舒尔曼等学者均有论著。案例教学法于19世纪80年代进入中国，随着中国九年义务教育的实施，这种新的教学方法在1988年被逐步推行。随后为了更好贯彻与落实科教兴国战略，此方法在教师培训中被广泛应用。

在课程思政中对于案例的选择有一系列基本原则：第一，生活性。案例的选择要贴近学生的生活实际，这样学生才能对教学产生兴趣，并积极阐发自己的观点。第二，关联性。案例的选择要与所讲的课程内容有关。第三，启发性。案例必须能对学生产生一定的启迪作用，并且教师能够对学生积极引导。第四，时代性。所用案例应该表现时代的主流思想，拓宽学习者思考空间、提高对社会发展程度的掌握、加深对社会的关注度，从而提升学生作为社会主义建设者和接班人的自觉性。另外，还要注意在教学过程中的主体性原则、肯定性原则和协作性原则。

---

❶ 郑金洲. 教学方法应用指导 [M]. 上海：华东师范大学出版社，2006：50.

二、课程思政中 PBL 与 CBL 教学法结合的必要性

PBL 与 CBL 教学法相比传统教学法来说还是一种很新的教学法，正处于不断探索阶段，其他各学科，如医学、经济学、管理学等作为专业教学已经开始广泛采用，而如何实现在各门课程与思政相结合的教学中使用还需要不断探索。

（一）PBL 与 CBL 教学法的区别

第一，在培养目标上。虽然 PBL 与 CBL 教学法都注重让学生学会独立思考，培养学生分析问题、解决问题的能力。但是 PBL 教学法侧重于让学生在发现问题、解决问题中学会学习，培养终身学习的理念，培养语言表达能力、逻辑性及批判性思维能力，主要是强调能力的学力；而 CBL 教学法将理论与实践相结合。在分析问题、解决问题中获得教学目的中所要求的知识，强调知识的获得。第二，在教师扮演的角色上，无论是 PBL 还是 CBL 教学法，教师都要经过事先培训，掌握教学要领。但 PBL 中教师是个旁听者或辅导员，只起到引导思考的作用，对学生的观点不发表意见；而 CBL 教学中的教师是一个引导者和顾问，对学生的问题进行解答。第三，在设置情境上，两种教学法都要求联系教学大纲，设置一定的情境，充分发挥学生的主观能动性。但 PBL 教学法中所提出的问题一般是多层次、多环节的，体现学科整合的特点，需要学生花费更多的时间和精力去解答问题，给学生预留思考和发挥的空间；而 CBL 教学法通过给定一个真实案例让学生进行探究，突出知识的集中性和实用性，避免效率低和解决问题不集中的弊端。第四，PBL 教学法与 CBL 教学法还有一个很大的不同点是 PBL 教学法是以问题为学习的起点，在于发挥问题对学习过程的指导作用，CBL 教学法是教师先讲解教材，在学生掌握一定知识的前提下，然后做案例分析。

（二）PBL 与 CBL 教学法的优势

PBL 教学法适用于以培养学生能力为中心的目标。PBL 教学法适用于课程思政中就是以现实的问题情境为起点，让学生把思想道德理论和实际的理论教学要求联系起来，在现实的情境中去发现和解决问题，这与课程思政理论和实践相结合的教学要求是一致的，学生运用学习的知识认知、理性分析最终解决生活和职业的问题，让学生体验到学习对自己的意义。不论是从问题设计、问题分析、问题解决，还是后面包括的整个教学评价

（学生自我评价、组内成员评价、小组互评等），都需要学生积极主动参与，在平等竞争的环境中，逐渐培养学生的沟通合作能力、解决问题能力、独自思考能力等。但是在知识的系统性体现和覆盖面、学习深度方面，这一教学法对教师水平、学生素质、教育资源要求很高，一旦把握不好，容易使教学过程失去控制，学生面对问题天马行空，达不到教学目标。

从 CBL 教学法来看，首先，CBL 教学法是迎合新课程改革、实现课堂角色转换的需要。案例教学法在课堂中通过所呈现的案例，与学生一起探讨案例中隐藏的矛盾问题来得出结论，然后对知识点进行归纳，实现了学生从被灌输者向主动参与者的转变，在这一模式下学生获得了比理论知识更多的东西，这种教学模式集情感、态度、价值观教育于一体，符合新课改要求。其次，调动学生主动学习的兴趣，有效加强课堂交流，优化了师生关系，有助于达成教学目标，并能提高学生实践技能，帮助学生理论联系实际。相对于 PBL 教学法，这一教学法操作相对容易，应用更加广泛，师生共同承担任务。教师根据教学目的来引导学生发现问题、解决问题，聚焦问题很少会偏离方向，可以引导课程的有序进行。但是这一教学法往往涉及的内容比较单一，学生综合素质的锻炼相对缺乏，教师权威和领导意识仍然存在，可能导致学生主动意识不足。

（三）PBL 与 CBL 教学法的结合应用

由于 PBL 和 CBL 教学法各有优势和不足，出现了一种将 PBL 和 CBL 教学法相结合运用的方法，简称 CBCL 教学法，即目的探讨案例式协作教学法。这种教学法摒弃了 PBL 教学法和 CBL 教学法的不足，吸取他们的优点。首先，学生通过自主学习解决问题，并在整个教学过程中承担主要角色，这样可以充分调动学生的积极性。其次，探讨的问题都是事先准备好的，这样就不会使问题研究脱离教学目的。最后，真实的案例可以激发学生的学习动力，使学生在理论联系实际的同时，锻炼了自己的能力，同时也达到了知识获取的目的。目前国内外都有不少将两种教学法相结合使用的报道。根据实验发现，采用 CBCL 教学法往往比采用 PBL 和 CBL 教学法其中一种的教学效果要好。

三、实现课程思政 PBL 与 CBL 教学法的统一

PBL 和 CBL 教学法作为一种新兴的教学法融入课程思政之中，将对课堂教学起积极促进作用。要在课程思政中，合理使用 PBL 和 CBL 教学法，并使他们有效地统一。

（一）课程思政中实施 PBL 教学法的对策建议

在课程思政中实施 PBL 教学法需要转变教师教学观念，培训 PBL 专业型教师能够合理应用 PBL 教学法、提高融合信息教学技术，从而提升课堂教学效果，提升学生学习能力。

1. 转变教师教学观念，培训 PBL 专业教师

PBL 教学法主要以学生为主，转变了传统的以老师为中心的教学方式。教师要转变观念，从知识的灌输者变为知识的辅助者，使学生自己开始学会学习。因此，教师要学会更新教育理念，及时改变传统的教学观念。另外，为了与时代接轨，教师必须能更加熟练地使用 PBL 教学法，必须进行专门的职业培训，掌握 PBL 教学法的基本理论知识和技能。在问题的设计，教学的基本原则、方法和流程各个方面，整体提高教师的教学水平。

2. 合理应用 PBL 教学法，提升课堂教学效果

大学教育是专业化教育，学生学习的科目多、任务重。但是 PBL 教学法的流程过于复杂，需要花费大量的课余时间，让学生收集整理资料，进行小组汇报等。如果一味地使用 PBL 教学法，将大大地影响教学进度。并且各专业课程中所含的思政元素，并不是所有的课时都有，需要进行合理的挖掘。要让 PBL 教学法与其他教学法相互配合使用，发挥各自优势，合理地分配教学内容。对于理论性较强的内容，应该以教师讲授为主，对于其他理解性内容，教师可以根据学生已有的知识程度，进行 PBL 教学。

3. 融合信息教学技术，优化 PBL 课堂教学

信息技术的快速发展给老师和学生带来了极大的便利，电脑、手机等工具已经成为他们社交的标配，QQ、微信、微博等成为他们了解别人动态的望远镜。这为学生进行资料收集和问题探讨带来了极大的便利。首先，利用新媒体跨越时空的特点，我们可以通过建立微信群和公众号来发布消息，组织学生讨论，节省课堂时间。其次，多媒体技术使课堂教学更加生动、形象，我们可以利用各种音频、视频、图片等素材，更为直观地向学生创造情境，使学生更快地融入课堂教学之中，激发他们的学习积极性，增强课程思政的实效性。另外，融合信息技术的使用，大大节省了教师在教学中的不必要时间，使教师与学生可以更多地开展交流，互相交换观点，创造和谐的师生关系。

4. 熟知 PBL 教学法知识，提升学生学习能力

虽然 PBL 教学法已经开始广泛地运用在教学实践中，但是还有一定的

局限性，其主要被应用在医学方面。其他相关专业的课程中使用这种方法并不多，需要在教学培训中使更多的教师学会使用这种方法，并且将这一方法的相关知识介绍给学生，使学生了解 PBL 教学法的教学目的、教学流程和教学优势，从而让学生更能理解和接受这种教学方法。只有当教师和学生学会熟练使用这种方法时，才能在课程中将思政元素顺其自然地融入教学实践中，利用 PBL 教学法的优势，合理地将知识授予、价值塑造和能力培养融为一体。另外，由于这一教学法对学生的学习能力要求高，应该提前培训学生一些基本技能，教授学生一些基本的查找资料的途径和方法，掌握自主学习、讨论和总结的技巧，以此保证课堂教学的顺利进行。

（二）课程思政中实施 CBL 教学法的对策建议

在课程思政中实施 CBL 教学法需要充分开发教学案例，精心选取教学案例，恰当使用教学案例，加强改进学生评价，从而提高课堂教学实效。

1. 充分开发教学案例，增强课程资源意识

课程思政不仅要求教师在课堂教学中挖掘思政元素，教师还要根据教学目标，通过丰富主体、优化内容、拓宽途径等方式开发更多的适用课程思政教学的案例。在案例开发主体上，不局限于教师，还可以积极地调动学生去利用课下时间收集本节课案例教材，不仅为学生熟悉案例奠定基础，也锻炼了学生收集信息的能力。在案例开发内容上，不仅要求案例内容与本节课知识目标相符合，而且还要看到案例内容能否对学生的核心素养和价值观起积极的引导作用。并且案例的内容要做到有深度，使教师能够通过对案例的分析引发学生的思考和共情，从而提高教学效果。在案例开发途径上，教师可以以社会热点案例为突破点，也可以查阅相关历史事件，通过书籍、期刊、论文、新闻媒体等进一步丰富案例内容，通过对素材内容进行分类整理，选取与教材知识契合度高的内容，将素材与知识点相结合，优化教学设计，从而为案例教学的实施做好准备。

2. 精心选取教学案例，优化教学案例功能

优化案例的关键在于优化情境，要使案例有助于呈现相关课程的核心概念和方法，充当组织教学、引导教学逻辑的必要环节，教师要从教材知识、实时新闻、情境创设、学情等情况出发，增强案例的针对性、实效性、趣味性、综合性。首先，案例的选取要具有针对性。此案例不仅要符合教材内容，而且还要具有一定的正确价值导向。其次，案例的选取要具有时效性。时代瞬息万变，学生的思想状况也跟着改变，作为老师也更加应该树立与时俱进的意识，更多地关注社会发生的热点问题，引导学生关

注社会、投身实践。再次，案例的选取应该具有趣味性。CBL 教学法主要以学生为主体，培养学生的能力，选择学生感兴趣的案例以调动学生的积极性，发挥其自主能动性。最后，案例的选取必须具有综合性。从"课程思政"这一名词中，我们可以看出这是一个复合概念，不仅要求具有课程知识，还必须具有思政导向。因此，在选取案例时必须加入综合性考量，优化案例情境。

3. 恰当使用教学案例，培养学科核心素养

教师是 CBL 教学法的主导，必须进一步提高教师的课堂调控能力。在案例呈现方式上，教师应该运用多样化方式呈现案例，如图片、视频、音频，也可以用形象生动的语言或者角色扮演，并且在案例呈现时，教师还应该层层递进、逐渐深入。在改进学生学习方式上，教师必须强调学生独立思考，促进学生自主学习，教师应该少讲，学生应该多思考，坚持问题导向，让学生自主获取知识，并进一步加强小组合作，促进合作学习。在价值引领上，通过分析案例，要旗帜鲜明地弘扬社会主义核心价值观，培养学生正确的世界观、人生观、价值观。在把控课堂节奏上，教师应该处理好快与慢的关系，简单的知识点，教师可以一笔带过；对于教学的重难点，教师可以进行深入分析，与学生积极探讨。另外，教师还应该处理好点与面的关系，尽量使案例的内容前后相接，关注部分学生与关注全部学生相结合。

4. 加强改进学生评价，提高课堂教学实效

在 CBL 教学法中，学生是主体，教师是主导。教师在 CBL 教学法中应注意对学生的评价，以此进一步调动学生的积极性，推动教学的进程。首先，教师应该注重即时评价。直接迅速地对学生的表现情况进行评价，不仅可以推动教学往正确方向进行，也可以使学生及时改正错误、激励学生进步，或者对于表现好的学生给予鼓励，进一步营造和谐、民主、积极的课堂氛围。其次，教师还应该注重综合性评价。CBL 教学法是一种调动学生积极参与的教学方法，教师应该根据学生的课堂表现、知识收集能力、课堂发言能力、知识整合能力等方面进行综合评价。最后，教师应该注重过程性评价。教师可以提前设计一个过程评价表，依据学生在课程中可能的表现，逐一划分加分项，形成一定的小组竞争，激励学生，培养小组合作意识❶。

---

❶ 岳宏杰，郑晓娜，赵冰梅. 高校课程思政和思政课程同向同行问题研究［M］. 沈阳：东北大学出版社，2020：8.

(三) PBL 与 CBL 教学法相结合的思路

1. 综合使用 PBL 和 CBL 教学法打破传统教学法

传统教学法以教师、教材和课堂为中心，主要是教师讲授，学生只是作为知识的接收器，是一个被动灌输者，也被称为填鸭式教学。叶澜在《教育学原理》中认为，这种传统教学方法忽视了文化知识与人类及学生经验世界的丰富关联。不可否认，在传统教学模式下，学生的知识学习目标能达到一定的预期效果，但传统教学模式下学生的实践能力、独立思考能力、创新合作能力等存在教育短板。课程思政的结构是立体多元的，它要求实现知识传授、价值塑造和能力培养的多元统一。但在传统教学模式下，三者往往是割裂的，过多地强调知识的传授，而忽视了能力的培养。将多种教学法综合使用在课程思政之中，能打破传统教学法的桎梏。PBL 和 CBL 教学法以学生为中心，注重发挥学生在学习过程中的主动性、积极性，培养他们在案例和问题分析中形成小组合作意识、竞争意识，有效弥补了传统教学法的缺点和不足。无论是 PBL 还是 CBL 教学法都是对传统教学法的突破，这是一种改变，更是一种超越，也是教学法与时俱进、具有旺盛生命力的生动呈现。

2. 将 PBL 和 CBL 教学法与理论教学法相结合

PBL 和 CBL 教学法注重的是学生实践能力、思维能力的培养，虽然具有很大优势，但是它们通过一个个典型案例来分析，有些理论知识的教授并不能通过案例或者是问题来推动进行。PBL 教学化和 CBL 教学法，它们更多的是注重理论知识的探索，以提高学生理论联系实际的能力，这也是课堂教学的一种有效补充。但是，理论联系实际的前提是对理论知识的掌握，理论知识是无数前人不断总结经验的结果，具有科学性和指导性，只有掌握了理论，才能够应用于实践。

3. 在 CBCL 中实现 PBL 和 CBL 教学法的统一

CBCL 教学法是 PBL 和 CBL 教学法的结合运用。运用在课程思政中具体表现为：首先，在教学活动开始前，确定一定的目标，选取与课程内容相关的案例并确定好问题，要能从案例中提取出思政元素，能够达到对学生知识授予、价值塑造和能力培养的目标。其次，在教学实施过程中，围绕案例不断地推动学生通过自主学习发现问题、分析问题、解决问题，教师在其中担任辅助者角色，并且适时推动教学的进程，引导问题焦点的走向。最后，对于学生的讨论结果，教师应该给出及时的评价，并且点明学习的主题，从而进行总结归纳。必要时，教师还应该对理论知识做相应的补充，进一步拓展理论知识的深度和广度。这一教学法具有明确的目的性、客观真实性、较强的综合性、深刻的启发性，突出学生的实践性、主体性，具有过程动态性，能够实现师生互动、生生互动，是 PBL 和 CBL 教学法的升级版。当然，有时在教学中并不一定需要采用如此复杂的教学模式，我们要明确和掌握各类教学法的优势和不足，充分分析教材知识，坚持针对性原则，选择合适的教学法。

第六章 国家课程思政教学案例

《服装立体裁剪》2021年立项为首批国家级课程思政示范课，本课程依据"文化引领、革新为先、匠心铸魂"课程思政建设思路，设计了"三层面三维度六要素六评价"的课程思政内容体系，课程以培养具有"文化自信、时代精神和家国情怀"的服装人才为目标，注重德技并修、育训结合。在传授专业知识的同时，融入劳动教育、工匠精神、职业道德、职业精神和职业规范等内容，构建了"产学研赛创"五位一体、课内外"双线并行"的思政全过程融入的课程教学模式，有效保障了教学目标的达成。本课程作为全国轻工纺织大类的唯一代表，成为全国第一批（10门）于"七一建党百年"期间在智慧职教思政平台向各高校进行展示宣传的课程，社会反响强烈。该课程理念被中国教育报、杭州日报、智慧职教等各媒体平台专题报道，被给予高度评价和充分肯定。

第一节 《服装立体裁剪》课程思政建设情况

一、课程思政建设总体设计情况

（一）围绕"纺织强国、技术革新和品牌重塑"明确课程思政建设方向

杭州是国内著名女装产业集群地，围绕学校服务杭州发展的办学定位，以女装的设计与制版为培养特色。《服装立体裁剪》是专业核心课程，围绕纺织服装产业个性化、生态化、智能化、品牌化的新发展深入开展教学改革，将纺织强国的建设目标、服装产业技术革新和国产服装品牌的国际化塑造作为本课程的课程思政建设方向和重点。

（二）围绕"文化自信、时代精神和家国情怀"确定课程思政建设目标

通过服装设计融入传统文化，培养学生深入骨髓的文化底蕴，坚定文化自信；通过服装开发突出创新理念，培育学生敢为人先的革新意识，铸

就时代精神；通过裁剪制作强调精湛技艺，锻造学生精益求精的工匠精神，厚植家国情怀。培养具有"文化自信、时代精神和家国情怀"的服装人才是课程思政的建设目标。

（三）围绕"丝绸文化、浙江精神、工匠塑造"深挖课程思政资源载体

课程重点从文化底蕴、革新意识、工匠精神三个维度提炼国风文化、美学修养、数智科技、节约环保、细致严谨、高雅精美六大思政要素有机融入立体裁剪项目任务，通过构建完整的课程思政内容体系、课内外双线并行的思政培养机制，实现"思政引领，德技并修"，课程思政整体设计如图6-1所示。

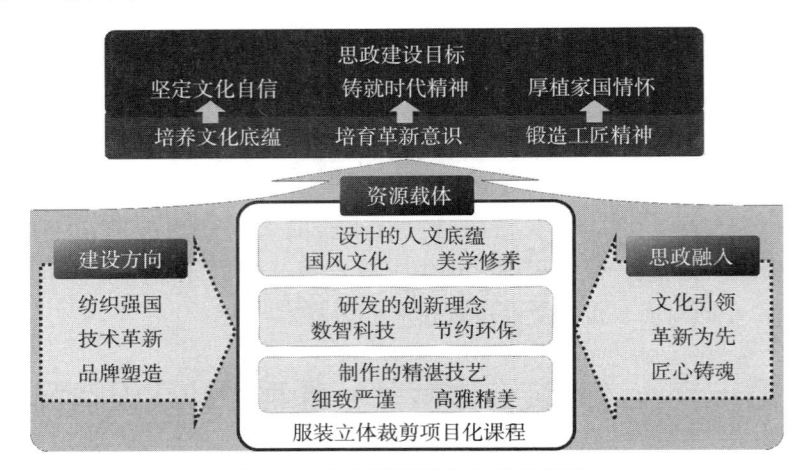

图6-1 课程思政整体设计框架图

二、课程思政教学实践情况

（一）根据课程培养目标，制定"文化引领、革新为先、匠心铸魂"课程思政建设思路

随着杭州提出"打造国际女装之都"，要求企业服装设计要将传统经典文化与现代时尚文化有机结合，提升在国际时尚界的话语权；服装款式造型要有更大的突破和创意，引领潮流新时尚；服装制作要更加精雅细致，提升品牌的国际价值。本课程根据企业转型对人才培养的新要求，"思政引领"制定课程思政建设思路，"德技并修"培养学生成为一个"会设计、精制版、能制作"的"设计呈文化底蕴，开发敢突破创新，制作显技艺精湛"的高技能人才，课程思政设计思路如图6-2所示。

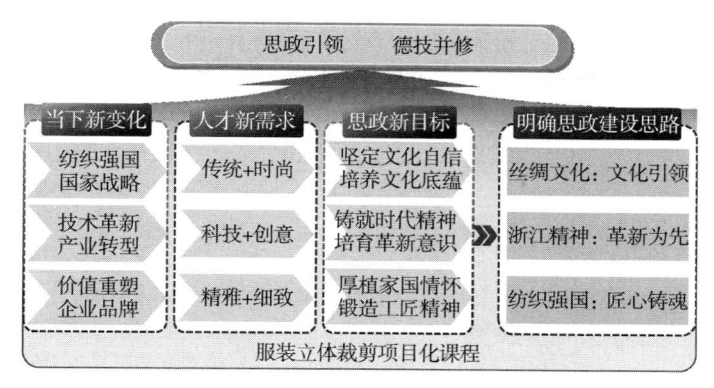

图 6-2 课程思政设计思路

（二）挖掘重构思政资源，设计"三层面三维度六要素六评价"的课程思政内容体系

特色鲜明的地域文化是文化自信的基石，杭州丝绸文化彰显杭州深厚的文化底蕴，以杭州丝绸文化为核心的国风文化元素成为课程思政"文化引领"的重要思政资源；浙江精神作为浙江地域文化个性和特色的表达，"敢为人先"的浙江精神和改革创新的时代精神成为课程思政"革新为先"的重要思政资源；纺织强国、质量强国、品牌强国现已上升到国家战略层面，服装行业一针一线所诠释的"工匠精神"和"家国情怀"是课程思政"匠心铸魂"的重要资源；课程思政资源的挖掘围绕"以传承发展为核心的文化自信、以改革创新为核心的时代精神、以工匠精神为核心的家国情怀"三个层面构成了有机的整体。根据培养目标，从培育服装设计的人文底蕴、开发的创新理念、制作的精湛技艺三个维度，提炼出六大思政要素，系统有机融入项目内容，层层递进，分解为可评可测的具体指标，纳入评分标准，构建完整的课程思政内容体系，如图6-3所示。

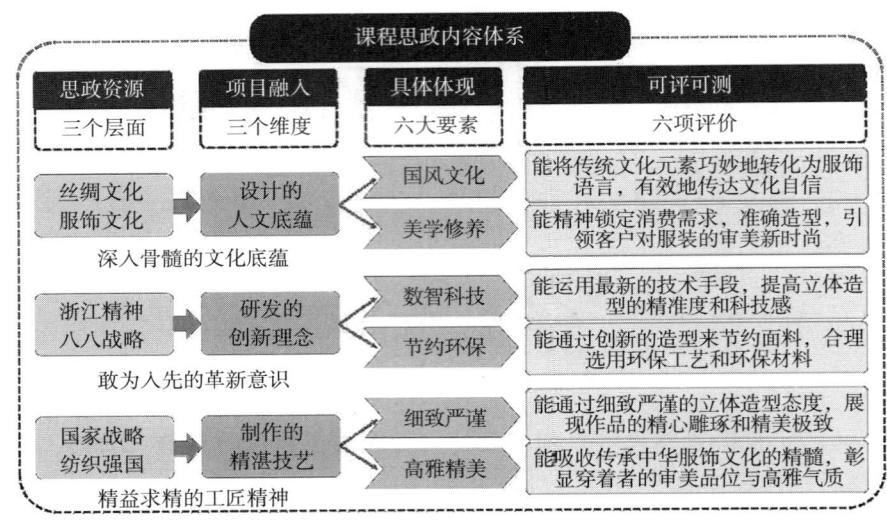

图 6-3 课程思政内容体系

（三）校企融合共育，构建"产学研赛创"五位一体、课内外"双线并行"的思政全过程融入的课程教学模式

课程实施以"服装开发"为主导，紧跟服装行业市场需求；以"双线教学"为推手，实施企业真实开发项目；以"立地研发"为推力，攻克服装研发技术难题；以"创新创业"为推动，孵化学生创业项目；以"技能大赛"为平台，培育比赛冠军选手。课前通过思政资源学习，思政素养在自学中融入思想；课中贯穿文化、革新和匠心，按照"作品展示—问题研讨—讲解示范—小组探究—难点突破—总结点评"的教学步骤，思政素养融入项目实施；课后组建项目团队，在校内工程创新中心开展第二课堂，开展创新创业拓展活动，思政素养融入实践，思政全过程融入课程教学模式如图6-4所示。通过课内课外"双线并行"开展企业项目实施和思政素养培养，逐步将文化自信、时代精神和家国情怀植入学生的思想，转化为学生的行为，融入学习和工作。

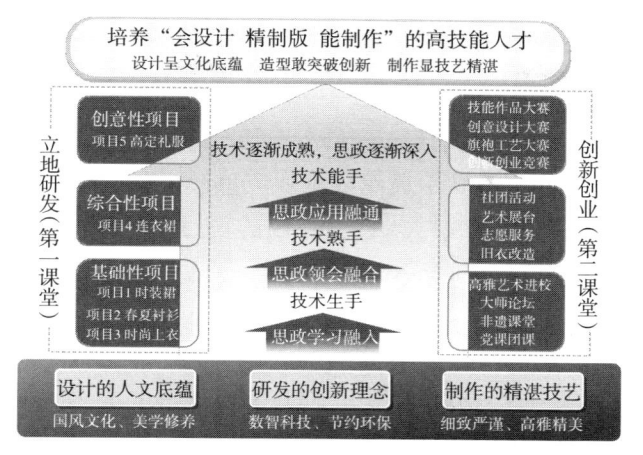

图 6-4　思政全过程融入课程教学模式

三、课程评价与成效

（一）基于增值理念设计课程评价考核体系，思政素养可评可测

课程引导学生通过线上慕课学习，线下完成项目任务，课外开展劳动实践。考核评价由慕课成绩、项目任务成绩和第二课堂积分组成。课程组自主研发了基于增值理念的项目化课程成绩评价系统，将五维评价主体（自评、互评、教师评、企业评、客户评）纳入评价，构建思政素养评价体系，与项目评价有机结合，实现了思政素养培养的可评可测，重点突出学生在评价中的主体作用，实施个性化培养，课程教学评价体系如图 6-5 所示。

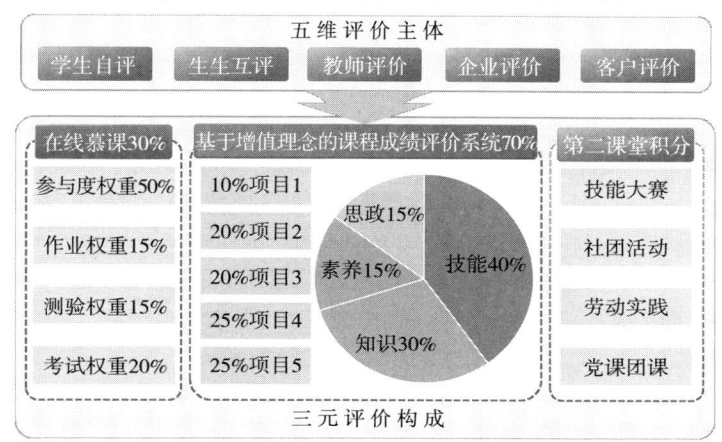

图 6-5　课程教学评价体系

（二）校内外同行评价高，成果校内推广复制

课程思政改革形成的特色案例，作为"双高"专业群课程思政建设的样本，在全校进行推广复制，深受师生欢迎，校内召开多次课程思政改革示范课，学生评教常年位列分院第一。课程思政改革成果荣获中国纺织工业联合会教学成果二等奖，融入课程思政的项目化教材《服装立体裁剪》入选"十三五"职业教育国家规划教材。

（三）课程示范辐射广，方案模式全国推广

近年来，近 200 个院校的师生和社会学习者线上选课学习，使用范围广泛。课程负责人在各类全国会议上作"课程建设"讲座 40 余次，推广课程思政建设模式；疫情期间，浙江新闻等多家媒体发布了该在线课程实施案例，发布 2 小时阅读量 10 万+，社会反响强烈。

四、课程特色与创新

思政资源结合地域文化呈现专业特色，设计了具有专业课程特色的"三层面三维度六要素六评价"的课程思政内容体系。

思政设计围绕真实项目凸现融入亮点，校企融合共育，构建了"产学研赛创"五位一体、课内外"双线并行"的思政全过程融入的教学模式。

思政评价贯穿增值理念、体现评价创新，自主研发基于增值理念的项目化课程成绩评价系统，构建课程思政素养培养体系，与任务项目有机结合，实现了思政素养培养的可评可测，形成学生的素养成长曲线，基于增值理念的课程成绩评价系统思政素养评价如图 6-6 所示。

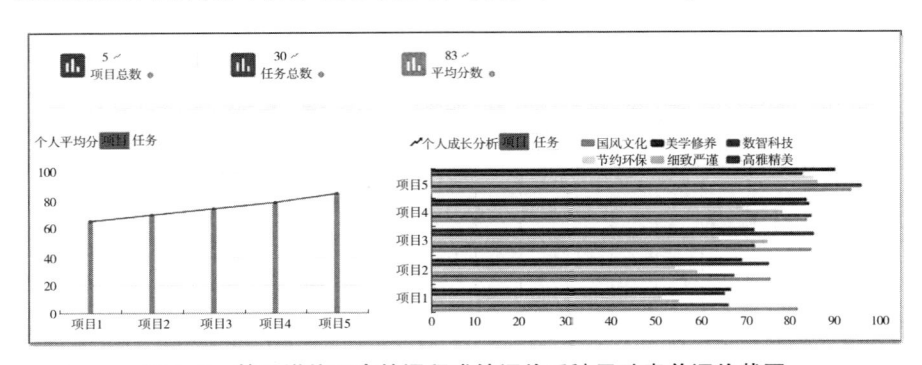

图 6-6 基于增值理念的课程成绩评价系统思政素养评价截图

课程构建了课程思政建设思路、内容体系和全过程融入的教学模

式，自主开发了评价系统，形成了完整的建设模式，可在服装类专业复制推广应用。

案例：课内思政浸润课外探索实践让学生收获成长。

在礼服立体裁剪的项目实施过程中，引导学生学习杭州的丝绸文化，在设计中融入旗袍文化元素（文化引领），立裁过程中要求在礼服的设计造型上一定要有所突破，带领学生申请外观专利（革新为先），样衣制作要求严格达到企业验收的标准（匠心铸魂）。课外在服装工程创新中心给学生提供实践平台，如学生在旗袍"非遗"传承人韩吾明先生的带领下，师生共同制作了"世界之最大旗袍"，成功申报世界记录，极大提升了师生的工艺水平，凸显了文化、革新和匠心。

第二节 《服装立体裁剪》课程标准

课程代码：E02823　　建议课时数：48　　学分：2.5　　适用专业：服装设计

一、前言

（一）课程定位

《服装立体裁剪》课程是高职服装设计与工艺专业的职业能力核心课程之一。在服装设计与工艺专业的课程体系中具有承上启下的重要作用，使艺术课程模块与技术课程模块得到有效的链接。通过该课程的学习，使学生了解人体结构特征，掌握服装结构与人体的关系，并将立体裁剪得到的坯布样还原为平面的样板，引导、启发学生进行服装的创意设计和服装样板制作，让学生对服装平面结构有更深入的理解，为本专业后续的服装制版、综合产品研发等课程打下坚实的基础。

（二）设计思路

《服装立体裁剪》课程一是起着将学生对人体了解和制版理解引入门的作用，通过人台标示线的贴制以及半裙、衬衫、女上衣、连衣裙、礼服等服装品类的立体裁剪实训，让学生对人体基本结构、人体与各品类服装的关系有一个全面的理解；二是解决服装个性化版型和创意性版型的重要制版方法，通过服装变化款和创意款的立体裁剪，让学生运用立体裁剪直观的造型方法解决服装款式的千变万化和结构的创意设计，对后续的个性化定制、服装产品研发等综合性课程起到了支撑作用。课程打破以知识为主线的传统课程模式，转变为以能力为主线的项目任务引领型课程设计。

根据课程须掌握的技能和知识，在教学实施中，引入企业真实项目，将课程知识技能融入项目，设计了基础、综合和创意等若干简单到复杂的项目；根据项目化教学的要求，确定每个项目的知识、技能和思政素养要求，并根据项目性质的不同，安排不同的实训地点，学生在教师和企业专家的指导下完成项目，再请企业专家与师生共同对项目成果进行验收，具有针对性、实用性和可操作性，达到课程教学目的，培养学生深入骨髓的文化自信、敢为人先的革新意识、精益求精的工匠精神以及具备高级服装制版和设计能力，能从事服装设计和制版等相关工作。

二、课程目标

能根据给出的服装款式效果图，理解设计师的设计意图，在人体模型上进行立体裁剪，展示服装立体造型，并根据展示效果，进行整体调整，准确表达设计意图；

能通过服装立体展示，对服装版型进行修整，并把布样板转化成纸样板，完成服装工业样板制作；

通过课程思政融入课程设计，"德技并修"，培养学生成为一个"会设计、精制版、能制作"的"设计呈文化底蕴，开发敢突破创新，制作显技艺精湛"的高技能人才。

（一）知识目标

①了解立体裁剪与平面裁剪相比较的优缺点以及立体裁剪的重要性；

②熟悉人体结构，理解如何利用服装结构的设计来美化和修饰人体曲线；

③熟悉布纹的确定方法、人台基础线的贴置方法和服装不同部位大头针的别法；

④理解省道转移的方法和各种领型的立体裁剪方法；

⑤熟悉裙子、衬衫、上衣、连衣裙以及礼服的立体裁剪方法；

⑥了解女装假缝试穿及整体调整的方法，并能对布样板进行拓样，制作服装工业样板。

（二）技能目标

①能通过网络、市场等进行资料收集、整理和分析，提取服装造型灵感源，根据产品定位画出设计图；

②能根据给出的服装款式图，在人台上进行立体裁剪，并根据造型效果，进行服装整体调整，准确表达设计意图；

③能不断创新进行服装版型创意造型，完成服装款式的精准造型；

④能通过成衣立体展示对服装版型进行修整，并把布样板转化成纸样板，完成成衣版型制作；

⑤能通过规格确认、衣片各部位修正、缝合部位的匹配以及放缝放码，完成胚样转换成工业纸样；

⑥能通过在人台上的直观尝试造型，形成设计灵感，进行服装款式的创意设计，实现品牌服装的个性化设计要求。

（三）思政素养目标

①通过设计融入人文底蕴，培养学生深入骨髓的文化自信；
②通过研发突出创新理念，培养学生敢为人先的革新意识；
③通过制作强调精湛技艺，培养学生精益求精的工匠精神。

三、课程内容和要求（见表6-1）

表6-1 课程内容和要求

序号	工作任务	子工作任务	知识要求	技能要求	思政要求
1	项目1：电商产品开发及时装裙的立体裁剪	1.1 电商产品开发流程	●了解电商产品开发流程的几个关键步骤和方法	●会根据客户要求进行电商产品开发	通过电商产品开发流程的学习，懂得与时俱进，激发科技报国的使命担当
		1.2 标记线与基点确定 1.3 布纹整理、大头针别法	●了解人体基础标记线贴制的方法 ●了解布纹的整理、大头针的别法	●会整理布纹、用大头针别合布料 ●会准确贴制人台基础线	通过规范的标识线贴制和针法实践，培养一丝不苟的工匠精神

续表

序号	工作任务	子工作任务	知识要求	技能要求	思政要求
1	项目1：电商产品开发及时装裙的立体裁剪	1.4 收省基础筒裙立体造型	●理解省道的作用	●能用收省的方法处理余量	通过对服装进行收省处理，了解并美化人体，提高审美素养
		1.5 分割裙的立体造型	●了解人体腰胯部结构	●能用分割的方法处理余量和展开量	关注线条的方向和视错现象，培养美学修养
		1.6 变化结构裙的立体造型	●理解依据分割和收省原理进行时装裙款式变化的方法	●能综合利用分割和收省的方法进行时装裙款式变化的立体造型	巧妙利用分割和收省的方法，培养创新的精神
		1.7 整体调整及拓板	●熟悉裙子假缝试穿及整体调整的方法 ●掌握布样板拓成纸样版的操作方法	●能根据设计稿对裙子进行整体美观、舒适度调整 ●能将裙子布片合理转化为平面工业样板	通过整体调整实践，树立大局观
2	项目2：OEM来稿订单及春秋女衬衫的立体裁剪	2.1 女装衬衫基样衣身立体造型	●熟悉女装衬衫基样的省道位置及收省 ●掌握一般衬衫的形式美法则 ●熟练掌握女装衬衫基本款松量要点	●能根据人体结构，合理定位省道，分配省道量 ●能合理处理面料使用量 ●能合理做出肩部合理变化	通过合理确定布料的使用量，养成节约环保的职业品格
		2.2 袖子的操作与示范	●理解袖子制版的原理 ●掌握衬衫袖折裥或抽褶处理方法 ●掌握袖山吃量的处理	●会一片衬衫袖的平面制版 ●会根据造型，对袖子进行归、拔的工艺处理	通过依据衣身准确配袖，养成一丝不苟的工匠精神
		2.3 袖克夫的制作	●了解袖克夫结构要点 ●熟悉袖克服大小调整的方法	●能合理处理袖夫松量	通过对袖克夫松量处理等细节的关注，学会以人为本、一丝不苟的工匠精神

续表

序号	工作任务	子工作任务	知识要求	技能要求	思政要求
2	项目2：OEM来稿订单及春秋女衬衫的立体裁剪	2.4 企领的操作	● 了解企领结构要点 ● 掌握企领翻折技法	● 能合理处理企领松量 ● 会企领的立体造型	通过对企领松量处理等细节的关注，培养以人为本、一丝不苟的工匠精神
		2.5 女装衬衫基样造型调整及拓板	● 熟悉女装假缝试穿及整体调整的方法 ● 熟悉形式美法则	● 能根据设计稿和形式美法则对女装进行整体美观、舒适度调整	通过服装整体调整，加强对大局观的认知
		2.6 衬衫衣身变化的立体造型	● 了解省道转移、分割展开、打裥等造型方法	● 能利用省道转移、分割展开、打裥等造型方法，对衬衫衣身进行变化，符合款式图要求	通过对服装款式变化的练习，树立改革创新的时代精神
		2.7 衬衫袖变化的立体造型或平面制版	● 理解利用衬衫原型一片袖进行袖子款式变化的立体造型或平面制版的方法	● 能利用衬衫原型一片袖进行袖子款式变化的平面制版或直接在人台上进行立体裁剪完成袖子制作	通过对服装款式变化的练习，树立改革创新的时代精神
		2.8 衬衫领子变化的立体造型	● 能结合领子立体造型的原理，理解领子变化的操作方法	● 能根据领子款式进行立体裁剪操作	通过领子精准立体造型，培养精益求精的工匠精神
		2.9 流行款衬衫的立体造型	● 能在理解女衬衫基样制作原理的基础上，掌握衬衫流行款各种变化的造型方法	● 能根据女装基样，进行流行款衬衫的立体造型	通过对服装款式变化的练习，树立改革创新的时代精神
3	项目3：ODM开发订单及秋冬西装外套的立体裁剪	3.1 公主线与刀背线衣身的立体裁剪	● 熟悉视觉美感与造型的关系 ● 理解公主线、刀背缝对服装结构和外观所起的作用	● 会根据人体结构、流行、美观等各种因素来合理确定上衣的公主线和刀背线的位置	通过服装衣身结构线的设计和调整，培养美学修养，追求完美的做事风格

续表

序号	工作任务	子工作任务	知识要求	技能要求	思政要求
3	项目3：ODM开发订单及秋冬西装外套的立体裁剪	3.2 衣身的松量设计与定位	●掌握大头针的别法 ●描述面料的余缺处理方法 ●描述立体裁剪的基本技法	●能进行四面构成女上衣前后片省道处理 ●能按人体曲线处理女装基样侧缝、肩缝	通过对服装省道和结构线的处理，提升审美素养，增强文化自信
		3.3 省道量与分配及其处理方法	●掌握大头针假缝别法 ●分析四面构成女上衣衣片结构	●能进行款式的假缝 ●能对款式进行调整	通过假缝和整体调整，培养一针一线、一丝不苟的工匠精神
		3.4 西装领结构造型立体处理	●分析四面构成女上衣衣领结构 ●掌握西装领制作方法	●能进行西装领的立体裁剪	通过西装领的精准造型，培养精益求精的工匠精神
		3.5 两片袖的平面制版	●理解袖子制版的原理 ●了解两片袖的平面制版的方法	●会西装两片袖的平面制版 ●会根据造型，对袖子进行抽袖包	通过袖子的精准平面配版和袖子规范的假缝步骤，培养一丝不苟的工匠精神
		3.6 四面体构成女装整体造型调整及拓板	●熟悉女装假缝试穿及整体调整的方法 ●掌握立裁衣片转化为平面样板的方法	●能根据设计稿和形式美法则对女装进行整体美观、舒适度调整 ●会拓版	通过对形式美法则的具体应用，提高审美修养
		3.7 西装衣身变化的立体造型	●理解省道转移、分割展开、打裥、翻转等衣身造型方法	●能利用省道转移、分割展开、打裥、翻转等造型方法，对西装外套衣身进行变化，符合款式图要求	通过服装款式变化的练习，树立改革创新的时代精神
		3.8 西装袖变化的立体造型或平面制版	●理解利用基础女西装原型两片袖进行袖子款式变化的方法	●能利用西装原型两片袖进行袖子款式变化的平面制版或直接在人台上进行立体裁剪完成袖子制作	通过袖子款式的灵活变化和精准配袖，养成改革创新和一丝不苟的工匠精神

续表

序号	工作任务	子工作任务	知识要求	技能要求	思政要求
3	项目3：ODM开发订单及秋冬西装外套的立体裁剪	3.9 西装领子变化的立体造型	●能结合翻驳领立体造型的原理，理解领子变化的操作方法	●能根据领子变化款式进行立体裁剪操作	通过领子款式的灵活变化和精准立裁操作，养成改革创新和精益求精的工匠精神
		3.10 流行款西装的立体造型	●能在理解四面构成基础女西装制作原理的基础上，掌握西装外套流行款各种变化的造型方法	●能根据四面构成基础女西装，进行西装外套流行款的立体造型	通过对服装款式变化的练习，树立改革创新的时代精神
4	项目4：品牌产品开发及连衣裙的立体裁剪	4.1 制作当季企划书	●会进行市场调研，并预测未来两年连衣裙的流行色和流行款式	●了解服装品牌设计开发的工作流程	通过对服装品牌工作流程的认知，实践服装行业的职业规范和职业精神
		4.2 项目调查分析	●会针对该企划案，组织项目小组，收集图片，采买样品，对项目进行调查分析	●了解品牌运作的项目调查分析内容	通过品牌项目调研分析，养成扎根人民、深入生活的产品研发观
		4.3 连衣裙设计	●会根据当季品牌企划书进行连衣裙的开发设计，设计具有一定的创新性	●了解连衣裙款式设计要点 ●了解连衣裙面料的搭配方法	通过服装产品开发设计，培养创新的精神
		4.4 设计评审	●会对设计项目进行评审	●了解设计评审的内容及要求	通过对产品进行评审，培养诚实守信、公道办事的职业品格
		4.5 基础连衣裙立体造型	●熟悉衣身与裙子的组合方法 ●熟悉连体式连衣裙和断腰式连衣裙的立体裁剪方法	●能通过分割、省道转移、抽褶、上下装组合等方法进行连衣裙立体造型	通过连衣裙款式的上下合理组合练习，弘扬以人为本、以美化人的中华美育精神
		4.6 流行款连衣裙立体造型	●能综合利用分割、省道转移、抽褶、上下装组合等原理，理解流行款连衣裙的立体造型方法	●能进行连衣裙衣身与裙子组合的立体造型 ●能通过连衣裙上下衣身组合原理进行流行款连衣裙的立体造型	通过服装款式变化的练习，树立改革创新的时代精神

续表

序号	工作任务	子工作任务	知识要求	技能要求	思政要求
4	项目4：品牌产品开发及连衣裙的立体裁剪	4.7 连衣裙的样板制作及生产	•了解连衣裙的制作工艺及工厂生产流程	•能对连衣裙立体造型得出的布样板拓成工业纸样板	通过规范精准制作工业样板，培养职业规范
5	项目5：高端定制及礼服的立体裁剪	5.1 顾客诉求	•了解顾客对定制礼服个性方面的要求	•能根据顾客诉求，分析礼服着装者的身体条件、着装场合、着装时间、着装地点等设计前的必要因素	通过倾听顾客的诉求，培养尊重他人，以人为本的职业精神
		5.2 顾客资料	•了解礼服定制项目的相关内容，了解顾客需要提供的相关资料，了解与顾客有效沟通的方法	•会设计并制作顾客相关资料卡 •能与顾客进行融洽的沟通	通过与顾客的沟通，培养与人沟通、以人为本的职业精神
		5.3 款式设计	•了解高级定制的概念 •了解礼服设计要点	•能根据顾客要求，进行礼服的设计、面辅料的确定	通过根据限制条件的创新设计，培养时代精神
		5.4 款式确定	•了解与顾客沟通的几个方面	•能跟顾客进行沟通，引导顾客的审美修养，确定礼服款式	通过对顾客美学修养的引导，弘扬中华美育精神
		5.5 礼服立体造型	•熟悉褶饰、缝饰、缀饰、镂空、缠绕等立体造型艺术表现手法	•会根据礼服款式图、样衣、订单等对礼服进行立体裁剪 •会结合流行趋势和客户需求，运用缝饰、缀饰、编饰、褶饰、镂空、缠绕、扎系等艺术表现方法进行礼服装饰立体造型	通过熟悉传统的和现代的各种艺术表现手法，培养、传承和弘扬中华优秀传统文化，提高审美修养，增强文化自信
		5.6 工艺制作	•了解礼服的工艺制作流程和工艺制作方法	•能把人体模型上的礼服样片平面展开，修整后拓成纸样板 •会礼服工艺制作，并使礼服能根据形体需要方便地适度放大或缩小尺寸，且不影响外观	通过礼服工艺制作流程和方法的了解和合理设计，培养多用途和可持续设计理念

续表

序号	工作任务	子工作任务	知识要求	技能要求	思政要求
5	项目5：高端定制及礼服的立体裁剪	5.7 顾客试衣	● 熟悉假缝试穿后的整体调整方法	● 能根据顾客的试衣情况，对礼服进行调整和修改	通过客户试衣及服装的再调整和修改，养成敬业爱岗、追求完美的职业精神
		5.8 顾客确认	● 了解与顾客进行沟通、确认的要点	● 能通过对礼服的整体调整与修改，取得顾客的认可	通过客户试衣及服装的再调整和修改，养成敬业爱岗、追求完美的职业精神
	考试		理论及服装立体造型实践考试		240分钟

四、实施建议

（一）教材编写

①必须依据本课程标准编写教材。

②教材的编写应与企业合作，充分体现项目任务引领实践导向的课程设计思想，以工作任务为主线设计教材结构。

③教材在形式上采用线上线下一体化新形态教材，内容上应简洁实用，还应把行业企业立体裁剪的新知识、新技术、新方法融入教材，顺应岗位需求。

④教材应以学生为本，文字通俗、表达简练，内容展现应图文并茂，有扫码观看视频的功能，图例与案例贴合市场，能引发学生的学习兴趣，重在提高学生学习的主动性和积极性。

⑤教材中注重实践内容的可操作性，强调在操作中理解与应用理论，建议教材至少三年进行一次修订。

（二）教学建议

①采用线上线下混合教学，以任务引领型项目提升学生学习兴趣，使学生具备服装立体造型的基本能力。在教学过程中，应立足于坚持学生实际操作能力的培养，采用项目教学，设计不同的活动，提高学生学习兴趣。

②本课程的教学关键是现场教学，"教"与"学"互动，教师示

范，学生操作，学生提问，教师解答、指导。选用典型案例由教师讲解、示范操作，学生进行分组操作训练，让学生在操作过程中，掌握立体裁剪的相关技能与要求。

③在教学过程中，要创设工作情景，同时应加强操作训练，使学生掌握以立体裁剪的方法获取平面样板的方法。

④在教学过程中要关注本专业领域新技术、新工艺、新设备、新材料的发展趋势，体现和满足现代人们对服装求新、求异的个性着装需求。

（三）教学条件

①校内要具备服装立体裁剪、工艺生产等集教学、培训为一体的生产性实训基地；并且，最好建成厂中校，学生在企业进行实践性学习，感受真实的工作环境和工作任务。

②与服装企业建立合作关系，在校外建立实训基地，将企业的新品设计开发任务融入课内实训，使"学"与"训"，"训"与"研"同时进行，让教学更贴近市场。

③为更好的实现、利用实训资源，增强学生实践能力，建议成立服装立体造型工作室、学生创业中心等，设立对外窗口，承接对外服务项目，为学生的学习和实践提供有力的项目实践保障。

（四）教学评价

①改革考核手段和方法，加强实践性教学环节的考核，注重学生自评、互评以及过程考核和结果考核相结合。

②突出过程评价与阶段（以工作任务模块为阶段）评价，结合课堂提问、训练活动、阶段测验等进行综合评价。

③应注重学生分析问题、解决实际问题内容的考核，对在学习和应用上有创新的学生应特别给予鼓励，综合评价学生能力。

④注重学生的职业素质考核，体现职业教育的高等性。职业素质考核分占30%，见表6-2~表6-4。

表6-2 教学过程评价方案

项目	线上慕课30%				线下项目任务70%		总分
内容	参与度	作业	测验	考试	思政素养（含职业素养）	项目任务	100%
比例	50%	15%	15%	20%	30%	70%	

表 6-3 思政素养考核标准

考核内容	评价指标	评价标准
设计的人文底蕴	国风文化	能将传统文化元素巧妙地转化为服饰语言，有效地传达文化自信
	美学修养	能精确锁定消费需求，准确造型，引领客户对服装的审美新时尚
研发的创新理念	数智科技	能运用最新的技术手段，提高立体造型的精准度和科技感
	节约环保	能通过创新的造型来节约面料，合理选用环保工艺和环保材料
制作的精湛技艺	细致严谨	能通过细致严谨的立体造型态度，展现作品的精心雕琢和精美极致
	高雅精美	能吸收传承中华服饰文化的精髓，彰显穿着者的审美品位、高雅气质

表 6-4 职业素养考核标准

考核内容	评价指标	评价标准
课堂纪律	迟到早退	迟到早退一次扣 2 分，扣完为止
	旷课	旷课一次扣 5 分，扣完为止
	做任何与上课无关的事（接听手机、发信息、大声喧哗等）	发现一次扣 2 分，扣完为止
职业习惯	工作台面卫生	做完未清理工作台面，一次扣 2 分
	随手关机器	人离机器不关机器，一次扣 5 分，扣完为止
	操作安全	规范熨斗使用方法，造成烫布烫黄、烫焦一次扣 20 分
	爱护设备	破坏设备，论情节严重程度，一次扣 2~5 分，扣完为止
学习习惯	上课带齐教材、工具和材料	不带一次扣 3 分，扣完为止
	按时按要求交作业	推迟交作业一次扣 2 分，不交一次扣 5 分，该次作业计零分，扣完为止

（五）课程资源

①充分利用智慧职教慕课平台的《服装立体裁剪》在线课程资源进行学习，使教学媒体从单一媒体向信息化教学手段转变；使教学活动从信息的单向传递向多向交换转变；使学生从单独学习向自主学习、合作学习转变。

②充分利用本行业典型的服装企业的资源，加强产教融合，建立实习实训基地，满足学生的实习实训，在此过程中进行实训课程资源的开发。

③建立开放式工程创新中心,使之具备实训、现场教学的功能,将教学与实训合一,满足学生综合职业能力培养的要求。

第三节 《服装立体裁剪》教学设计样例

本部分选取《服装立体裁剪》课程设计中的一节课教学设计作为案例,介绍课程思政融入教学的具体做法,具体见表6-5、表6-6。

表6-5 课程介绍

所属学科	轻工纺织大类	所属专业	服装设计与工艺
课程名称	服装立体裁剪	教学对象	大一学生
课程类型	理实一体化	授课地点	服装理实一体化实训中心
课程地位	课程地位:"服装立体裁剪"是服装设计与工艺专业核心课程,也是集综合性、设计性、技术性于一体的特色课程。在专业知识链中,本课程是服装结构设计的重要组成部分,一方面完成服装设计的造型环节,另一方面为工艺制作提供样版,有着承上启下、融会贯通服装相关课程的作用 前导课程:服装结构、服装设计;后续课程:各专项能力课程、毕业设计等(图6-7) 图6-7 "礼服立体裁剪"在课程体系中的地位		
课程内容	课程围绕纺织服装产业个性化、生态化、智能化、品牌化的新发展,从服装技师国家职业标准、时装技术世界技能大赛标准及女装企业岗位标准入手,采用企业真实项目,把理论知识融入五个教学项目中,项目各自独立,又存在从简单到复杂的有序联系,课程构建了"文化引领、革新为先、匠心铸魂"的课程思政建设思路,将杭州丝绸文化、浙江精神、纺织服装行业的工匠塑造融入项目内容,通过任务实施把学生培养成为"会设计、精制版、懂制作"的"设计呈文化底蕴,造型敢突破创新,制作显技艺精湛"的高技能人才(图6-8)		

第六章 国家课程思政教学案例

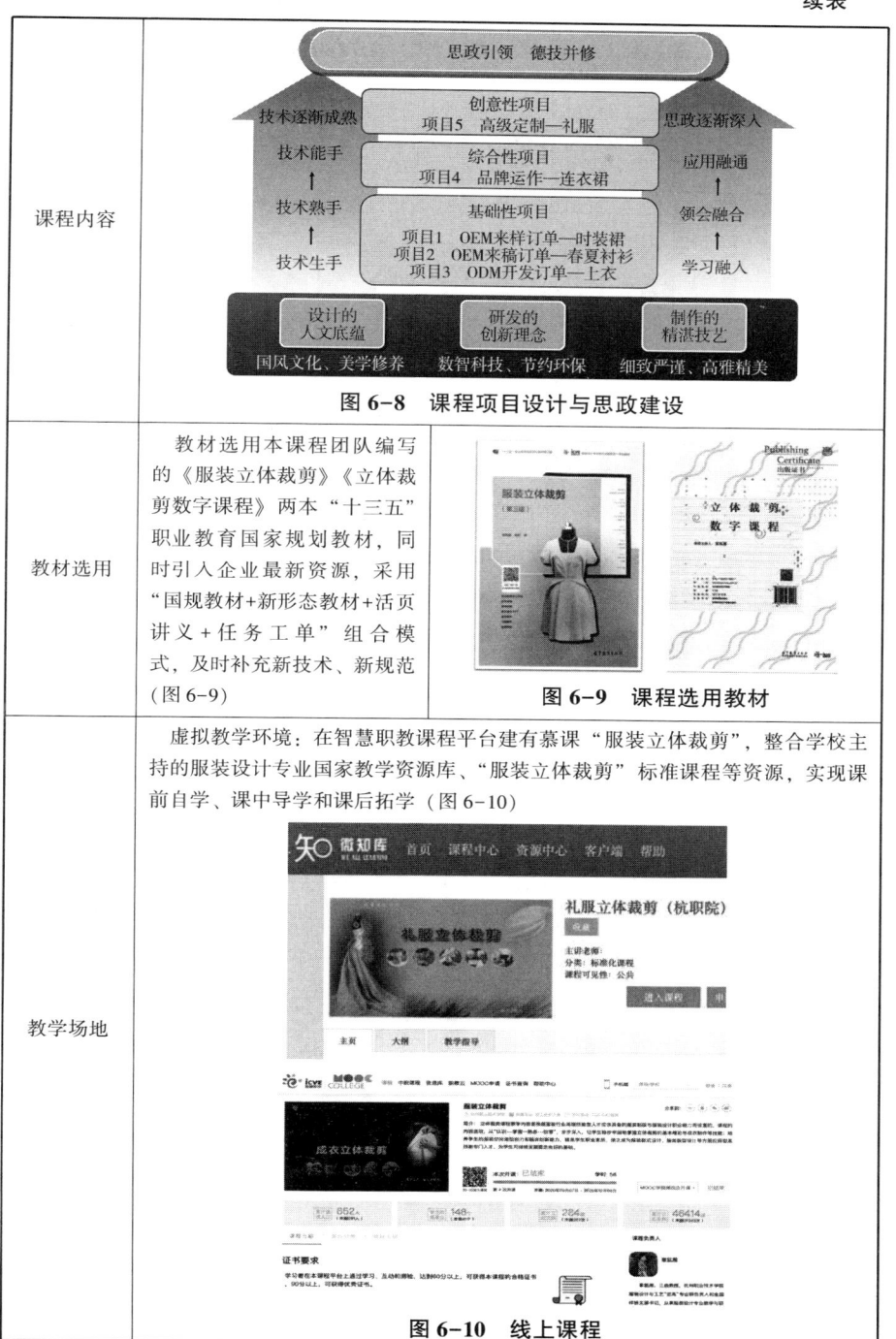

续表

课程内容	图 6-8 课程项目设计与思政建设 思政引领 德技并修 技术逐渐成熟 ← 创意性项目 项目5 高级定制—礼服 → 思政逐渐深入 技术能手 ← 综合性项目 项目4 品牌运作—连衣裙 → 应用融通 技术熟手 ← 基础性项目 项目1 OEM来样订单—时装裙 项目2 OEM来稿订单—春夏衬衫 项目3 ODM开发订单—上衣 → 领会融合 技术生手 → 学习融入 设计的人文底蕴：国风文化、美学修养 研发的创新理念：数智科技、节约环保 制作的精湛技艺：细致严谨、高雅精美
教材选用	教材选用本课程团队编写的《服装立体裁剪》《立体裁剪数字课程》两本"十三五"职业教育国家规划教材，同时引入企业最新资源，采用"国规教材+新形态教材+活页讲义+任务工单"组合模式，及时补充新技术、新规范（图6-9） 图 6-9 课程选用教材
教学场地	虚拟教学环境：在智慧职教课程平台建有慕课"服装立体裁剪"，整合学校主持的服装设计专业国家教学资源库、"服装立体裁剪"标准课程等资源，实现课前自学、课中导学和课后拓学（图6-10） 图 6-10 线上课程

· 165 ·

教学场地	线下实训基地：如图 6-11 所示，校内设有产品研发中心、女装工业工程实训基地（2019 年入选教育部生产性实训基地）、智慧实训室等仿真实训教学区域，校外与达利中国有限公司共建校企命运共同体，将教学场地拓展到企业 图 6-11　线下实训基地 思政教育基地：如图 6-12 所示，杭州职业技术学院在校内建有"浙乡非遗馆"，这是目前全国高校中鲜有的以非物质文化遗产为主题，集互动展示、宣传教育、创新研发于一体的综合性场馆。学生在学习技艺的过程中，传承中国传统文化中的工匠精神。"浙乡非遗馆"既是本课程服装造型重要的灵感来源，又是思政教育的重要基地 图 6-12　"浙乡非遗馆"校内

表 6-6 工作任务：个性创意礼服中荷叶边的立体造型

一、授课信息			
工作任务	个性创意礼服中荷叶边的立体造型	授课时长	1 学时
授课地点	服装理实一体化实训中心	授课班级	服装＊＊＊＊
授课时间	星期三 下午第 1 节课	授课人数	45 人
二、教学基本情况			
教学内容	教学内容：本次课选自第五个项目中的任务四"个性创意礼服的产品研发"中的一节课：荷叶边装饰的立体造型。前几次课已经引入企业真实项目礼服研发，分析企业的产品研发要求，然后学生根据研发任务分组实施，进行礼服市场调研、礼服系列设计、礼服基础样立体造型等任务的学习。本次课讲解礼服艺术表现手法荷叶边形成原理、荷叶边立体造型以及荷叶边巧妙应用，重点讲解荷叶边形成原理，辅以动画视频和实物，然后教师示范操作，通过跟踪投影系统和设备，把操作特写镜头投到高清显示屏，向学生清晰展示技术规范和质量标准，用娴熟高超的造型技艺让学生在潜移默化中养成精益求精的工匠精神（图6-13） 图 6-13 课程内容与思政融合 实训环节：本节课实训任务环节分以下几步骤，采用"模拟教师操作"—"创新荷叶边呈现形式"—"改进局部与整体的协调关系"，实现了模拟经典、创意尝试、整体完善的难度递增、循序渐进			
学情分析	知识基础：能进行裙子、衬衫、上衣和连衣裙品类的服装立体造型，但礼服的艺术表现手法和造型有待学习提升； 认知水平：学生已经了解个性创意礼服的造型特点，并较为熟悉服装基本造型方法和技巧，但对礼服的艺术表现手法尚未涉及； 学习特点：信息理解与感知分别为序列型和感悟型，学生喜欢按部就班，缺乏创新，且反感与生活无关联的知识内容；在企业真实任务的策划实施时，遇到问题，容易放弃，缺乏探究精神			

续表

二、教学基本情况		
教学目标	工作任务：个性创意礼服中荷叶边的立体造型	
	知识目标：熟悉荷叶边的形成原理和制作的技术要点	
	技能目标：能运用面料量的转移、展开，进行荷叶边立体造型	
	素养目标： 1. 通过小组探究、作品阐述、生生互评等活动，培养学生团结互助、相互尊重的公民素养 2. 通过资料查找、模仿操作、创意变化等环节，培养学生自主学习、勇于探索的专业素养	
	思政目标： 1. 通过向学生推送中国丝绸博物馆、民族服饰数字博物馆、杭州区域传统文化等国风文化元素，让学生浸润式地感受传统优秀服饰文化及区域传统文化，巧妙融入礼服造型，并用服饰语言来完美呈现，潜移默化地培养文化素养 2. 融入先进信息化手段，讲授荷叶边形成原理，培养可持续发展的科技素养；展示精湛技艺，培养精心雕琢、追求极致的专业素养，通过学生举一反三的巧妙实践应用，培养创新创意和追求完美的艺术素养 3. 通过向学生介绍在国际享有盛名的郭培、张肇达等著名设计师的礼服高定作品，让学生了解中国的服装在国际上的话语权，树立文化自信，有为服饰文化振兴而努力学习的意识，培养家国情怀	
教学重难点	教学重点：荷叶边的立体裁剪技术要领	
	教学难点：控制面料的转移量来呈现不同的荷叶边外观效果	
教学策略	课内专业能力培养：课内按照"作品展示-问题研讨-讲解示范-小组探究-难点突破-总结点评"的教学步骤，师生共同解决立裁技术难点问题；利用制作精美的在线开放课程资源辅教辅学、生动的FLASH动画解释技术原理、逼真的3D试衣预见成衣效果等信息化技术来辅助教学	
	课外综合素质提升：课外组建项目团队，按照企业的开发流程在校内工程创新中心开展课外任务和课外拓展活动，课内课外双线同步开展企业项目实施和思政素养培养，时刻融入文化、革新和匠心，采用真实项目激发学习兴趣、引进工作流程、贴近企业需求，展示精湛技艺、提升专业兴趣等来支撑教学	

续表

二、教学基本情况		
教学设计		

个性创意礼服中荷叶边的立体造型

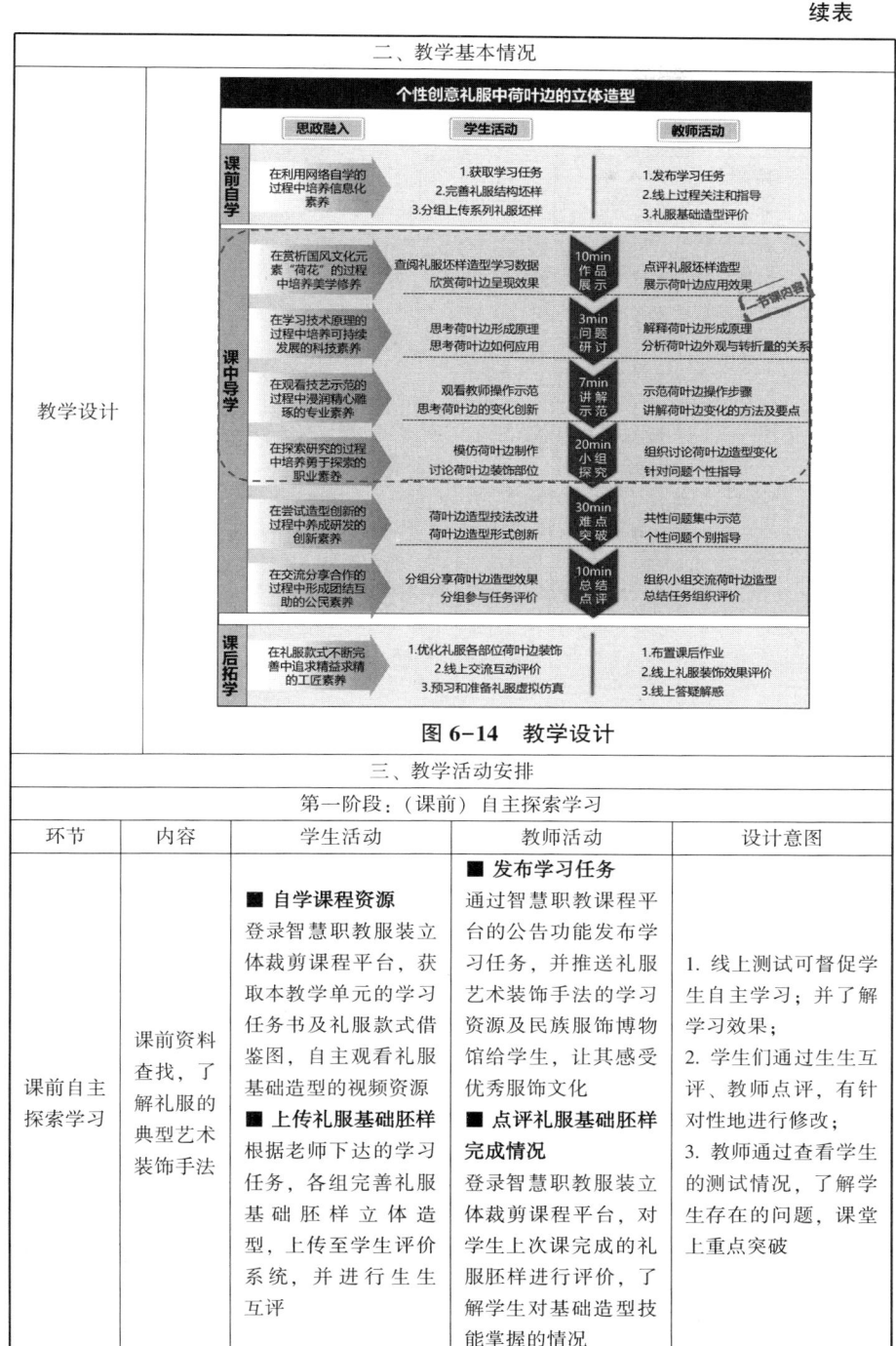

阶段	思政融入	学生活动		教师活动
课前自学	在利用网络自学的过程中培养信息化素养	1.获取学习任务 2.完善礼服坯样结构 3.分组上传系列礼服坯样		1.发布学习任务 2.线上过程关注和指导 3.礼服基础造型评价
课中导学	在赏析国风文化元素"荷花"的过程中培养美学修养	查阅礼服坯样造型学习数据 欣赏荷叶边呈现效果	10min 作品展示	点评礼服坯样造型 展示荷叶边应用效果
	在学习技术原理的过程中培养可持续发展的科技素养	思考荷叶边形成原理 思考荷叶边如何应用	3min 问题研讨	解释荷叶边形成原理 分析荷叶边外观与转折量的关系
	在观看技艺示范的过程中浸润精心雕琢的专业素养	观看教师操作示范 思考荷叶边的变化创新	7min 讲解示范	示范荷叶边操作步骤 讲解荷叶边变化的方法及要点
	在探索研究的过程中培养勇于探索的职业素养	模仿荷叶边制作 讨论荷叶边装饰部位	20min 小组探究	组织讨论荷叶边造型变化 针对问题个性指导
	在尝试造型创新的过程中养成研发的创新素养	荷叶边造型技法改进 荷叶边造型形式创新	30min 难点突破	共性问题集中示范 个性问题个别指导
	在交流分享合作的过程中形成团结互助的公民素养	分组分享荷叶边造型效果 分组参与任务评价	10min 总结点评	组织小组交流荷叶边造型 总结任务组织评价
课后拓学	在礼服款式不断完善中追求精益求精的工匠素养	1.优化礼服各部位荷叶边装饰 2.线上交流互动评价 3.预习和准备礼服虚拟仿真		1.布置课后作业 2.线上礼服装饰效果评价 3.线上答疑解惑

图 6-14　教学设计

三、教学活动安排

第一阶段：（课前）自主探索学习

环节	内容	学生活动	教师活动	设计意图
课前自主探索学习	课前资料查找，了解礼服的典型艺术装饰手法	■ **自学课程资源** 登录智慧职教服装立体裁剪课程平台，获取本教学单元的学习任务书及礼服款式借鉴图，自主观看礼服基础造型的视频资源 ■ **上传礼服基础胚样** 根据老师下达的学习任务，各组完善礼服基础胚样立体造型，上传至学生评价系统，并进行生生互评	■ **发布学习任务** 通过智慧职教课程平台的公告功能发布学习任务，并推送礼服艺术装饰手法的学习资源及民族服饰博物馆给学生，让其感受优秀服饰文化 ■ **点评礼服基础胚样完成情况** 登录智慧职教服装立体裁剪课程平台，对学生上次课完成的礼服胚样进行评价，了解学生对基础造型技能掌握的情况	1.线上测试可督促学生自主学习；并了解学习效果； 2.学生们通过生生互评、教师点评，有针对性地进行修改； 3.教师通过查看学生的测试情况，了解学生存在的问题，课堂上重点突破

续表

三、教学活动安排					
第一阶段：（课前）自主探索学习					
环节	内容	学生活动		教师活动	设计意图
课前自主探索学习	■ 思政素养融入 课前向学生推送中国丝绸博物馆、民族服饰数字博物馆、杭州区域传统文化等资源，这些信手拈来的国风文化元素，让学生浸润式地感受传统优秀服饰文化及区域传统文化，在设计作品里融入文化元素，并思考如何用服饰语言来完美呈现，在自学中潜移默化地形成国风文化素养				
第二阶段：（课中）荷叶边造型探究					
环节一	内容	学生活动		教师活动	设计意图
作品展示 10min	引入礼服典型艺术表现手法"荷叶边"	■ 查阅礼服坯样学习数据 登录基于增值理念的项目化课程成绩评价系统，查看自己礼服基础造型的学习成绩及多方评价，并聆听教师的点评，了解基础造型方面存在的问题并整改 ■ 欣赏荷叶边呈现效果 根据自学调研的结果，得出最典型的艺术表现手法是荷叶边，并听教师讲解荷叶边在服装中的呈现效果		■ 点评礼服坯样造型 在课堂上查看礼服基础造型实样，点评学生在造型中存在的问题并同步要求学生改正 ■ 展示荷叶边应用效果 通过提问的方式引出最典型的艺术表现手法是荷叶边，然后展示荷叶边装饰的部位不同、展开量的不同而呈现出丰富外观效果的服装，用静态+动态的展示和讲解，培养学生的美学修养	1. 基于增值理念的项目化课程成绩评价系统的个人成长曲线的查询，让学生了解学习和素养方面的成长情况； 2. 通过提问和服装秀视频、细节图等来引起学生学习兴趣，引发思考荷叶边如何用服装的语言呈现（图6-15）

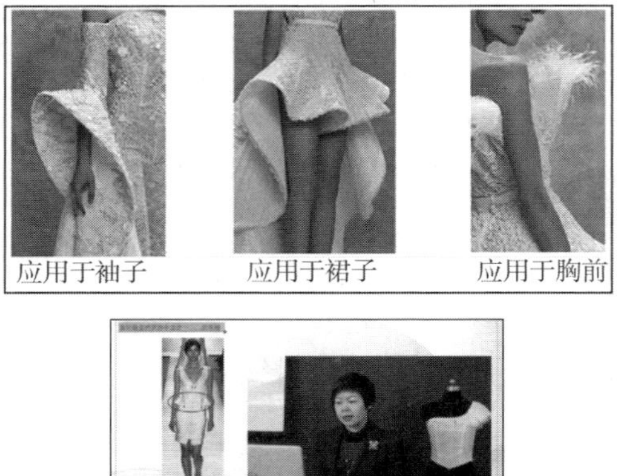

应用于袖子　　应用于裙子　　应用于胸前

图 6-15　作品展示

续表

第二阶段：（课中）荷叶边造型探究			
环节一	内容	学生活动	教师活动	设计意图
课前自主探索学习	■ 思政素养融入 通过给学生展示国风文化元素"荷花"，在赏析荷花之美后，引导学生思考如何在服装中体现荷花之美，并通过"提炼-打散-重组"等设计方法，让学生了解用服饰的语言来呈现荷花之美，国风文化慢慢浸润式地渗入，树立文化自信，培养美学修养			
环节二	内容	学生活动	教师活动	设计意图
问题研讨 3min	研讨荷叶边的技术原理与造型影响因素	■ 思考荷叶边形成原理 学生观看FLASH动画，理解荷叶边形成的技术原理，并默记造型方法口诀，享受信息化融入教学所带来的易学易记，培养可持续发展的科技素养 ■ 思考荷叶边如何应用 继续聆听和观看教师展示的FLASH动画和示范操作，尽量厘清转折量对荷叶边的丰富外观效果的决定性作用，在浸润式的教学中培养精益求精的专业素养	■ 解释荷叶边形成原理 通过FLASH动画形象生动地解释荷叶边形成的技术原理；利用微课镜头特写，清晰展示荷叶边的操作流程，并概括为"一针一剪一转"的造型方法，破解教学难点 ■ 分析荷叶边外观与转折量的关系 用FLASH动画+现场示范来分析荷叶边外观呈现与转折量的关系，通过严格控制转折量来精确呈现荷叶边的外观效果，浸润精心雕琢的专业素养	通过教师理论讲解、学生讨论，理清荷叶边造型形成的技术原理；并能了解在服装的哪些部位应用如图6-16所示
	图6-16 教学展示			
	■ 思政素养融入 在学习技术原理的过程中用动画、虚拟仿真以及杭州智慧城市等理念，培养可持续发展的科技素养，引导学生用科技去创新			

续表

第二阶段：（课中）荷叶边造型探究				
环节三	内容	学生活动	教师活动	设计意图
讲解示范 7min	课前资料查找了解礼服的典型艺术装饰手法	■ 观看教师操作示范 继续聆听和观看教师展示的FLASH动画和示范操作，尽量厘清转折量对荷叶边丰富外观效果的决定性作用，在浸润式的教学和愉悦的视觉感受中多一分对专业的热爱 ■ 思考荷叶边的变化创新 学生边思考教师提出的问题，边结合自己的礼服造型，考虑创新荷叶边的呈现形式，在教师启发式的引导中突破固有思维，培养创新思维	■ 示范荷叶边操作步骤 现场进行荷叶边示范操作，演示如何通过"一针一剪一转"来完成荷叶边的造型，并用跟踪投影系统把示范动作特写投影到大屏幕，学生在艺术与技术的视觉享受过程中，多一分对专业的认同和热爱，培养匠心素养 ■ 讲解荷叶边变化的方法要点 "那么，荷叶边是如何变化的呢？"一个反问，引发学生思考并以讨论的形式得出荷叶边变化的关键要素：一是出浪的位置；二是面料转移量；三是边缘线造型	1. 用精简易记的文字极大激发了学生学习兴趣，并进行精湛清晰的示范操作，如图6-17引发学生对立体裁剪技术的高度兴趣，适时引出立裁操作这一实训主题 2. 通过讲解荷叶边的变化方法要点，引导学生不仅会模仿，还要能创新
		图 6-17　讲解要点			
	■ 思政素养融入 通过展示教师精湛的立体裁剪技艺、优美的荷叶边造型，在观看的过程中感受国风文化、感受美，浸润式地形成文化自信及精心雕琢的工匠精神			

续表

第二阶段：(课中) 荷叶边造型探究					
环节四	内容	学生活动	教师活动	设计意图
小组探究 20min	模仿荷叶边造型并思考如何变化	■ 讨论荷叶边造型变化 小组讨论荷叶边的造型变化，通过讨论，加深理解了教师传授的知识和技能，并在讨论中培养了团结互助、善于思考、勇于探索、开拓思维的职业和公民素养 ■ 模仿教师荷叶边操作 模仿教师示范动作和方法，尝试自己完成荷叶边的造型，在造型过程中遇到的疑惑和问题，通过与教师一对一的交流得到解决，通过模仿操作，掌握造型方法	■ 组织讨论荷叶边造型变化 组织以小组的形式讨论荷叶边的造型特点、影响外观呈现的三大要素、应用形式及应用位置等，让学生通过讨论加深对荷叶边造型的理解，养成勇于探索的职业素养 ■ 针对问题个性指导 通过教师端的视频采集分画面，观察学生荷叶边立体裁剪操作方法，关注操作的准确性、操作步骤的规范型，发现问题一对一指导，及时解决问题	1. 用小组探究的形式，通过发散思维、探索尝试性造型、讨论等形式，让学生学会自主解决问题如图6-18所示 2. 通过模仿教师的示范操作，用实践来理解原理，掌握技能
		图 6-18 模仿教师操作			
		■ 思政素养融入 在模仿操作、小组研讨、试造型的过程中发现问题，并引导学生通过小组优势互补、共同合作去攻克难点，培养勇于探索、不畏艰难、改革创新的时代精神			

续表

第二阶段：(课中) 荷叶边造型探究				
环节五	内容	学生活动	教师活动	设计意图
难点突破 30min	基于荷叶边技术原理进行设计实践创新	■ **荷叶边造型技法改进** 通过上一环节的讨论和模仿操作，在这一环节中，根据自己的款式特点，尝试荷叶边的变化造型，在造型中关注自己的操作规范，增加技能的娴熟度和准确性 ■ **荷叶边造型形式创新** 通过在人台上反复测试、造型、改进、研究，利用荷叶边技术原理形成礼服造型的丰富变化和创新，在探索和改进中培养研发的创新素养	■ **共性问题集中示范** 通过视频采集分画面检查学生的创意造型过程，发现在班级里较多学生出现的共性问题，及时召集学生集中示范演示解说，提高指导效率 ■ **个性问题个别指导** 实训环节结合巡回检查，遇到学生的个性问题，通过讨论、引导、示范及辅助操作等方法帮助学生顺利完成，在指导的过程中，发现学生的闪光点，及时鼓励和赞扬，培养其自信心	在模范操作的基础上进一步变化、调整和创新，图6-19在反复实践和师生、生生讨论中进行创意设计和造型，不断提高专业技能

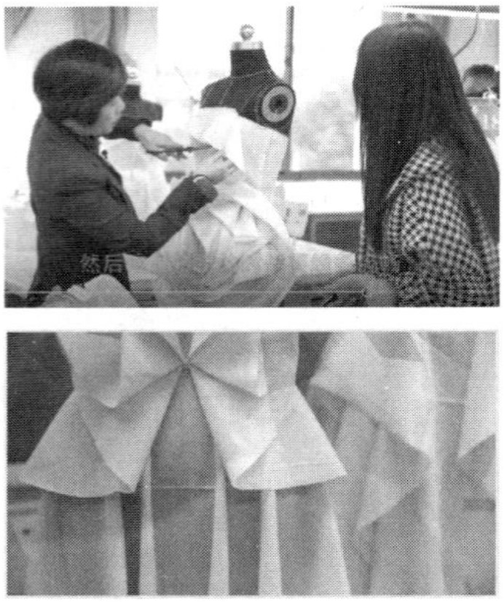

图6-19 个别指导

■ **思政素养融入**
在不断实践、改进过程中引导学生关注操作的规范性、手法的精准度，培养精益求精的工匠精神，在引导学生尝试造型、不断创新的过程中养成研发的创新精神

续表

第二阶段：（课中）荷叶边造型探究					
环节六	内容	学生活动	教师活动	设计意图
总结点评 10min	分享荷叶边造型效果，进行多元评价	■ **分组分享荷叶造型效果** 按照要求分组陈列礼服，同学之间相互观看、交流，阐述自己在造型过程中取得的经验和方法，再跟随老师一起赏析每一件作品，学习好的创意，认识存在的问题，并在课后及时改进 ■ **分组参与任务评价** 在老师的指导下分组参与生生互评，用客观的眼光去看待作品，努力做到公平公正，通过互评，理解了同学的创意，提升与人沟通的公民素养	■ **组织小组交流荷叶边造型** 组织学生分组把礼服作品陈列出来，师生共同观察礼服呈现的造型效果，通过师生交流、生生交流、教师点评，让学生相互学习和借鉴，培养学生用欣赏的眼光与人交往，培养团结互助的公民素养 ■ **总结任务组织评价** 总结本堂课所学的知识和技能，通过总结，巩固对教学目标的完成效果，组织学生进行生生互评	1. 通过小组作品分享，让学生懂得相互学习的重要性，共同营造良好的学习氛围； 2. 学生们通过生生互评、教师点评，有针对性地进行作品修改，并对自己的作品有了客观的认识如图6-20所示
		图6-20 组织学生交流与评价			
	■ **思政素养融入** 在交流、分享、合作的过程中形成团结互助的公民素养，在作品点评过程中浸润美学修养，通过欣赏同学们融入国风的优秀作品，慢慢树立文化自信				

续表

第三阶段：（课后）作品完善			
环节	内容	学生活动	教师活动	设计意图
课后拓学	完善荷叶边装饰造型并上传平台，准备下次课内容	■ **优化礼服荷叶边装饰** 登录自主研发基于增值理念的项目化课程成绩评价系统，查看上次课礼服基础胚样上传后老师及同学对作品的评价 ■ **线上交流互动评价** 根据老师下达的学习任务，完善礼服基础胚样立体造型，上传至学生评价系统，进行生生互评 ■ **预习和准备礼服虚拟仿真** 登录自主研发基于增值理念的项目化课程成绩评价系统，查看上次课礼服基础胚样上传后老师及同学对作品的评价	■ **布置课后作业** 通过进入课程成绩评价系统，对学生上次课的学习情况有了全面的了解，在此点评了学生作业的优点、不足及问题所在 ■ **线上礼服装饰效果评价** 在课程平台发布工作任务，让学生根据自评、互评和教师总结点评，明确时装裙立体造型存在的问题，及时整改和优化 ■ **线上答疑解惑** 老师通过线上帮助学生点评，并答疑解惑	1. 通过优化作品，让学生在反复调整修改中感受到作品不断完善的过程，培养其信心、耐心、恒心的优良品质，同时，在修改的过程中技术趋于娴熟 2. 学生们通过在线上生生互评、教师点评，进行相互借鉴，共同进步 3. 按时预习、准备，为下次课的顺利进行提供了保障
	■ **思政素养融入** 通过点评和不断完善礼服款式造型，在这一过程中技艺趋于娴熟，并慢慢养成追求卓越和精益求精的工匠精神			
四、教学反思			
教学效果	1. 技能培养层层深入，作品得以个性呈现，有效达成教学目标 通过任务的评价结果显示，本次课学生能按照要求完成"个性创意礼服中荷叶边的立体造型"立体裁剪项目任务，学生巧妙地把传统服饰文化理念融入礼服立体造型，掌握了荷叶边在礼服立体造型中的巧妙应用 2. 素养培养全程融入，文化底蕴逐步提升，创新理念得以实现 引入国风文化元素"荷花"，通过"提炼-打散-重组"等设计方法，让学生了解用服饰的语言来呈现荷花之美，国风文化慢慢浸润式地渗入，培养了学生的美学修养。学生通过项目的实施，实现荷叶边技术原理应用在礼服上的实践创新，学生的思政素养在项目的实施中得到逐步提升			

续表

	四、教学反思
教学特色	1. 思政元素融入项目内容，素养培养融入教学设计，浸润式培养专业技能 通过赏析国风文化元素"荷花"培养，美学修养；通过学习技术原理，培养科技素养；通过观看技艺示范，浸润精心雕琢的专业素养；通过研究造型应用，培养勇于探索职业素养 2. 利用 Flash 动画视频、跟踪投影系统等信息化手段，助力攻破教学重难点 Flash 动画视频清晰展现荷叶边形成原理，跟踪投影系统清晰展示立体造型技术规范和质量标准，有效攻破教学重难点 3. 基于增值理念的成绩评价，尊重个体差异，让学生获得学习成就感 自主研发基于增值理念的项目化课程成绩评价系统，通过数据分析学生在本次课的评价增值情况（负增值、零增值、正增值），帮助学生找到自己的优势和不足，让学生在课程学习中获得成就感
反思改进	1. 项目工作任务时间安排有待优化 根据同学反馈，项目工作任务和课程实践环节任务重、完成时间紧，个别学生难以完成。教师通过组建课外的互助小组，通过同伴帮扶确保每位同学能按时完成任务 2. 课程增值评价系统功能尚需完善 自主研发的增值评价系统如何与当下课程互动的 APP 进行较好对接的问题，今后有待优化完善

第四节　课程思政课堂教学案例

一、案例一：女士衬衫立体裁剪项目课程思政案例

（一）案例导读

教师：同学们好，我们先一起来看下这样两组图片，大家从中有没有发现什么共同点呢？如图 6-21 所示，上边这组照片是来自 20 世纪 80 年代改革开放时期的一部家喻户晓的电影《庐山恋》，下边这组是来自最近大火的一部讲述 80 年代母爱的电影《你好，李焕英》。电影是捕捉时尚元素最好的载体，女主人公们的服装大家有没有觉得很时髦复古呢？这两部电影的女主人公都穿着了用涤纶花色面料做成的"的确良"衬衫，"的确良"衬衫可是 20 世纪七八十年代妈妈们最时尚、流行的服装单品之一。

图 6-21　电影《庐山恋》《你好，李焕英》"的确良"衬衫

（二）案例描述

衬衫作为最常见的服装单品之一，它的历史可不简单。早在周代，我国就已经出现衬衫，称为"中衣"，汉代称近身的衫为"厕腧"，到了宋代，用衬衫之名。衬衫原是指用以衬在礼服内的短袖的单衣，即去掉袖头的衫子。清末民初之际，由于欧风东渐西装的流行，衬衫穿在西服内作为衬衣。20世纪70年代，刚才视频中出现的"的确良"衬衫风靡全国。现在的女士衬衫早已发展为集功能性、舒适性、时尚性为一体的服装单品。

纵观国内外各大秀场，看似简单的衬衫，通过造型、面料、色彩的设计与搭配，却展现出无限魅力。今天，老师就和同学们一起领略融入中国国风文化中的衬衫之美，古代服装如图6-22所示。

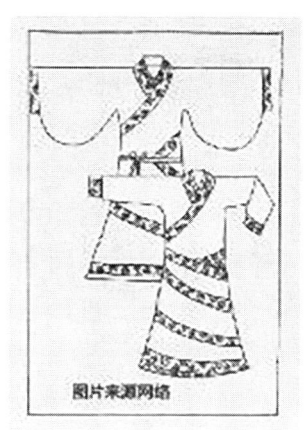

图 6-22　古代服装

(三) 案例交流与讨论

教师：上节课，老师给同学们布置了我心中的"国风衬衫"，老师看了同学们递交的案例后很惊喜，下面，老师选几个同学来和我们一起分享他们的案例。

同学 1：当老师给我们布置了这个作业后，我就想到了我们中国的国画，中国画的笔线元素具有空灵飘逸之美，笔线元素在三维空间中具有无限变化的可能性，能形成丰富多变的新造型。图 6-23 的两款衬衫是来自中国的设计师品牌"楚和听香"，国画的笔线元素很好的融入了图 6-23（左）这款中式衬衫的门襟设计之中，圆弧的门襟宛如行云流水般，表现出中国画笔线元素的节奏韵律美及素雅洒脱的意境美，增强了服装的空间感与层次感。图 6-23（右）这款衬衫以荷花为灵感源，结合了国画的笔线元素，层层荷叶边立体造型的灯笼袖极具特色，门襟设计大胆地运用结构分割与线条重组，流畅的线条组合使服装产生极强的空间立体感，整体效果既表现出荷叶层叠的秩序美，又表现出服装结构造型的立体空间美。

教师：这组同学给我们带来的"国风衬衫"创意十足。通常而言，服装造型设计包括整体造型设计和局部造型设计，整体造型设计一般以外形轮廓线为设计要素，局部造型设计以服装的领、袖、襟线、口袋、腰带等部位的细节变化为设计要素。而衬衫的造型设计中，领子、袖子、门襟、下摆是最重要的四个设计点，上面这两款服装很好地体现了衬衫在袖子和门襟细部的造型之美。下面，我们有请下一小组来和我们一起分享他们心中的"国风衬衫"。

图 6-23 国风衬衫

同学2：刚才老师跟我们介绍了领子作为衬衫的重要设计点之一，因此，我们小组给大家带来的这组衬衫中，主要的设计元素为非常具有中国风的领子——中式立领，如图 6-24 所示。以往我们看到的衬衫领大多是翻领或圆领，立领最早起源于明代，后来经历清代满族服装以及近代西风东渐的演绎融合，成为中式服装中常用的一种领型，甚至成为中国服装构成元素中的一个重要符号。立领的领高和领宽也随着不同款式特征的服装而愈加创意，图中衬衫的立领领高和领宽就各不相同，呈现出不同韵味。小立领、双立领搭配不同的门襟设计，衣身上辅以各种刺绣纹样，面料上选用了丝绸、缎类、薄纱等，呈现出中式衬衫的清新雅致和精美绝伦。

教师：请把掌声送给我们这组同学。刚才，这组同学和我们一起分享了几款非常典雅的中式立领女衬衫，用立体裁剪技术来解决立领的造型，既直观又方便，接下来，老师进行立体裁剪示范，请同学们仔细观察。

教师进行立体裁剪示范。

教师总结：

今天，同学们从不同的角度和我们一起分享了许多极具特色的"国风衬衫"，也让我们感受到了中国传统文化的博大精深，也给我们带来了源源不断的灵感。刚才，老师也为同学们示范了立领的立体造型技法，中国服装构成元素中有许多例如立领、盘扣等经典的符号，设计师可通过不同的服装款式载体，赋予传统文化更多的时代审美意味，也可让单一的服装款式呈现更多的国风服饰文化之美。好了，接下来，同学们一起来完成我们的任务：立领衬衫的立体裁剪。

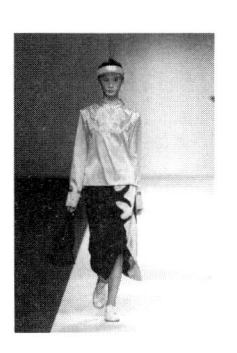

图 6-24 领子作为重要设计点之一的衬衫

二、案例二：连衣裙立体裁剪项目课程思政案例

（一）案例导读

教师：同学们好，刚才视频中的这段时装秀，你们知道它的出处吗？

同学1：这是来自2021年央视春晚推出的时装秀节目——《山水霓裳》，我看过相关报导，这也是春晚40年以来迎来的首个时装秀。天地当衣衫，风光醉河山，走秀中的59套华服无缝切换，现场运用虚拟现实的科技特效与舞美，让观众身临其境感受自然之美、大地之美和人文服饰之美，时尚与科技交融，东方服饰之美在此绽放。

（二）案例描述

教师：《山水霓裳》中的华服出自中国著名的设计师品牌——"盖娅传说"的创作团队之手。近年来，像盖娅传说、玫瑰坊、天意梁子等致力于传承中国服饰美学和精湛服饰工艺的服装品牌惊艳了国际时装周，中国的桑蚕文化配以新东方美学逐渐走向了世界。这些中国设计师们以丝绸面料为主，基于中国非遗工艺和西式廓型剪裁，将国风艺术运用到设计之中。2021中国国际时装周，旗艺品牌的"奇韵"主题系列作品，就将传统中式服装的镶绲滚烫工艺与立体裁剪相结合，通过针迹大小和用线粗细的变化，将写意的手法运用到各类连衣裙的设计中，如图6-25所示。面料上，将羊毛和丝绸面料巧妙结合，通过立裁捏褶和机器压褶等工艺展现出服装丰富的层次和空间感，并运用面料斜裁的手法及归拔收腰的工艺塑造出连衣裙的柔美廓型。设计师用自然万物对人们最好的馈赠——蚕丝与羊毛，加上当代科技创新技术，传递传承的信念，展现美好和谐的心愿。

图6-25 旗艺品牌的"奇韵"主题系列作品

丝绸作为东方使者的象征，几千年前就沿着陆上丝绸之路和海上丝绸之路传向世界。纵观世界四大时装周,设计师们早已把丝绸当成"东方的宝藏",在自己的系列作品中选择和运用丝绸元素。法国著名设计师克里斯汀·迪奥曾多次在设计中以丝缎、罗缎为面料,英国著名设计师亚历山大·麦昆曾用丝绸、闪缎构筑了一个梦幻王国。

(三) 案例交流与讨论

教师:有言道"千里迢迢来杭州,半为西湖半为绸",千百年的技艺传承让丝绸成为杭州最亮丽的名片,杭州拥有大批知名的丝绸服装企业,下面请同学们来展示一下我们的课后任务:追寻杭州丝绸服装的设计故事。下面,老师抽取一个小组,请派代表上来分享。

同学2:我们组想和大家分享的是一组非常漂亮的丝绸连衣裙,如图6-26所示。白衣黑裙,一抹江南水墨画印于胸前,衬托着江南姑娘的淡雅与端庄,这就是来自G20杭州峰会期间欢迎晚宴上极具杭州特色的礼仪服装——中式旗袍,这组服装是由杭州"葳芸旗袍"所创作的,整体运用了杭州丝绸与数码喷印相结合,以西湖风景为设计元素,上半身为旗袍,下半身为褶裥裙子,假两件式的设计,上身中式旗袍式的合体结构完美修饰了身材,而下装的褶裥裙子,既便于礼仪行走,又多了一分灵动。

图 6-26 丝绸连衣裙

教师:这组同学们分享的特别好,锦绣蔓绘中国梦,帛丝隽逸风雅颂。丝绸以文化符号的形式体现了中国传统服饰文化特征,通过传承与创新,以及与优秀传统技艺的结合,通过服饰这一载体,在世界范围内得到广泛的传播,展现"各美其美,美人之美,美美与共,天下大同"。那么刚才同学们提到的规则褶裥,我们在立体裁剪技法中,称之为褶饰中的"叠褶",褶饰的呈现形式还有很多,如"波浪褶""堆褶""垂荡褶""抽褶"等。新加坡设计师鄞昌涛就特别善于将东方元素与西方文化相融合,在他的设计作品中,经常以丝绸作为主打面料,将各类褶裥装饰于连衣裙的设计中,疏密有秩,演绎了丝绸褶裥的大气和优雅,增强了服装的设计感与时尚性，灵动又尽显女性优雅的身姿。今天，我们一起来学习褶饰中，抽褶在连衣裙中的应用。

我们先来了解下抽褶的概念：抽褶是以点或线作为起褶单位，通过对布料的集聚或紧缩，呈现出自然、丰富、无规律、浮雕状的褶纹效果，如图6-27所示。

图 6-27　裙子抽褶

（四）实操环节

教师：接下来，我们以这款胸部抽褶的连衣裙为例，示范抽褶的立体裁剪操作步骤。请同学们仔细观察。

首先，在面料画上经纬纱向线，在面料经线的中间，拱针手缝，并抽缩，固定在胸部的中间位置。然后，左右两边各整理布料，使褶裥顺畅、均匀、美观。把褶裥固定在侧缝上，预留1公分缝份，修剪余量。上下两边的1公分缝份折净。领口的另一个抽褶装饰片的做法相同，老师事先准备了1个，我们把它安装上，然后，在左右两边装上袖子，观察连衣裙的整体效果。若发现造型有不准确或不美观的地方，要及时调整。

教师总结：刚才，我们学习了抽褶的立体造型，同学们都学会了吗？接下来，大家可以根据自己设计的连衣裙的不同风格，进行褶饰的立体造型。老师也希望在今后的服装设计中，大家能巧妙地将丝绸国风文化与现代服装时尚文化有机结合，设计出优秀的丝绸服装，充分展示我国，特别是杭州丝绸的迷人韵味，用服装向世界展示我们的文化自信。

参考文献

[1] 陈华栋. 课程思政 [M]. 上海：上海交通大学出版社，2020.

[2] 文学禹，韩玉玲. 新时代高职院校课程思政教学创新研究 [M]. 长春：吉林大学出版社，2020.

[3] 盖庆武，贺星岳. 新时代高职课程思政理论与实践 [M]. 杭州：浙江工商大学出版社，2019.

[4] 岳宏杰，郑晓娜，赵冰梅. 高职院校课程思政和课程思政同向同行问题研究 [M]. 沈阳：东北大学出版社，2020.

[5] 姜雅净，程丽萍. 三全育人理念下高职院校课程思政改革实践 [M]. 上海：立信会计出版社有限公司，2021.

[6] 王敏，滕淑娜. 红色文化融入高职院校大思政育人研究 [M]. 北京：九州出版社，2021.

[7] 甘玲. 践行渐悟高职院校课程思政实践教学的探索与实践 [M]. 秦皇岛：燕山大学出版社，2017.

[8] 孙福权. 信息化教学背景下高职院校专业课程思政教学模式改革路径研究 [J]. 湖北开放职业学院学报，2022，35（24）：161-163.

[9] 陈晨，康鑫，杨立梅. 高职院校创新创业课程思政教学改革的实践与探索 [J]. 哈尔滨职业技术学院学报，2022（6）：13-16.

[10] 甘京乡. 高职院校应用外语类专业课程思政教学改革探索——以"国际贸易实务"课程为例 [J]. 中外企业文化，2022（7）：220-222.

[11] 王涛，李梅，岳军红. 高职院校摄影测量与遥感课程思政教学改革探索 [J]. 现代职业教育，2022（29）：16-18.

[12] 杨艳. 高职院校财会专业课程思政教学改革研究——以"财经法规与会计职业道德"课程为例 [J]. 改革与开放，2022（13）：23-29.

[13] 熊昕宇. 互联网背景下高职院校课程思政教学改革探究 [J]. 黄冈

职业技术学院学报，2022，24（3）：42-44.

[14] 韩仁杰. 高职院校广告艺术设计专业课程思政教学的改革与实践——以"图形图像设计"课程为例［J］. 美与时代（上），2022（5）：115-118.

[15] 汤飚. 高职院校课程思政教学改革的难点与对策［J］. 池州学院学报，2022，36（2）：130-132.

[16] 张蕾. "三教"改革视域下高职院校课程思政教学探究［J］. 现代职业教育，2022（16）：112-114.

[17] 薛俊梅，王彤光. 农林高职院校专业课课程思政教学改革与路径创新——以上海农林职业技术学院为例［J］. 安徽农业科学，2022，50（5）：261-263.

[18] 耿秀. "互联网+"背景下高职院校课程思政教学改革——以"商品实务"课程为例［J］. 佳木斯大学社会科学学报，2022，40（1）：236-239.

[19] 孟雅雯. 高职院校"互联网+课程思政"教学改革现状及展望［J］. 产业与科技论坛，2022，21（4）：159-160.

[20] 郭海燕. 高职院校公共英语课程思政教学的改革［J］. 江西电力职业技术学院学报，2021，34（12）：74-75，77.

[21] 罗薇，王梓. 高职院校数字媒体应用技术专业课程思政教学改革探索［J］. 现代职业教育，2021（49）：12-13.

[22] 陈杰. 基于三全育人的高职院校课程思政教学改革［C］. 2021年第五届国际科技创新与教育发展学术会议论文集（中文），2021：14-15.

[23] 周威. 高职院校铁道工程技术专业课程思政教学改革探索与研究［J］. 科教文汇（上旬刊），2021（10）：146-149.

[24] 张业伟. 高职院校课程思政教学改革探析［J］. 科教导刊，2021（27）：142-144.

[25] 张晓琳，胡妍. 探索高职院校民政类课程思政教学改革——以"民政与社会工作"课程为例［J］. 湖南教育（C版），2021（9）：27-30.

[26] 叶子童. 广东省高职院校运动训练专业羽毛球专项课"课程思政"

教学现状与实施路径研究［D］．广州：广州体育学院，2022．

［27］黄怡翔．广西乡村教师课程思政教学实践的问题分析与对策研究［D］．桂林：广西师范大学，2022．

［28］秦迎涛．"现代教育技术"课程思政教学研究［D］．聊城：聊城大学，2022．

［29］梁耀元．基于三维目标的"课程思政"护理教学评价指标体系的构建［D］．南宁：广西中医药大学，2022．

［30］方舟．排球普修课"课程思政"教学体系的构建与实践研究［D］．成都：成都体育学院，2022．

［31］许艳．高职院校课程思政教学的困境与突破［D］．昆明：云南民族大学，2022．

［32］叶蕾．高职院校教师课程思政教学能力提升研究［D］．天津：河北工业大学，2021．

［33］郑宇航．高职院校课程思政教学评价指标体系构建研究［D］．重庆：西南大学，2021．

［34］冯岩．高职院校健美操"课程思政"教学实施路径研究［D］．郑州：郑州大学，2021．